Werner Huemer

Expedition Innenwelt
Band 1

Werner Huemer

EXPEDITION INNENWELT

Band 1

*Gedanken, Gefühle und Empfindungen
begreifen und nützen lernen*

Verlag der Stiftung Gralsbotschaft
Stuttgart

Die Deutsche Bibliothek – CIP-Einheitsaufnahme

Huemer, Werner:
»Expedition Innenwelt«, Band 1 / Werner Huemer. –
Stuttgart: Verlag der Stiftung Gralsbotschaft, 2007
ISBN 978-3-87860-371-9

© 2007 by Stiftung Gralsbotschaft, Stuttgart
Alle Rechte vorbehalten.
In Lizenz herausgegeben vom
Verlag der Stiftung Gralsbotschaft, Stuttgart
1. Auflage 2007

Vorwort

Innenwelt – das ist der wohl faszinierendste Begriff in unserem Menschsein. Wer oder was ist das „Ich", unser eigentlicher Wesenskern? Woher kommen die Gedanken, Gefühle, Empfindungen – all das in unserem Inneren, was unser Leben in Wirklichkeit erst lebenswert macht?

Solche Fragen liegen nahe, wenn ein Wesen, dem es gegeben ist, über sich selbst nachzudenken, das auch wirklich tut. Sie umschreiben aber zugleich den wundesten Punkt in der überwiegend materialistischen Weltauffassung dieser Tage: uns selbst. Im Blickfeld unserer wägenden, messenden, analysierenden Naturwissenschaft ist das menschliche Ich ja immer noch die größte Unbekannte. Nach wie vor rätseln wir darüber, ob der Mensch im wesentlichen eine hochkomplizierte biologische Maschine ist oder ein geheimnisvolles, willensbegabtes Geistwesen, dessen Natur sich nicht in der äußeren Physis erschöpft.

Unsere beträchtlichen naturwissenschaftlichen Fortschritte in der Anthropologie, also der Wissenschaft von der Abstammung des Menschen, und auch in der Medizin bieten keine befriedigenden Antworten. Sie beschränken sich in ihrem Verständnis vom Menschen auf Körperfunktionen, genetische Bausteine oder biologische Entwicklungsschritte. Sobald es aber um das Wunder der Innenwelt geht, weicht fundiertes Wissen oft sehr rasch vagen Vermutungen oder Theorien.

Was unsere innere Natur anbelangt – den freien Willen, das Ich-Bewußtsein, unseren Geist – begnügen wir uns im Regelfall mit der Dokumentation von Auswirkungen. Denn vom *Wesen* unserer Innenwelt wissen wir nur wenig. Und eine entscheidende

Frage lautet: Können wir hier überhaupt auf Erkenntnisfortschritte hoffen, solange wir nur an eine physisch-materielle Welt glauben wollen?

Wäre der Mensch nichts weiter als ein intelligenter physischer Körper, vergleichbar einem Roboter, der von ausgeklügelten Computerprogrammen gesteuert wird, dann könnte so etwas wie eine Innenwelt wohl gar nicht entstehen. Es gäbe keine Gedankenbilder und inneren Stimmen, keine Träume in der Nacht, kein Bewußtsein am Tag, keine Willens- und Erlebnisfähigkeit.

Somit stellt ausgerechnet unser eigenes Inneres, unsere Ideen-, Gedanken- und Empfindungswelt, jede stur-materialistische Sicht der Dinge vehement in Frage.

Die Unsicherheit darüber, was wir in unserem Kern nun wirklich sind, bleibt natürlich auch für unser tägliches Leben nicht ohne Folgen. Denn wie oft scheitern Menschen dabei, mit ihren eigenen Gedanken, Gefühlen, Trieben oder Empfindungen sinnvoll umzugehen? Ein geklärter Blick auf die Fähigkeiten und Möglichkeiten, die uns als Menschen auszeichnen, könnte indes viel zu einem glücklichen und erfüllten Leben beitragen.

Daher möchte ich Sie, geschätzte Leserinnen und Leser, mit diesem Buch auf eine Entdeckungsreise zum eigenen Selbst einladen. Sie werden bei unserer „Expedition Innenwelt" viele wirkungsvolle Lebenshilfen finden, die sich aus dem bewußten Umgang mit Gedanken, Gefühlen und Empfindungen wie von allein ergeben – ohne daß irgendwelche besonderen „Psycho-Techniken" angewandt werden müssen. Denn jeder Mensch kann in aller Natürlichkeit die ihm geschenkten Fähigkeiten für ein freies, bewußtes Leben nützen.

Durch die folgenden Kapitel dieses Buches werden uns zahlreiche wertvolle Erkenntnisse um die menschliche Innenwelt begleiten, die aus unterschiedlichen Richtungen stammen. Ein zentraler „roter Faden" allerdings, an den ich öfter anknüpfen werde, wenn es um das Gesamtbild unseres Menschseins geht, ist das herausragende weltanschauliche Werk „Im Lichte der Wahrheit", das Oskar Ernst Bernhardt (1875–1941) unter dem Pseudonym Abd-ru-shin vor bereits rund 80 Jahren schrieb. Denn dieses Werk bewährt sich nach meiner persönlichen Erfahrung als verläßlicher Wegweiser im heutigen Durcheinander der Begriffe und Definitionen.

Wenn unsere Innenwelt wieder gesunden soll – daß sie tiefgreifend erkrankt ist, zeigt sich nicht zuletzt am Zustand der Außenwelt –, dann ist dafür eine geistige Neuorientierung unumgänglich. Es geht darum, die eigentliche Bedeutung unseres Menschseins zu erkennen und selbstgezogene Grenzen zu überwinden – im eigenen Weltbild oder Begriffsvermögen wie auch in zahllosen „antrainierten" Verhaltensmustern.

Jedes der folgenden Buchkapitel möge anregend und horizonterweiternd wirken, versteht sich grundsätzlich aber nur als stiller Weggefährte für eine Entdeckungsreise, auf die jeder Mensch in und für sich selbst gehen muß.

Auf dieser Reise werden wir unter anderem das Wunderwerk unseres „Erkenntnisorgans" Gehirn kennenlernen, das für uns ebenso gewinnbringend wie gefährlich sein kann; wir werden uns in das Labyrinth der Triebe und Gefühle hineinwagen und zum Beispiel die umfassende Bedeutung der Sexualkraft kennenlernen; wir werden im Hinterfragen von Todesnähe-Erlebnissen an die Grenzen des Seelischen rühren – und wir werden dabei immer wieder auf sogenannte „jenseitige Dinge" stoßen.

Wenn wir auf unserer Erkenntnisreise also die inneren Dimensionen des Menschseins ausloten wollen, dann werden wir allerdings nicht umhinkommen, auch einige Abgründe und Sumpflandschaften zu durchstreifen, um die Gefahren für unser Seelenleben bewußter zu erfassen: Egoismen und Eitelkeiten, Süchte und Abhängigkeiten, Ängste, Depressionen und vieles mehr – wobei sich aus dem Wissen um die Zusammenhänge erfreulicherweise immer auch Ansätze zur Befreiung aus solchen unliebsamen Befindlichkeiten folgern lassen.

Die „Expedition Innenwelt" wurde in zwei Bände gegliedert. Der vorliegende Band 1 beschäftigt sich vor allem mit Gedanken, Gefühlen oder Trieben, also mit Bereichen unseres Seelenlebens, die mehr oder weniger dem physischen Körper verbunden sind. Der darauf aufbauende Band 2 führt dann noch tiefer zu den Wurzeln unseres Menschseins.

Ich hoffe, mit der vorliegenden Arbeit hilfreiche Anregungen zur Ausleuchtung des menschlichen Seelengrundes bieten und bisweilen auch eine Brücke zwischen medizinisch-psychologischen Erkenntnissen und spirituellen Erfahrungen schlagen zu können. Jedenfalls sollte deutlich werden, daß eine Reise in das eigene Selbst eben keine Angelegenheit ist, die einem erlauchten Kreis von Naturwissenschaftlern, Philosophen oder Mystikern vorbehalten bleiben und also unter Ausschluß der breiten Öffentlichkeit stattfinden muß.

Die „Expedition Innenwelt" kann jeder Mensch unternehmen. Sie ist ein Ausdruck unserer Fähigkeit, Fragen über unser Dasein zu stellen und … im eigenen Forschen auch Antworten zu finden.

Werner Huemer
Hart-Purgstall, im Herbst 2007

EXPEDITION INNENWELT

Band 1

Faszination Innenwelt

Die Macht der Gedanken

Im Netz der Triebe und Gefühle

Zwischen Leib und Seele

Der Ruf nach uns selbst

Inhaltsverzeichnis

Expedition Innenwelt, Band 1

Expedition Innenwelt, Band 2

FASZINATION INNENWELT

Lesen Sie in diesem Kapitel:

▶ *Besinnung auf das eigene Innere*

▶ *Nachdenken über sich selbst*

▶ *Was bedeutet „Bei sich selbst sein"?*

▶ *Was bekannte Philosophen über das menschliche Ich dachten*

▶ *Ist das Ich dem Körper übergeordnet?*

▶ *Das alte „Leib-Seele-Problem"*

» Seelische Krisen gelten als lästige Störungen im gewohnten Alltagsgetriebe, als Hemmnis, das sich unseren eigenen Zielen und Wunschvorstellungen entgegenstellt. Natürlich sind sie das. Aber sie sind vor allem auch ein kräftiger Anstoß zum Überdenken der eigenen Lebenssituation. «

Kapitel 1

Faszination Innenwelt

Einer der jüngsten Weltgesundheitstage stand im Zeichen seelischer Erkrankungen. Dabei wurde zu mehr Toleranz gegenüber psychisch gestörten Mitmenschen aufgerufen. Integration statt Ausgrenzung sei gefragt, und es müsse auch darum gehen, Berührungsängste im Hinblick auf die Psychiatrie und deren Behandlungsmethoden abzubauen.

Der Hintergrund für diese Appelle lag in einer anhaltend dramatischen Entwicklung: Internationalen Schätzungen zufolge leiden weltweit rund 400 Millionen Menschen an seelischen Störungen. Jeder zehnte Mitteleuropäer hat bereits mit einer mehr oder weniger ausgeprägten Form von Depression zu kämpfen, wovon jeder zweite Fall als behandlungsbedürftig angesehen wird. Dieser Anteil ist in den USA noch höher. Geschätzte 140 Millionen Menschen sind alkoholabhängig; die Zahl der weltweit in irgendeiner Form Suchtgefährdeten geht in die Hunderte Millionen. Und rund 45 Millionen Menschen sind an sogenannter Schizophrenie erkrankt, leiden also, oft isoliert von der übrigen Gesellschaft, unter einer Form von „Bewußtseinsspaltung".

Dabei zeigen solche Statistiken nur die Spitze eines Eisberges, denn die Zahl derer, die gefährdet sind, seelisch zu erkranken, ist ungleich höher.

Was tun? Ungeachtet aller Maßnahmen, die auf therapeutischer und gesellschaftlicher Ebene angezeigt erscheinen, sollte meines Erachtens auch eine Grundfrage nachdenklich stimmen:

15

Wissen wir bislang nicht viel zu wenig über jenen geheimnisvollen Bereich des Menschseins, in dem all diese seelischen Störungen keimen? Was ist die „Psyche", also die Seele überhaupt? Des Menschen innerstes „Ich"? Sein Bewußtsein?

Diese Grundfragen werden in unserem Alltagsleben – aber auch in der Wissenschaft – gerne ausgeklammert. Selbst die Psychiatrie kann das Wesen dessen, was sie behandelt, nicht wirklich klar beschreiben; man kennt seelische Auswirkungen, nicht aber die Seele selbst.

Das also ist unsere Ausgangslage im 21. Jahrhundert: Wir leben in einer hochtechnisierten Welt mit beeindruckenden zivilisatorischen Errungenschaften, in einer Gesellschaft, die zum Mars fliegt und Gene manipuliert, künstliche Welten erschafft und Köpfe transplantiert[1], aber deren Innenwelt krank und unbekannt ist. Über uns selbst wissen wir immer noch so gut wie nichts. Fragen nach dem Ich werden als eine Angelegenheit für Therapeuten oder Philosophen betrachtet. Und Gedanken zum eigenen Bewußtsein mögen zwar als Farbtupfer im intellektuellen Alltagsgrau willkommen sein, gelten im übrigen aber eher als Spielwiese für hintersinnige Theoretiker, sei's drum auch für Theologen.

Besinnung auf das eigene Innere

Dabei müßte man angesichts der heutigen seelischen Gesamtbefindlichkeit unserer Gesellschaft annehmen, daß dem Menschen nichts wichtiger wäre, als sich selbst zu verstehen. Denn – einmal abgesehen von den Statistiken, die seelische Erkrankungen ja schon fast epidemiehaft beschreiben: wer spürt in unserer techniknahen, aber lebensfernen Gesellschaft nicht die Gefahr, zum passiv dahintölpelnden, kritikunfähigen Mitläufer zu degenerieren? Die Schwierigkeit, den zunehmenden Druck von außen nicht mehr durch einen entsprechenden inneren Gegendruck ausgleichen zu können? Wie weit verbreitet sind Persönlichkeitsstörungen, Ich-Schwächen, Gefühle innerer Unzulänglichkeit!

Sollte die Erforschung und Förderung unserer Innenwelt nicht das vornehmste aller Ziele sein? Eine edle Kunst, welche die persönliche

In der Selbst-Erkenntnis liegt die wunderbarste, einfachste und natürlichste Lebenshilfe, die man sich wünschen kann.

Lebensqualität ja ebenso beeinflußt wie letztlich die Gesamtbefindlichkeit der Menschheit?

Leider aber ist in unserer lustbewußten Konsum- und Unterhaltungsgesellschaft kaum etwas zu entdecken, das unserem Inneren wirklich förderlich wäre. Im Streben nach Geld und Gut, Einfluß und Macht dümpelt man ohne höhere Zielsetzungen dahin und beäugt jedes sinnorientierte Ideal mit Skepsis – als wäre es ein exotisches Übrigbleibsel aus längst verwehten Zeiten.

Das seelische Ödland, das wir heute durchwandern, läßt sich künstlich nicht beleben: Auch wenn Hunderte Fernsehsender, ungezählte Radiostationen, Freizeitparks oder Shopping-Paradiese rund um die Uhr für grellbunte Bilderwelten sorgen, die uns animieren, berauschen, befriedigen und vor allzu ernstem Nachdenken bewahren sollen, macht sich in immer mehr Menschen eine bodenlose Traurigkeit breit. Die Kluft zwischen dem lautstarken Treiben der Außenwelt und den verdrängten Bedürfnissen der Innenwelt ist kaum noch überbrückbar, und die verbreiteten „seelischen Verstimmungen" führen zunehmend zum Griff nach Psychopharmaka.

Diese Entwicklung macht leider auch vor Kindern nicht halt. Weil bei immer mehr Schülern Aufmerksamkeits- beziehungsweise Verhaltensstörungen diagnostiziert werden – es dürften bereits zehn bis zwölf Prozent aller Buben im Alter zwischen 6 und 14 betroffen sein –, werden Psychodrogen immer häufiger eingesetzt. Man rechnet damit, daß in Deutschland jährlich etwa zehn Millionen Tagesdosen an Kinder und Jugendliche bis 18 verabreicht werden!

Seelische Krisen gelten als lästige Störungen im gewohnten Alltagsgetriebe, als Hemmnis, das sich unseren eigenen Zielen und Wunschvorstellungen entgegenstellt. Natürlich sind sie das. Aber sie sind vor allem auch ein kräftiger Anstoß zum Überdenken der eigenen Lebenssituation. Denn ahnen wir nicht alle, daß wir unseres eigenen Glückes Schmied sein könnten, wenn wir uns richtig verhielten, wenn wir auf unserem Ritt durch das Leben nicht die Zügel aus den Händen verloren hätten?

Seelisch schwierige Situationen sind immer eine Anregung dafür, nachzudenken über sich selbst, nach Änderungsmöglichkeiten zu suchen, sich der Hilfen zu besinnen, die in unseren eigenen Gedanken, Gefühlen und Empfindungen liegen. Denn aus der „Selbst-Erkenntnis" – im umfassenden Sinn dieses Wortes –, also dem Bewußtwerden über unsere menschlichen Fähigkeiten und Möglichkeiten, ergibt sich die wunderbarste, einfachste und natürlichste Lebenshilfe, die man sich nur wünschen kann, eine Chance zur Neugestaltung des eigenen Schicksals, das – wie wir noch sehen werden – ganz zu Unrecht als vorherbestimmt oder willkürlich waltend gilt.[2]

Natürlich kann es in schwierigen seelischen Krisensituationen notwendig sein, therapeutische Hilfe in Anspruch zu nehmen, denn nicht jedes Problem kann man alleine meistern. Maßgeblich aber bleibt der Wille, das eigene Leben wieder in die Hand zu nehmen und nicht von äußeren Umständen und dem Können anderer abhängig zu machen. Gerade die eigene Passivität fördert ja jenen Leidenszustand, den man als schicksalhaft beklagt. Ohne bewußte Selbstverantwortung ist kein seelisch-geistiger Fortschritt möglich. Es reicht nicht, das eigene „Lebensprogramm" automatengleich abzuspulen, ohne Ader für Selbstreflexion oder Sinnfindung. Denn das Wesen unseres Menschseins *verlangt* nach bewußtem Handeln. Durch alles, was wir denken und tun, wirken wir ja machtvoll hinein in die Welt – und die Welt wirkt auch wieder auf uns zurück, beglückend oder belastend. Diesem Wechselspiel sind wir unentrinnbar unterworfen, und nur durch *bewußtes* Handeln können wir es zu unseren Gunsten lenken.

18

Bewußtsein hängt indes mit Wissen zusammen, mit dem Erkennen von Zusammenhängen und Möglichkeiten. Unsere unsichtbare Innenwelt birgt alle Schlüssel für ein freies, glückliches Leben – doch müssen wir sie finden und benützen lernen.

Stürzen wir uns also hinein in die faszinierenden Grundfragen des Menschseins: Warum gibt es überhaupt eine Innenwelt? Woher kommen die Gedankenbilder in uns, die oft im Widerstreit liegenden „inneren Stimmen" – hier die edelmütig um Selbstüberwindung bemühte, dort die nach Lust und Vorteil strebende? Woher stammen die Ahnungen, Hoffnungen und Empfindungen, die Sehnsüchte und Enttäuschungen, die unseren Alltag überhaupt erst mit Leben erfüllen?

Nachdenken über sich selbst

Vielleicht kennen Sie sich selbst aus „verträumten" Momenten als stillen Beobachter der Welt: Man befindet sich irgendwo am Rande einer angeregt schwatzenden Menschenmenge, beispielsweise in einem Gasthaus, sieht und hört den mit Feuereifer geführten Diskussionen zu, erlebt sich selbst aber als deutlich vom Geschehen abgetrenntes Etwas – als bewußtes Ich, das staunend beobachtet, was um es herum geschieht, das aber auch um seine eigene Erlebnisfähigkeit weiß.

Woher stammt dieses Ich-Bewußtsein? Woher kommt das unbegreifliche Etwas, das uns die Welt – und auch uns selbst – erleben läßt? Das Ich, das sich einerseits Tag für Tag zu verändern scheint – und andererseits in seinem sonderbaren Eigenleben doch unberührt verbleibt von den Wachstums- und Alterungsprozessen des Körpers?

Wohl jeder Mensch hegt dann und wann den Wunsch, Antworten auf die großen Ur-Fragen des Menschseins zu finden, aber eine solche Suche wird meist von Beginn an überschattet vom Gedanken, darauf ließen sich ja doch keine schlüssigen Antworten finden. Haben nicht schon so viele Gelehrte erfolglos darüber nachgegrübelt? Mündet nicht gerade das verkrampfte Denken und Nachgrübeln in eine Sackgasse?

Die Bereitschaft, über sich selbst nachzudenken, ist natürlich eine unverzichtbare Voraussetzung auf dem Weg zur Selbsterkenntnis. Aber neben dieser noblen Verstandestätigkeit, die ja immer ein bißchen zum Abgehoben-Theoretischen neigt, sollten wir noch ein weiteres Erkenntnisfundament benützen, das dem Ich noch unmittelbarer verbunden ist: unsere Erlebnisfähigkeit.

Bei sich selbst sein

Vielleicht erinnern Sie sich an Situationen in Ihrem eigenen Leben, in denen Sie sich noch weiter aus den Alltagsgegebenheiten herausgehoben gefühlt und Ihr eigenes Ich dabei noch tiefer erlebt haben als in Momenten gedanklicher Selbstbesinnung. Mit *herausgehoben* meine ich dabei keinen ins Weltfremde entrückten oder in spirituellen Fanatismus verstiegenen Zustand, keine Irritation durch besondere emotionale Erlebnisse und auch keinen Sinnenrausch, wie er sich kurzfristig einstellen mag, wenn man dem Trieb- und Lustprinzip keine Grenze setzt. Nein, *herausgehoben* in einer ganz unspektakulären, doch um so bewußteren Art und Weise: die Gedanken … in einfachen, klaren Bahnen; die Gefühle … in ruhiger, gesunder Harmonie; die Empfindungen … ja, der wunderschöne, leider schon fast vergessene Begriff drückt es treffend aus: *rein!*

Wahrscheinlich erlebt jeder Mensch Momente oder Zeitspannen, die ihn die Tiefe seiner selbst erfahren oder doch wenigstens erahnen lassen, die Tatsache also, daß da jenseits des kleinen Alltags-Egos etwas Umfassenderes ist; glückliche Augenblicke der Verinnerlichung, ihm die Gewißheit schenkend, einer unergründlichen Quelle stiller, erhabener Kraft verbunden zu sein, einem lebensdurchpulsten, friedvollen, heimatlichen Urgrund des Ichs.

Die meisten solcher Erfahrungen aus einem seelischen Durchatmen verklingen rasch im betäubenden Lärm der Außenwelt,

20

und für viele mag davon nichts weiter zurückbleiben als ein kleiner Lichtblick in der Lebenserinnerung, ein Sehnsuchtsfünkchen, das dann und

Die wertvollen Erfahrungen des Bei-sich-selbst-Seins bleiben als Lichtblicke in der Lebenserinnerung.

wann das Gemüt durchglüht, über das man sich im Regelfall jedoch in Schweigen hüllt, denn derlei Themen sind allgemein nur sehr beschränkt gesellschaftstauglich. Zu leicht werden sie als romantische Wallung, wenn nicht gar als Krankheitsbild mißdeutet.

Dabei sind diese bewußten Erfahrungen eines Bei-sich-selbst-Seins so wertvoll! Es geht ja nicht nur darum, forschend über Zusammenhänge *nachzudenken*. Die Fragen „Was ist Geist? Bewußtsein? Was ist das Ich?" berühren ja auch unsere Erlebnisfähigkeit. Der zart leuchtende Regenbogen, der das durchfeuchtete Land mit neuer Sonne verbindet, der nächtliche Sternschnuppenregen oder die schneebedeckten, in üppigen Morgenfarben glühenden Alpengipfel – was immer uns seelisch anrührt und aufwühlt, es hängt an starken Gefühlen und Empfindungen, nicht etwa nur an nüchternen Gedanken.

Wir Menschen können viel mehr als über uns selbst nachzudenken. Wir haben die beglückende Fähigkeit, das Dasein bewußt zu erleben – die Schönheiten der Natur, die Liebe zu einem Mitmenschen, die Kraft eines künstlerischen Meisterwerks … Unsere *Erlebnisfähigkeit* macht das Leben so lebenswert, und ihr ist auch unser Bewußtsein verbunden. Sie zu verlieren, also als bewußte Persönlichkeit nicht mehr zu sein – in diesem Gedanken wurzelt unsere Todesangst, ihn fürchten, verdrängen, tabuisieren wir.

Die Suche nach dem Ich, nach unserem Wesenskern führt also geradewegs zur tiefsten Existenzfrage überhaupt: Leben wir als Persönlichkeit nach dem körperlichen Tod weiter? Und wie entstand das bewußte Ich? Woher kommen wir – geistig betrachtet? An diesen Fragen wird unsere „Expedition Innenwelt" nicht vorbeiführen.

21

Die Suche nach dem Ich führt zur tiefsten Existenzfrage: Leben wir als Persönlichkeit nach dem körperlichen Tod weiter?

Halten wir aber vorerst nochmals fest: Das menschliche Bewußtsein ist geprägt durch die Fähigkeiten des Erlebens und des Nachdenkens darüber. Beides spielt zusammen, berührt letztlich aber, wie wir später sehen werden, unterschiedliche Ebenen unseres Menschseins.

Spontane Lebenserfahrungen bewegen sich – soviel sei an dieser Stelle vorweggenommen – in einem viel weiteren, ja, immateriellen Rahmen. Denkprozesse dagegen bleiben physisch eher faßbar. Sie sind Gegenstand der Hirnforschung. Selbsterfahrungs-Erlebnisse dagegen werden üblicherweise eher dem Bereich des Religiös-Mystischen zugeordnet, obwohl sie eigentlich nichts anderes als empfindungsstarke Höhepunkte unserer allgemeinen Erlebnisfähigkeit sind.

Unterschiedliche Begriffswelten

Apropos *Zuordnung*: Seit langem bemühen sich die gegensätzlichsten Disziplinen um die Erforschung unserer Innenwelt. Es gibt philosophische, religiöse, psychoanalytische oder esoterische[3] Ansätze, aber sie alle markieren nicht nur getrennte Wege in unterschiedlichen Begriffswelten, sondern fußen auch auf uneinheitlichen Fundamenten. Die Erfahrungen, Erkenntnisse und Sinnzusammenhänge können dementsprechend schwer miteinander in Einklang gebracht werden.

In der etablierten Naturwissenschaft, aber auch in der Philosophie, neigt man derzeit dazu, das menschliche Ich als etwas Materielles, Körperliches zu definieren, das schlicht und einfach auf Gehirnfunktionen zurückzuführen ist. Auch alle menschlich-ideellen Werte wären demnach nur Phänomene, die aus der Tätigkeit der grauen Zellen unter unserer Schädeldecke resultieren. Ein Bewußtsein ohne physischen Körper gibt es aus dieser Sicht nicht, ebensowenig eine nichtstoffliche Seele; selbst unsere spirituelle Sehnsucht wäre stofflich bedingt: Etwa in der gleichen Funktionalität, wie die Niere Urin produziert, sorge „ein Gehirnlappen, der auch Epilepsie erzeugt", für religiöse Gedanken.[4]

Dieser ebenso unmenschlichen wie gottlosen Sichtweise können die Religionen derzeit im allgemeinen nur wenig entgegensetzen. Denn deren Erklärungsansätze zur Existenz einer Seele bewegen sich meist im subjektiv-unscharfen Bereich des Glaubens, so daß sie eine Handreichung zur objektivierungshungrigen Wissenschaft ausschließen. Und so wird unsere Innenwelt kaum als das erkannt, was sie eigentlich ist: der im Grunde überzeugendste und unmittelbarste Hinweis auf nichtphysische Wirklichkeiten.

Wollen wir diese Situation überwinden und uns einen Überblick zu den Dimensionen des Menschseins erarbeiten, dann müssen wir Grenzen überwinden, vertraute Sichtweisen hinterfragen, enge Blickwinkel weiten. Das mag wie eine Binsenweisheit klingen, aber erfahrungsgemäß sind nur wenige Menschen dazu bereit, einen als zielführend erkannten Weg zugunsten neuer Erkenntnisse aufzugeben. Lieber macht man auf vertrautem Terrain weiter und verteidigt es notfalls mit Zähnen und Klauen gegen unliebsame Eindringlinge. So gibt es auf dieser Welt viele ewige Mystiker, sture Analytiker oder unverbesserliche Philosophen ...

Wir indes wollen auf unserer Reise durch die Innenwelt vermeiden, konfessionelle oder weltanschauliche Häfen endgültig anzulaufen, sondern wollen mit *freiem* Geist vorankommen. Wobei Kurzaufenthalte in der einen oder anderen Ankerstätte natürlich vorgesehen sind, um das Leben dort ein wenig kennenzulernen und eigenen Erfahrungen neue Impulse zu gönnen.

Rufen wir uns also gleich zu Beginn unserer Expedition die unterschiedlichen gedanklichen Ansätze zum Ich-Bewußtsein des Menschen in Erinnerung. In der Gegenüberstellung verdeutlichen sie nämlich recht eindrucksvoll, wie viele „Wahrheiten" dem Thema Innenwelt gerecht werden wollen, und sie geben uns auch einen guten Einblick in das damit verbundene *Weltbild*.

Nun mag der Begriff *Weltbild* für manchen Leser vielleicht sehr theoretisch klingen, fürchterlich trocken und abgehoben, aber aus diesem Begriff – der ja nur die vielen einzelnen Mosaiksteinchen aus einer bestimmten Gedankenwelt zu einer sinnvollen Gesamtschau zusammenfassen will – resultieren die grundlegendsten Überzeugungen für das persönliche Leben. Wir beantworten ja nicht nur die Urfragen des Seins jeweils aufgrund unserer Weltanschauung ganz unterschiedlich, sondern diese ist zugleich auch ein Filter für die Lebenshilfen, die uns zur Verfügung stehen. Wer beispielsweise in seinem Bild von der Welt für den Schöpfer keinen Platz hat, wird sich nie darum bemühen, aus dem Gebet Kraft zu schöpfen; wer für sich zum Schluß kam, daß Gedanken nichts weiter als folgenlose Hirnfunktionen sind, für den wird das „positive Denken" kein Thema sein usw.

Wir wollen uns im folgenden kurzen Überblick zur Frage, welche Theorien zur menschlichen Innenwelt in den letzten 500 Jahren geäußert wurden, also nicht in vergleichenden Studien verlieren (mit denen man ja nicht unbedingt der Wahrheit näherkommt, sondern allenfalls sein Wissen erweitert), sondern nur einzelne herausragende Gedankengebäude kritisch betrachten.

René Descartes und das „denkende Ich"

Wohl seit der Mensch sich selbst und die Umwelt als denkendes, fühlendes und empfindendes Wesen bewußt erlebt, ist er darum bemüht, seine Innenwelt kraft des Verstandes zu erfassen – und in der Folge auch mit den Möglichkeiten seiner Sprache zu beschreiben. Ein Ansinnen, das oft genug in philosophischen Labyrinthen endete – oder einfach auch zugunsten praktischerer Überlegungen aufgegeben wurde: man muß nicht unbedingt wissen, was die Seele *ist*, um sie behandeln zu können. Dennoch gab es in unserer Geistesgeschichte immer wieder herausragende Denker, die davon überzeugt waren, dem Wesen des so rätselhaften menschlichen Ichs wenigstens teilweise auf die Spur gekommen zu sein. Deren Erkenntnisse üben auf unser Weltbild bis heute einen gewissen Einfluß aus.

Berühmt gewor-
den ist etwa ein Kern-
satz aus der Lehre des
französischen Philo-
sophen René Descar-
tes[5] (1596–1650), der
in seinen Überlegun-

Werden religiöse Gedanken von unserem Gehirn produziert – in einer Funktionalität, wie die Niere Urin ausscheidet?

gen ganz auf die menschliche Vernunft vertraute. Er strebte danach, durch die Besinnung auf einfache Einsichten Klarheit zu
gewinnen und gedankliche Irrwege zu vermeiden. Und so formulierte Descartes seinen Satz: „Cogito, ergo sum" (dt. = Ich
denke, also bin ich). Damit beschrieb er das menschliche Denkvermögen als unbestreitbarstes Zeugnis für die Existenz des Ichs.

Aber können wir die Tatsache, daß wir denken können,
wirklich als wichtigsten Beleg für unser bewußtes Leben und
unsere Individualität gelten lassen? Beweist unser Denkvermögen wirklich schon die Existenz des Ichs? Können heute nicht
auch Maschinen schon schlußfolgern, kombinieren, entscheiden? Beschreibt der Begriff „Ich" nicht etwas ungleich Leben-
digeres, das gar nicht so richtig faßbar ist?

David Hume und das „veränderliche Ich"

David Hume (1711–1776), ein schottischer Philosoph[6], war ein
Jahrhundert nach Descartes dieser Gegebenheit auf der Spur. Er
meinte, daß unser Ich überhaupt nichts klar Abgegrenztes sei,
sondern sich aus vielfältigen Einzeleindrücken zusammensetze,
daß es sich dabei um ein „Bündel verschiedener Bewußtseinsin-
halte" handle, die „beständig in Fluß und Bewegung" seien, nicht
aber um etwas Feststehendes, Unveränderliches.

Und ist es nicht wirklich so, daß alles in uns sich ständig wandelt? Heute machen wir Fehler, morgen sind wir durch Erfahrung
klüger, übermorgen stolpern wir in ein ähnliches Vergehen wie
heute, lernen abermals daraus und … gewinnen irgendwann den
nötigen Weitblick, erkennen den gesetzmäßigen Schlüssel im

25

Hintergrund, der zu beiden – und vielleicht auch zu vielen anderen Fehlern – geführt hat.

Heute reagieren wir anders als gestern, unsere Ziele und Vorlieben ändern sich, unser Temperament, das Verhalten anderer gegenüber, unser Bezug zum eigenen Körper – alles ist in stetem Fluß. Kann man angesichts dessen also wirklich von einem klar abgegrenzten „Ich" sprechen, das sich als Fels in der Brandung erweist?

„Angesichts dessen", also „von außen betrachtet", muß die Antwort tatsächlich lauten: nein. Es gibt in unserem Menschsein nichts zu beobachten, das als „unveränderlich" beschreibbar wäre. Und doch erleben wir *in uns* genau das Gegenteil, nämlich ein klares, stetiges „Ich". Denn wir können *ja bei uns selbst sein* – und dieses „Selbst" sind immer wieder *wir*. Unser Ich mag verändert und geprägt werden durch die vielfältigen Lebenserfahrungen, doch immer bleibt es ein und dasselbe vertraute Ich, niemals sind wir selbst uns fremd.[7] Unser Ich reift, es wird – eben wie ein Fels in den Stürmen des Meeres – abgeschliffen und geformt durch seine Erlebnisse, aber es bleibt dabei stets das Ich, dieselbe willensfähige, sich ihrer selbst bewußte Persönlichkeit.

In unserem *Erleben* erfahren wir uns also in aller Selbstverständlichkeit als eine Einheit, als klares Subjekt – aber es gibt offenbar keine Möglichkeit, dieses Ich verstandesmäßig dingfest zu machen, es also zweifelsfrei und unwiderlegbar zu analysieren. Sind also die großen Philosophen, Bewußtseinsforscher und Vordenker an den Fragen „Wer und warum bin ich? Und wie kann ich sicher sein, daß ich bin?" einfach deshalb gescheitert, weil das Rätsel „Ich" auf der Ebene des Verstandes gar nicht zu lösen *ist*?

Vielleicht konnte David Hume die Einheit unseres Selbst deshalb so gründlich in Frage stellen, weil der Verstand an eine natürliche *Systemgrenze* gebunden ist, die ihn zwar Einzelaspekte, nie aber die Gesamtheit erkennen läßt. So, wie auch das lernfähigste Computerprogramm niemals die Absichten und Ziele seines Programmierers „verstehen" wird, kann der Verstand nicht über seine Grenze hinaus, also das ihn benützende Ich begreifen und analysieren.

Um dieses Gleichnis auf den Punkt zu bringen: Das menschliche Ich ist etwas *über* dem Verstand Stehendes, ihm gewissermaßen Artfremdes, sagen wir ruhig: etwas Nichtphysisches, Immaterielles – und darin liegt der Grund, warum es bisher niemandem gelungen ist, sich eine klare Vorstellung vom Ich zu „erdenken".

Angelus Silesius und das „mystische Ich"

Dem Gedanken, daß unser bewußter Wesenskern etwas Überirdisches ist, folgt man auch in der Mystik. Angelus Silesius[8] (1624–1677), ein bekannter christlicher Dichter, formulierte einmal:

> *„Das Tröpflein wird das Meer, wenn es ins Meer gekommen,*
> *die Seele Gott, wenn sie in Gott ist aufgenommen."*

Damit brachte er einen Grundgedanken der Mystik zum Ausdruck: das Streben nach einer „Einheit mit der Weltseele" beziehungsweise mit … Gott. Dieses Streben zeigte sich ursprünglich wohl eher als Selbstaufgabe, also als Sich-in-den-Gotteswillen-Einfügen. Hingegen neigen moderne Mystiker dazu, das Göttliche im Menschen entdecken zu wollen. Wer einen Weg der Läuterung geht und/oder meditative Übungen pflegt, kann demnach einst aufgehen in der „Allnatur", sich in Gott „verlieren", sein kleines, persönliches Ich zugunsten eines umfassenden „All-Bewußtseins" ablegen.

Solche Formulierungen mögen im ersten Augenblick aufhorchen lassen, weil sie unserer Sehnsucht nach Entwicklung und Bewußtwerdung Raum geben und vielleicht auch als Einladung zu entrücktem Schwelgen willkommen sind. Allerdings enden solche Weltbilder bei näherer Betrachtung in einem merkwürdigen, kaum zu durchlichtenden Graubereich. Denn *wie* das bedeutungsschwere „Sich-in-Gott-Verlieren" vonstatten gehen, wie eine in jeder Hinsicht abhängige Kreatur selbst zum Schöpfer mutieren oder welche entscheidenden Veränderungen diese überhöhte Selbsteinschätzung mit sich bringen soll, das objektiv darzulegen, gelingt nicht. Also bewegt sich Mystik dieser Art oft auf dem Parkett subjektiver Interpretationen, in einem Nebel aus

Wunschdenken und Wohlgefühl und führt nicht selten zu fragwürdigen Anschauungen – etwa zu der, daß der Schöpfer überall anwesend, also tatsächlich in der Welt zugegen sei (man spricht dabei von „Pantheismus" = Allgottlehre) – beziehungsweise daß er *nur* hier in der Welt – und sonst nirgendwo – existiere. Für einen *über* allen Welten thronenden Schöpfer ist daher in der Anschauung von Menschen, die Gott in sich selbst zu entdecken vermeinen, zumeist kein Platz.

Allerdings bauen solche dem Mystischen verhafteten Vorstellungen auf einer sehr realen Gegebenheit auf, die bereits Erwähnung fand: Jeder Mensch kann ja – auch wenn er weit davon entfernt ist, dafür schwärmerische Formulierungen wie „Erleuchtung", „Vereinigung mit Gott", „Aufgehen in der Weltseele" oder ähnliches zu verwenden – tatsächlich erleben, daß sein eigentliches „Ich" ungleich erhabener ist als die egozentrische Alltagspersönlichkeit; daß sein Inneres kaum zu begreifende Dimensionen umfaßt; daß da also tatsächlich *mehr* in uns ist …

Aber was ist dieses Mehr nun wirklich, welches erahnbar wird, sobald wir „bei uns selbst" sind – und das sich der verstandesmäßigen Analyse so nachhaltig entzieht?

Freud und das „psychoanalytische Ich"

René Descartes ging, wie viele großen Philosophen vor und nach ihm, davon aus, daß der Mensch nicht nur der stoffliche Körper ist, sondern als Gesamtheit der Physis und einer immateriellen Seele betrachtet werden muß, wobei er das Bewußtsein als eine „Eigenschaft der Seele"[9] definierte. Auch die Existenz Gottes als Urbild der Vollkommenheit und Erschaffer der menschlichen Seele war für ihn eine gegebene Tatsache.

Doch die Zeiten änderten sich, neue Einsichten prägten neue Weltbilder; der – von Descartes ja mitbegründete – Materialismus und der durchschlagende Erfolg der Naturwissenschaften führten nach und nach zu einer immer tiefer greifenden Skepsis gegenüber religiösen Vorstellungen. Leider, denn das Streben des Menschen, sich über ein blindgläubiges Zur-Kenntnis-Nehmen konfessioneller Dogmen hinauszuentwikkeln und die Wahrheit weniger in hun-

Unser Ich ändert sich durch die Lebenserfahrungen – aber dennoch bleibt es immer ein und dasselbe vertraute Ich …

dertfach interpretierten Überlieferungen als einfach in den Gesetzen der Natur zu erkennen, hätte dazu führen können, daß die Wissenschaft sich als spiritueller Wegweiser etabliert.[10]

So aber begann die sachliche, auf das Materielle beschränkte Logik der Naturwissenschaft ein immer ausuferderes Eigenleben zu führen, dem die Kirchen zuerst mit Feuer und Schwert gegenübertraten und später nichts Sinnvoll-Ideelles entgegenzusetzen hatten. Sie steckten in Traditionen und erstarrten Wahrheits-Interpretationen fest. Die sachlich-kühle Wissenschaftlichkeit aber, die zu nicht-materiellen Wirklichkeiten zunehmend auf Distanz ging, trat ihren Siegeszug an: Bald galt sie nicht nur als kompetent für die Beantwortung aller großen Fragen zur physischen Außenwelt – von der Entstehung des Universums bis zu den Geheimnissen des Mikrokosmos –, sondern sie eroberte sich auch ihre Zuständigkeit für die menschliche Innenwelt. Diese wollte man nun ebenfalls als „Sache" behandeln.

Als ein Vater dieses Leitgedankens gilt der Erfinder der sogenannten Psychoanalyse[11], Sigmund Freud[12] (1856–1939), der die „Maschine Menschenseele" durchschau- und handhabbar machen wollte. Durch seine Beobachtungen kam der Wiener Arzt dabei zum – grundsätzlich ja durchaus zutreffenden – Schluß, daß unser Bewußtsein jedenfalls vielschichtiger ist als jede eindimensionale Vorstellung vom „Ich".

Freuds Lehre zufolge ist jeder Mensch, wenn er auf die Welt kommt und unreflektiert nur seinen momentanen Trieben und Lüsten folgt, vorerst einmal ein *Es*. Dieses Es bleibt uns ein Leben lang erhalten. Nach und nach aber lernen wir, uns unter Kontrolle zu haben und unserer Umgebung angepaßt zu leben. Das

29

Die Psychoanalyse bewies:
Es ist mehr „Land" im Menschen zu entdecken als nur das vertraute (?) Tagbewußtsein ...

„Lustprinzip" wird demnach irgendwann mit dem „Realitäts-prinzip" in Überein-stimmung gebracht. Und diese Abstim-mung, diese Regula-tion übernimmt das inzwischen aufgebaute *Ich*. Außerdem woll-te Freud auf Grund der moralischen Erwartungen in der Gesell-schaft noch ein kontrollierendes *Über-Ich* erkennen, das man mit dem Begriff *Gewissen* assoziieren kann.

Kurz und gut: Auch aus der gewiß nicht esoterisch-abgeho-benen, sondern dem Materialismus verpflichteten Lehre Freuds wird deutlich, daß sich unsere Innenwelt aus dem Zusammenwirken unterschiedlicher Einflußbereiche ergibt, daß da also tatsächlich mehr „Land" in uns zu entdecken ist als das vertraute (?) Tagbe-wußtsein.

Mit dem Gedanken an eine – gar unsterbliche – Seele beschäftigt sich die Psychoanalyse allerdings nicht; die Frage nach dem We-sen unseres Inneren bleibt meist überhaupt ausgeklammert. Und so kann man, wie gesagt, bis heute nicht mit klaren Worten be-schreiben, was denn die analysierte und mehr oder minder kunst-voll behandelte menschliche Psyche eigentlich ist.

Als wahrscheinlich gilt die Annahme, daß es sich dabei um das spezielle Zusammenwirken der berühmten grauen Zellen handelt, und die Hoffnungen der Wissenschaft, durch das zunehmende Verständnis der Hirnaktivitäten auch einen Zugang zum mensch-lichen Ich gefunden zu haben, sind noch längst nicht ausgeträumt. Im Gegenteil: Man forscht in dieser Richtung emsig weiter und schiebt unzufriedene (innere) Stimmen, die zum Ausdruck brin-gen, daß die Natur des Menschseins ja wohl noch andere Dimen-sionen umfaßt als nur die physisch-körperliche, ins Reich des Glaubens ab. Die Zeit muß erst kommen, in der sich erweisen wird, daß es ein viel kühnerer Glaube war, unsere Innenwelt materialistisch definieren zu können. Jedenfalls widersetzt sich die menschliche Seele seit jeher allen Versuchen, sie ins gewohnte naturwissenschaftliche Schema – meßbar, durchschaubar, letztlich auch künstlich nachbildbar – einzufügen.

Daniel C. Dennett und das „maschinelle Ich"

Gerade dieser Weg wird heute aber von maßgeblichen Bewußtseinsforschern mit großer Vehemenz beschritten. Zu ihnen gehört beispielsweise der Philosoph und Maschinenkonstrukteur Daniel C. Dennett, der seine materielle Gesinnung klipp und klar zum Ausdruck bringt, wenn er behauptet, daß wir Menschen nichts anderes seien als intelligente Maschinen, und zur Frage nach der Seele in uns meint:

> *„Ja, wir haben eine Seele, aber sie besteht aus lauter winzigen Robotern!"*[13]

Spirituell orientierte Menschen mögen sich über solche Ansichten empören, jedoch können wir wohl davon ausgehen, daß keine üble Gesinnung die Forscher – von denen Daniel C. Dennett ja nur einer unter vielen ist – zu solchen Äußerungen verleitet. Sie sind vielmehr die logische Folge gewisser Grundannahmen. Zwei Beispiele:

1. Man geht davon aus, daß Bewußtsein sich durch äußere Merkmale beschreiben läßt. Auf der Basis dieser Annahme werden sodann „Bewußtseinstests" wie zum Beispiel der sogenannte *Turingtest* für Computerprogramme entwickelt. Dabei wird, vereinfacht ausgedrückt, untersucht, inwieweit eine Software dazu in der Lage ist, das Verhalten eines Menschen nachzuahmen. Wenn man mit einem Computer kommuniziert und dabei auf Grund seiner Reaktionen nicht mehr erkennen kann, daß man eine Maschine vor sich hat, so hat das Programm den Test bestanden. Oder mit anderen Worten: man schreibt dem Computer Bewußtsein zu – nur weil er dazu in der Lage ist, rein rechnerisch Informationen zu verarbeiten.

2. Man geht davon aus, daß unser Gehirn das erzeugt, was wir als Ich-Bewußtsein erleben – und glaubt, diese Theorie durch Be-

Ist das „Ich-Bewußtsein" eine simple Illusion, die darauf beruht, daß das Gehirn alle Gedanken einem „Selbstmodell" zuschreibt?

obachtungen in der Hirnforschung bestätigt zu finden. Zum Beispiel gibt es Untersuchungen an sogenannten Split-Brain-Patienten[14], in deren Kopf die Verbindung zwischen der bildorientierten rechten und der sprachorientierten linken Großhirnhälfte getrennt ist. Der Neurobiologe und Autor Franz Mechsner schreibt über Experimente mit solchen Personen:

> *„Zeigt man der wenig sprachbegabten rechten Hemisphäre ein obszönes Bild, beginnt der Patient vielleicht zu grinsen. Gefragt, warum er grinse, gibt er jedoch nicht den wahren Grund an, sondern sagt etwas wie: ‚Ihr Hemd sitzt so komisch'.*
>
> *Die sprachbegabte linke Hemisphäre, die wegen der gekappten Verbindung zur rechten nichts von dem Bild weiß, fabuliert sich einfach eine Geschichte zurecht."[15]*

Aus solchen Beobachtungen zieht man den weitreichenden Schluß, daß ein chirurgischer Schnitt genüge, damit plötzlich zwei „Personen" in einem Schädel sitzen: Die eine grinst, weil ihr das Bild gezeigt wurde, die andere *„merkt, daß gelacht wird und bildet sich in bestem Glauben einen völlig anderen, in diesem Augenblick frei erfundenen Grund ein."[16]*

Die Forscher leiten daraus ab, daß unser Gehirn offensichtlich „sich selbst etwas vormacht" (Mechsner), also die objektive Wirklichkeit zu einer *subjektiven* verformt – und sich auf diese Art in letzter Konsequenz auch den Eindruck von einem „Ich" verschafft. Demnach wäre unser „Ich-Bewußtsein" nichts weiter als das Ergebnis der Fähigkeit unseres Gehirns zu fabulieren und zu phantasieren; das Ich würde also nicht – wie Descartes es noch vermutete – *selbst* willentlich denken, sondern vom Hirn *erdacht* werden. Das heißt: Unser Eindruck von uns selbst, von unserer geistigen Unabhängigkeit und Willensfreiheit wäre nichts als eine simple Illusion, die darauf beruht, daß das Gehirn alle Gedanken,

Worte und Handlungen einem „Selbstmodell" zuschreibt – und zwar einfach, *„um seine Aktivitäten zu organisieren"* (Dennett).

Diese beiden Beispiele beschreiben zwar Extrempositionen, die bei weitem nicht alle heutigen Bewußtseinsforscher teilen[17], aber sie zeigen sehr gut, wie man gedanklich im Kreis laufen kann und Forschungsergebnisse letztlich nur ein Ausdruck der zuvor abgepflockten Rahmenbedingungen sind. Die Annahme: „Es gibt nur das Materielle" wird allen Überlegungen als Voraussetzung zugrunde gelegt – und scheint in der Folge, wie eine sich selbst erfüllende Prophezeiung, immer wieder neue Bestätigung zu finden.

Immaterielle Fähigkeiten

Tatsächlich würde man zu ganz anderen Schlüssen finden, würde man das Ich – entsprechend allen menschlichen Lebenserfahrungen – als etwas dem Materiellen *Übergeordnetes* erkennen und das körperliche Gehirn als eine Art Allzweck-Werkzeug verstehen, das unserem seelischen Kern zu Diensten ist.

Unter diesen Voraussetzungen könnte man nun – um auf das erste der genannten Beispiele zurückzukommen – ebenfalls ganz schlaue, „menschennahe" Computer- oder Roboterprogramme entwickeln. Aber man würde, auch wenn der Blechtrottel jeden noch so einfältigen „Bewußtseinstest" besteht – oder (was auf Grund des Koordinationsaufwandes viel schwieriger wäre) sogar Holz hacken kann[18] –, niemals von menschlichem Bewußtsein sprechen. Denn dieses läßt sich – allen Machbarkeitsträumen, Frankenstein-Ideen und Science-fiction-Filmen zum Trotz – weder künstlich erzeugen noch im Labor reproduzieren.

Im übrigen ist es natürlich eine Umkehrung der Tatsachen, wenn man meint, daß aus der Fähigkeit, Informationen zu verarbeiten, Bewußtsein resultiert. Das Gegenteil ist der Fall: Nur dort, wo Bewußtsein besteht, können auch Informationen verarbeitet, also Wertigkeiten erkannt und Schlußfolgerungen gezogen werden. Daher programmiert ja bekanntlich immer der Mensch den Computer – nicht umgekehrt.

33

Auch in der Hirnforschung würden wohl ganz andere Schluß-folgerungen gezogen, wenn man ein übergeordnetes Ich an-nimmt. Zwar könnte man die Tatsache, daß unser einzigartiges „Königsorgan" ausgeklügelte Bildgeschichten erfindet, eine sub-jektive Wirklichkeit prägt und der Formung des Bewußtseins dienlich ist, durchaus zur Kenntnis nehmen – wir werden später noch sehen, warum das so ist[19] –, doch auf den abwegigen Gedan-ken, daß unser Gehirn sich das Ich-Bewußtsein insgesamt er-denkt, würde man nicht kommen.

Auch die Experimente mit den zuvor beschriebenen Personen, deren Großhirn durchtrennt ist, oder die Entdeckung, daß be-stimmte Hirnfunktionen entsprechenden Bewußtseinsprozessen zugeordnet sind, widerlegen nicht, daß das Gehirn nur ein *Werk-zeug* für das (immaterielle) Ich ist. Es braucht ja gar nicht weiter zu verwundern, daß die Kommunikation zwischen dem inneren We-senskern des Menschen und der physischen Außenwelt sich bei Split-Brain-Patienten auf unzusammenhängenden „Parallelschie-nen" bewegt, wo doch das zuständige Kommunikationsorgan selbst gespalten ist und also seine Vermittlungsaufgabe nicht mehr sinnvoll erfüllen kann.

Der Standpunkt, daß unser Gehirn nur ein Werkzeug ist, wäh-rend das bewußte Ich von keiner „Mechanik" abhängt, hat zudem ein gewichtiges Argument an seiner Seite: Nur unter der Voraus-setzung, daß unser Ich frei und willensfähig ist, erklärt sich die bis in die Fingerspitzen spürbare Bedeutung von Gewissensfragen, moralischen Werten, ethischen Zielen oder religiösen Geboten.

Wenn die Materialisten recht hätten, gäbe es letztlich ja keine Grundlage für derlei innere Werte. Ob und wie sich Bewußtsein entwickelte – irgendwann würde doch alle Welt vergehen, wie sie einst auch nur durch Zufall entstand. Insofern könnte man nicht einmal einem Massenmörder den Prozeß machen. Mit welchen Argumenten auch? Wenn es das Ich-Bewußtsein nur als Gehirn-Projektion, also gar nicht wirklich gibt, dann kann es auch keine persönliche Verantwortung geben …

Im ganzen Materialismus liegt bei näherer Betrachtung eine abgrundtiefe Trostlosigkeit. Dennoch scheinen es manche Forscher nicht nur als

Die materialistische Weltsicht läßt sich schlicht und einfach durch unser Menschsein ad absurdum führen.

notwendig, sondern gleichermaßen auch als mutig anzusehen, sich dieser bodenlosen Weltsicht zu verpflichten, die ohne Sinn und Schöpfungszweck auszukommen vermeint. Aber vielleicht spielt dabei gar nicht der Mut die Rolle, sondern, im Gegenteil, eine versteckte Feigheit. Denn natürlich ist es auch recht bequem, einer Anschauungsweise zu huldigen, die es erlaubt, verantwortungslos dahinzuleben.

Ob sich also hinter den maschinistischen Interpretationen zur Entstehung unseres Bewußtseins vielleicht manchmal auch der Wunsch verbirgt, seine „biologisch bedingte" Selbstsucht hemmungslos ausleben zu können? Ich möchte diese Vermutung lieber nicht vertiefen und sie jedenfalls keiner hier genannten Forscherpersönlichkeit unterstellen.

Aus meiner Sicht läßt sich das herrschende materialistische Weltbild schlicht und einfach durch unser Menschsein ad absurdum führen – und zwar aus mehreren Gründen.

Zum einen: Wenn wir in dieser Welt aufbauend wirken wollen, Lebensziele verfolgen, wenn es also Sinn und Ziel *an sich* gibt, dann steht schon diese Tatsache allein der Vermutung entgegen, es wäre doch alles nur ein Spiel von Sinnlosigkeit und Zufall. Zudem könnte sich übrigens ein jeder, der die Wahrscheinlichkeitsrechnung beherrscht, auch rein mathematisch davon überzeugen, daß das Leben auf Erden nicht durch Zufall entstanden sein kann, sondern daß die bekannte Evolution einem zielgerichteten Willen folgen mußte, um in der zur Verfügung stehenden Zeit *die* Welt hervorzubringen, in der wir uns heute bewegen können.[20]

Aber das Menschsein führt den Materialismus eben auch durch unsere eigentümliche innere Lebendigkeit ins Abseits; ist es

Intellektuelle Leistungen berühren nur einen kleinen Teil unserer großartigen inneren Erlebnis- und Gemütswelt.

für uns alle doch jederzeit erfahrbar, daß unser Leben im wesentlichen durch immaterielle Gegebenheiten geprägt wird. Wir besitzen die Fähigkeit, bewußt über uns nachzudenken, Ideen und Weltbilder zu entwickeln. Und außerdem zeichnet das Ich des Menschen noch etwas Entscheidendes aus; etwas, das unmittelbar mit unserer Erlebnisfähigkeit zu tun hat und zugleich die *Natur* des Menschseins beschreibt. Es ist das, was wir im Begriff *Menschlichkeit* zusammenfassen: Empfindungskraft und Gewissenhaftigkeit, unsere Fähigkeit zu Liebe und Gerechtigkeit, das Mitgefühl; in weiterem Sinn auch unser Verantwortungs- und Wertbewußtsein, unser Streben nach Ausdruck oder die Sehnsucht nach Eindrücken, unser Bedürfnis nach Kunst, Kultur, bleibenden Werten, der natürliche Schönheitssinn – und so weiter!

Alles das also, was unser Menschsein auszeichnet, hat mit intellektuellen Leistungen nur sehr bedingt zu tun. Diese berühren nur einen kleinen Teil unserer großartigen inneren Erlebnis- und Gemütswelt. Unsere eigentliche Natur, die uns dazu befähigt, so wunderbar lebensdurchflutete Empfindungen wie Liebe, Schönheit, Anmut, Treue oder Lebensfreude bewußt zu erleben, ist in ihrem Wesen immateriell. Daher sollte es auch nicht verwundern, wenn die Veränderungen unseres physischen Körpers – der Wachstums- und Alterungsprozeß – sich nicht direkt auf unser Innenleben auswirken. Dieses steht tatsächlich für sich; es folgt seinem eigenen Reife- und Entwicklungsgang.

Das alte „Leib-Seele-Problem"

Wenn wir uns also auf Grund all dieser Überlegungen mit der Gewißheit zu beschäftigen haben, daß wir tatsächlich – wie der Wissenschaftspublizist Hoimar von Ditfurth eines seiner Bücher betitelte – „nicht nur von dieser Welt" sind, so tun sich damit freilich weitreichende andere Fragen auf, die im Sinne der angestrebten Selbsterkenntnis gründlich durchdacht werden wollen.

Zum Beispiel: Wie stehen Körper und Seele in Verbindung? Wie kann unser inneres Wollen in seiner nicht-physischen Eigenart etwas Physisches bewegen? Wie wirkt der Körper auf die Seele – und umgekehrt?

Dieses alte „Leib-Seele-Problem", dieser „Weltknoten", wie Arthur Schopenhauer[21] derlei Fragestellungen nannte, beschäftigt die Denker schon seit Hunderten von Jahren, und es wurden dazu verschiedene Theorien[22] entwickelt – nicht zuletzt wohl deshalb, weil sich dieses Problem auch innerhalb einer rein biologischen Betrachtungsweise stellt. Denn was immer das Wesen oder der Ursprung unseres Ich-Bewußtseins sein mag – Tatsache bleibt, daß diese Fähigkeit zu innerem Erleben sich im Laufe der Evolution eingestellt hat und uns Menschen seither einen beträchtlichen Vorteil gegenüber anderen Arten verschafft. Dieser Vorteil aber kann de facto nur bestehen, wenn das Bewußtsein auf den materiellen Körper einwirken, ihn mobilisieren kann. Daher: Wie macht das die Seele? Wie nimmt sie ihre physische Hülle in Besitz? Und woher, wenn nicht aus der Großhirnrinde, stammt sie?

Aber noch weitere grundlegende Fragen wollen gelöst werden: Wie spielen Gedanken, Gefühle und Empfindungen zusammen? Welche Aufgaben und Funktionen erfüllen sie in unserer Innenwelt? Und was ist ihre eigentliche Natur? Ist alles einfach „Geist"? Oder gibt es noch weitere – erlebbare – Abstufungen?

Diesen und vielen ähnlichen Themen sind die folgenden Buchkapitel gewidmet – und immer wieder werden wir dabei hart an die Grenze des verstandesmäßig Faßbaren herankommen und jedenfalls Tatsachen berühren, die jenseits der Möglichkeit einer wissenschaftlichen Beweisführung liegen.

Ein besonders behutsames Vorgehen ist daher angesagt, um den Boden der Wirklichkeit nicht zu verlassen. Zwangsläufig werden wir uns ja in Bereiche vorwagen, die man heute gemeinhin der Esoterik zuschreibt – und die genießt bekanntlich keinen uneingeschränkt guten Ruf. Das liegt jedoch meines Erachtens nicht an den immateriellen Themen, mit denen sie sich beschäftigt – auch unsere Innenwelt gehört ja dazu –, sondern der Grund für die steigende Skepsis findet sich wohl in der Art, wie manche Esoteriker ihr „Geheimwissen" vermitteln: nämlich offensichtlich im Glauben, sich in einem Bereich zu bewegen, in dem es auf Logik und Folgerichtigkeit nicht so sehr ankommt, in dem man alles behaupten oder bezweifeln kann, sofern es nur einigermaßen spektakulär und kosmisch klingt.

Leuchte und Stab

Dieser Weg soll unsere Sache nicht sein, und es gibt zum guten Glück eine Alternative zu Halbwissen und Geheimniskrämerei in bezug auf Innenwelt-Ebenen, die jenseits unserer fünf Sinne liegen. Die Leuchte, die uns im folgenden den Weg erhellen wird, ist das Werk „*Im Lichte der Wahrheit – Gralsbotschaft*"[23] von Abdru-shin. Die Erklärungen in diesem Buch mit seinem für heutige Verhältnisse eher ungewöhnlichen Titel zeichnen sich dadurch aus, daß sie auf Schöpfungsgesetzen basieren, die der Leser erkennen und vor allem im eigenen Leben wiedererkennen kann. Der Verfasser verdeutlichte, daß die gesamte Schöpfung, also die Außen- und Innenwelt, von einheitlichen Gesetzmäßigkeiten durchzogen ist. Man kann sein Werk denn auch, wie es ein Wissenschaftler einmal ausdrückte, als „Physikbuch der feineren Stofflichkeiten"[24] beschreiben (wobei man allerdings keine trocken naturwissenschaftliche Sprache erwarten darf).

Der Verfasser der Gralsbotschaft hieß mit bürgerlichem Namen Oskar Ernst Bernhardt (1875–1941), stammte aus dem ostdeutschen Ort Bischofswerda nahe Dresden und betätigte sich vorerst als Kaufmann sowie als Bühnen- und Reiseschriftsteller, ehe er sich nach dem Ersten Weltkrieg ganz dem widmete, was er als seine eigentliche Aufgabe erkannte: eine wirkungsvolle Lebenshilfe durch die Erklärung von Schöpfungszusammenhängen zu bieten.

Der Weg zum Überblick

Somit haben wir nun eigentlich alles im Gepäck, was wir für unsere Erkenntnis-Reise durch die Innenwelt benötigen. Die Grundlagen, die in uns selbst bereitet sein sollen, wurden angesprochen: Es müssen immer *eigene* Erlebnisse und Denkprozesse sein, etwas anderes wird nicht weiterführen. Auch philosophische Lehren, religiöse Überzeugungen oder wissenschaftliche Weltanschauungen können bestenfalls als Krücken auf dem ureigenen Erkenntnisweg eines jeden Menschen dienen. Ebenso ist klar, daß dieser Weg ohne die stete Bereitschaft, Grenzen zu überwinden, nicht gangbar ist. Denn das Thema Innenwelt ist kein naturwissenschaftliches oder philosophisches, kein mystisches oder religiöses, kein esoterisches oder spirituelles; es ist ein *menschliches*, so umfassend, wie es die Natur unseres Ichs eben ist, es berührt alle Bereiche, gehört aber keinem an und läßt sich mit vorgefaßten Meinungen gewiß nicht profund behandeln.

Außerdem sollte durch dieses erste Buchkapitel schon ein grober Überblick deutlich geworden sein, und ich möchte also in Erinnerung rufen, welchen „Reiseproviant" wir uns für unseren Weg zum Gipfel, also zum Überblick über die gesamte menschliche Innenwelt, zur umfassenden Selbsterkenntnis, bereits vorbereitet haben. Als Zusammenfassung beziehungsweise Schlußfolgerungen lassen sich aufgrund des bisher Gesagten fünf wichtige Punkte formulieren:

1. Unsere Innenwelt bietet uns die Möglichkeit, über die Welt und auch über uns selbst nachzudenken. Doch sie erschöpft sich bei weitem nicht in dieser Fähigkeit. Wir können auch fühlen und empfinden, alle Aspekte der *Menschlichkeit* leben.

2. Der *Verstand* ist ein wichtiger Teil der Innenwelt; er steht in engem Zusammenhang mit unserem Bewußtsein und formt ein subjektives Bild aus der objektiven Wirklichkeit. Ohne das Gehirn als „Brücke" ist menschliches Bewußtsein im physischen Körper undenkbar.

3. Der Kern unseres Inneren, um den sich letztlich alles dreht, ist das bewußte, erlebnisfähige *Ich*. Es ist immaterieller Natur und wird üblicherweise mit dem Begriff der *Seele* in Verbindung gebracht. Diese Seele hält eine enge Verbindung zum Körper und benützt den Verstand als Werkzeug.

4. Das bewußte Ich ist verstandesmäßig nicht abgrenzbar; es verändert sich stetig auf Grund seiner Lebenserfahrungen, bleibt aber unverändert in seinem Wesen als *Subjekt*, das die Fähigkeit hat, freie Entscheidungen zu treffen und dafür auch die geistige Verantwortung tragen muß.

5. In unserer Innenwelt treffen sich mehrere Ebenen beziehungsweise Einflußbereiche, zu denen auch Unbewußtes gehört. Wir können unterschiedliche Bewußtseinszustände erleben, die vom eher passiven Seinszustand, in dem der Mensch leicht zum Mitläufer wird, bis zum tiefen Selbsterfahrungs-Erlebnis reichen. Das Bewußtwerden läßt sich also als *Entwicklungsweg* begreifen, der aber nicht mit den Veränderungen des physischen Körpers in Zusammenhang steht.

Mit diesen Erkenntnissen befinden wir uns nun sozusagen im Basislager unserer Expedition. Nun müssen wir uns – die vielen hier im einleitenden Kapitel aufgeworfenen Fragen im Hinterkopf – mit der weiteren Reiseplanung beschäftigen. Also: Welcher Weg führt am schnellsten und ohne Ver(w)irrung zum Ziel?

Jedenfalls ein möglichst *bewußter!* Gedankliche Oberflächlichkeit verleitet dagegen zu Trugschlüssen, Fehlmeinungen und zweifelhaften Konsequenzen.

Inhaltlich wird unser Weg vorerst einmal hin zum menschlichen Gehirn und seinem wichtigsten Produkt, dem Verstand, führen. Wir werden uns mit dessen Arbeit und Zielsetzungen vertraut machen, mit der zentralen Bedeutung, die unser Erkenntnisorgan innehat. In weiterer Folge werden wir uns aber auch der geheimen Macht unserer *Gedanken* zuwenden, denn diese sind nur vermeintlich ein Produkt belangloser Gehirnströme. In der Gedankenkontrolle und zielorientierten Nutzung dieser Macht liegt, wie wir sehen werden, eine erste wertvolle Lebenshilfe.

Doch unsere Innenwelt ist, wie bereits deutlich wurde, nicht nur Gedanke. Eine wesentliche weitere Grundlage für das bewußte Erlebenkönnen der Welt, die aber ebenfalls noch sehr dem Körperlich-Gedanklichen verbunden ist, sind die *Gefühle*. Ihnen gilt das nachfolgende Wegstück unserer Expedition: Wir werden uns unter anderem mit Lust und Lebenshunger beschäftigen, und dabei eine zweite wertvolle Hilfe kennenlernen: nämlich die Sexualkraft.

Dann sollten wir bald jenen Punkt erreicht haben, der uns einen Überblick über das Zusammenspiel von Gedanken, Gefühlen und Körperkräften ermöglicht. Hier werden wir auch zahlreiche Lebenshilfen erkennen, die sich aus der bewußten Stärkung dieser Verbindung des Physischen mit der Psyche ergeben. Mithin sollten wir an diesem Überblickspunkt auch schon in der Lage sein, sogenannte „seelische Störungen" differenzierter zu beurteilen.

Aber worin liegt die *Natur* der Seele – eines Begriffes, der heute ja schon fast inflationär, jedenfalls aber für alles mögliche verwendet wird: von der „seelisch bedingten" Störung bis hin zur Kunstgattung des „Seelendramas"? Diese Frage flankiert das gesamte Wegstück unserer Expedition bis hin zu jenem „Zwischencamp" an der Grenze von Raum und Zeit, an dem der erste Band dieses Buches endet.

Jedoch werden wir schon erahnen können, daß der Weg noch weiter nach oben, noch näher zu unserem eigenen Ursprung führt. Wenn wir uns klar geworden sind über die Welt der Gedanken und Gefühle, über unsere Körper- und Seelenhüllen, dann wird uns auch aufgegangen sein, daß es da *noch* etwas gibt, jenseits aller Hüllen, tiefer und zugleich höher, nämlich – die strah-

In unserer Innenwelt treffen sich mehrere Ebenen und Einflußbereiche, zu denen auch Unbewußtes gehört.

41

lende, lebensdurchflutete geistige Wesenheit unseres innersten Kerns; das Ich. Uns selbst.

Zu diesem letzten Ziel unserer Expedition will der zweite Band dieses Buches begleiten. Dabei soll der dargelegte Weg in allen Abschnitten vor allem auch der praktischen Nutzanwendung dienlich sein. Denn sobald man die sinn- und entwicklungsorientierte Natur des menschlichen Geistes (wieder)erkennt, wird man die damit verbundenen Fähigkeiten und Möglichkeiten auch einsetzen wollen.

Ich hoffe, geschätzte Leserinnen und Leser, daß dieser „Reiseplan" Ihr Wohlwollen findet, und vor allem auch, daß die *Faszination Innenwelt,* jedes bewußte Streben nach Selbsterkenntnis, auch unmittelbar vom Antrieb begleitet ist, die spirituelle, sprich: geistige Entwicklung aktiv voranzutreiben. Und das tut, wer die erkannten Lebenshilfen für sich nützt!

Das Streben nach Erkenntnis und Entwicklung gehört zu den urmenschlichen Eigenschaften. Die Sehnsucht nach geistigen Höhen drängt deshalb in uns, weil wir ein Stück dieser Höhen im Herzen tragen, einen Geistfunken, der hell lodern könnte, eine Flamme, die wir aber leider in dem passiv-dumpfen Dahinbrüten, das wir „bequemes Leben" nennen, nahezu verkümmern ließen. Und so gipfelt das „Erkenntnisstreben" des Konsummenschen im Enträtseln des jeweils neuesten Computerspiels oder in der Beobachtung der Alltags-Banalitäten im „Reality-TV". Aber unser Leben ist nicht deshalb so wunderschön und lebenswert, weil wir eine schmucke Villa mit Plasma-Fernseher besitzen oder viele gute Freunde haben, sondern entscheidend ist, daß wir das alles *bewußt* erleben können. Und um dieses Bewußtsein sollten wir uns kümmern, sonst verkümmert es uns.

Über das, was uns am wichtigsten sein sollte, unsere Innenwelt nämlich, wissen wir am allerwenigsten. Aber die Nachlässigkeit, als Mensch keinen wirklichen Bezug zum Menschsein zu haben, kann lebensbedrohlich werden. Denn ohne Ziele und Ideale, geistig gefangen in einem dummen, materialistischen Weltbild, werden sehr leicht gewissenlose, folgenschwere, ja, kaum wieder gutzumachende Entscheidungen getroffen.

Die Sehnsucht nach geistigen Höhen drängt deshalb in uns, weil wir ein Stück dieser Höhen im Herzen tragen.

Und selbst dort, wo vermeintlich eine Hilfe geboten wird, ist es möglich, daß man in Wirklichkeit Schaden verursacht – eben, weil der nötige Überblick fehlt.

Es wäre falsch, jemandem einen bequemen Rollstuhl zu besorgen, wenn er zu seinem Heil eigentlich laufen lernen, Selbstüberwindung üben sollte.

Neues Wissen tut not!

Neues Wissen um die Innenwelt tut also wirklich not. Wer heute in einem gängigen Nachschlagewerk in der Hoffnung blättert, etwas Klärendes zu Geist, Seele oder Bewußtsein erfahren zu können, wird bitter enttäuscht.

Mit dem Wort *Geist* wird üblicherweise die Verstandestätigkeit ebenso bezeichnet wie das nächtliche Spukgespenst; mit dem Begriff *Seele* beschreibt man, laut Duden, unter anderem das, was „*das Fühlen, Empfinden, Denken eines Menschen ausmacht*"[25]; und *Bewußtsein* wird, wie wir gesehen haben, abermals mit unserem Denkvermögen beziehungsweise mit anderen „psychischen Vorgängen" in Verbindung gebracht. Kurz: man dreht sich im Kreis.

Durch die nachfolgenden Kapitel sollte es eigentlich gelingen, dieser unseligen Rotation zu entkommen,[26] durch Innehalten und bewußte Selbsterfahrung Klarheit zu gewinnen. Und wenn der Nebel sich lichtet, werden auch die Lebenshilfe-Möglichkeiten, die uns allen zur Verfügung stehen, viel deutlicher zutage treten.

Sicher werden wir in absehbarer Zukunft wieder von Weltgesundheitstagen hören, die im Zeichen seelischer Erkrankungen stehen. Doch ob wir die Zeit erleben, in der im Hinblick auf solche Störungen nicht mehr zu Toleranz und Integration aufgerufen werden muß, weil unsere Gesellschaft bereits gelernt hat, damit sinnvoll umzugehen? In der auch die Psychiatrie kein solches Tabu mehr ist, weil man den Ärzten, sobald sie um das Wesen dessen, was sie behandeln, Bescheid wissen, auch mehr Vertrauen schenken wird?

Werden wir die Zeit erleben, in der vor allem auch die Statistiken andere Zahlen aufweisen, weil die Menschheit geistig mündig geworden ist?

Unser Geist hat die Freiheit, sich seine Zukunft selbst zu gestalten. Im Wissen liegt die Macht, notwendige Änderungen anzubahnen.

Anmerkungen und Literaturempfehlungen
zu Kapitel 1

1 Die Transplantation menschlicher Köpfe wird von Chirurgen bereits als „machbar" bezeichnet, Versuche mit Affen verliefen erfolgversprechend, und es gibt Ärzte, die einen solchen Eingriff, wäre er „gesellschaftsfähig", bedenkenlos durchführen würden.

2 Zum Thema „Schicksal" vgl.: „Expedition Innenwelt", Band 2, Kapitel 7

3 Der Begriff „Esoterik" stammt aus dem Griechischen. „Esoterikos" heißt „zum inneren Kreis gehörig" und bezeichnete geheime Lehren, die nicht für die Allgemeinheit bestimmt waren – im Gegensatz zu den „Logoi exoterikoi", den für die Öffentlichkeit bestimmten Lehren. Im heutigen Sprachgebrauch ist „Esoterik" aber zum Modewort verkommen und beschreibt ein manchmal abgehobenes, hochtönendes Halbwissen, das mit einer Geheimlehre, die geistig fortgeschrittenen Menschen vorbehalten wäre, wenig zu tun hat.

4 Der Naturwissenschaftler und Philosoph Karl Büchner tat im 19. Jahrhundert den gewichtigen Ausspruch: „Das Gehirn produziert Gedanken wie die Niere Urin." Seine Meinung ist im 21. Jahrhundert immer noch aktuell. Heute nehmen Gehirnforscher an, daß „Religion das Produkt eines Gehirnlappens ist, der auch die Epilepsie erzeugt" (Prof. Andrew Newberg, Prof. Eugene D'Aquili, Universität Pennsylvania, 2001).

5 René Descartes (Renatus Cartesius) war französischer Philosoph, Mathematiker und Naturforscher. Er bemühte sich darum, ein geschlossenes mechanistisches Weltsystem zu errichten, in welchem der Philosophie die Rolle zukam, Prinzipien zu erklären und Erkenntniskriterien zu bestimmen. Descartes' Philosophie ist bis heute geachtet; seine Physik geriet durch die Arbeit Isaac Newtons in Vergessenheit.

6 David Hume war Philosoph, Historiker und Sozialökonom. Er gilt als einer der größten Denker des 18. Jahrhunderts und war ein Vorläufer Kants.

7 Auf die Schilderung von Ausnahmen wird in diesem Zusammenhang verzichtet. Es gibt natürlich Störungen, durch die der Mensch sich selbst sehr wohl „fremd" werden kann.

8 Angelus Silesius (= „der schlesische Bote") hieß Johann Scheffler, stammte aus Breslau und war ein barocker Dichter, auch Arzt und Priester. Seine Lieder fanden Eingang sowohl in die katholischen als auch in die evangelischen Gesangsbücher. Er gilt heute als Mystiker. Die Mystiker des Hochmittelalters öffneten den dogmatischen Raum der Kirche für ein neues, empfindsameres, zum Teil aber auch ins Schwärmerische abgleitendes Verständnis von Gott, Welt und Mensch. Sie entfernten sich damit von den ordnenden, vernunftbestimmten Denk-Kategorien der vorangegangenen Scholastik. Wenn die Mystiker auch auf breiter Basis Zuspruch fanden, so genossen nicht alle das Vertrauen der Kirche. Meister Eckart, der Große unter der Mystikern des 13./14. Jahrhunderts, sollte zum Beispiel als Ketzer verurteilt werden, weil ihm die Kirche vorwarf, den Gedanken der Gott-Gleichheit der Menschenseele zu verkünden. Gegen diese Anklage (die nach seinem Tod aufgehoben wurde) trat Eckart mit entschiedenen Erklärungen an. Die von ihm als religiöses Erleben angestrebte „unio mystica" setze eine demutsvolle Haltung voraus, die nach der Angleichung (= Anpassung) der Menschenseele an das Göttliche eine Vorwegnahme des Zustandes „ewiger Seligkeit" erreichen will. Für Eckart bedeutete dies jedoch nicht den Wandel der Menschennatur zur Gott-Natur.

9 Allerdings glaubte René Descartes, daß nur der Mensch eine bewußte Seele besitzt, nicht aber das Tier (wofür ihm als Beweis das einzigartige Sprachvermögen des Menschen diente), und er setzte auch „Bewußtsein" mit „Intelligenz" gleich – ein Schluß, der heute nicht mehr zu halten ist und im übrigen auch dem Materialismus gehörigen Vorschub leistete.

10 Ich habe diesen Gedanken in meinem Buch „Die Wiederkehr Gottes" ausführlich dargelegt: Verlag der Stiftung Gralsbotschaft, Stuttgart, 2000.

11 Der Begriff „Psychoanalyse" bedeutet zu Deutsch sinngemäß „Seelen-Zergliederung".

12 Dr. med. Sigmund Freud wirkte vor allem in Österreich. Um 1917 baute er seine Behandlungsmethode der „Psychokatharsis" zur „Bewußtmachung und Abreaktion verdrängter und unbewußt gewordener seelischer Inhalte" zur „Psychoanalyse" aus.

13 Zitiert aus: „Denn das sind wir: intelligente Maschinen", in: GEO 2/1998, Verlag Gruner + Jahr, Hamburg

14 Engl. „split brain" = geteiltes Gehirn. Zu diesem Zustand kommt es, wenn bei einem chirurgischen Eingriff die Verbindung zwischen den beiden Großhirnhälften durchtrennt wird.

15 Zitiert aus: „Die Suche nach dem Ich", in: GEO 2/1998, Verlag Gruner + Jahr, Hamburg

16 Zitiert aus: Franz Mechsner: „… also bin ich ein phänomenaler Zustand?", in: „GEO Wissen; Intelligenz und Bewußtsein", Verlag Gruner + Jahr, Hamburg, 1994

17 Die Annahme, daß sich Bewußtsein auf bestimmte äußere Merkmale reduzieren läßt, ist ebenso heftig umstritten wie die Meinung, daß sich unser Bewußtsein tatsächlich nur auf Gehirnfunktionen zurückführen läßt.

18 Zu diesem Thema vgl. Siegfried Hagl: „Was ist Intelligenz?" in: „GralsWelt", Heft 6/1998, Verlag der Stiftung Gralsbotschaft, Stuttgart

19 Vgl.: Kapitel 2

20 Vgl. Gerd Harms: „Von den Geheimnissen des Lebens", Verlag der Stiftung Gralsbotschaft, Stuttgart, 2001; vgl. auch: „Die Wahrscheinlichkeit Gottes", in: „Schöpfer und Mensch", GralsWelt-Themenheft 8, Verlag der Stiftung Gralsbotschaft, Stuttgart, 2001

21 Arthur Schopenhauer (1788–1860) war deutscher Philosoph und Zeitgenosse Johann Wolfgang von Goethes. Seinem Werk „Die Welt als Wille und Vorstellung" zufolge ist die äußere Welt an sich „Wille", das heißt ein Lebenstrieb, der sich im Leib manifestiert.

22 Dabei kann man zwischen „dualistischen" und „monistischen Theorien" unterscheiden. Im Dualismus gelten Körper und Geist als zwei unterschiedliche „Arten", von denen man entweder annimmt, daß sie aktiv aufeinander wirken (Interaktionismus); nebeneinander, aber nicht aufeinander wirken (Parallelismus); oder daß nur der Körper auf den Geist wirkt (Epiphänomenalismus). Im Monismus geht man dagegen von der Annahme aus, daß Geist und Materie aus ein und derselben „Substanz" bestehen, wobei es ebenfalls unterschiedliche Betrachtungsweisen beziehungsweise Theorien gibt. Ist das, was uns geistig erscheint, in Wirklichkeit Materie (Identitätstheorie)? Oder ist alles, was uns materiell erscheint, in Wirklichkeit Geist? (Panpsychismus)

23 Abd-ru-shin: „Im Lichte der Wahrheit – Gralsbotschaft", Verlag der Stiftung Gralsbotschaft, Stuttgart, 1998. Das Gesamtwerk faßt 168 Einzelvorträge in drei Bänden zusammen, die dem Leser, sofern er sie in der gegebenen Reihenfolge liest, einen schrittweisen Aufbau bieten.

24 Vgl. Dr. Friedbert Karger: „Folgen nicht-materieller Umweltverschmutzung", in: „GralsWelt – Zeitschrift für Geisteskultur und ganzheitliche Zusammenhänge", Heft 17/2000, Verlag der Stiftung Gralsbotschaft, Stuttgart

25 Zitiert aus: „DUDEN – Deutsches Universal-Wörterbuch", Mannheim/Wien/Zürich, 1989

26 Ich bitte dabei um Nachsicht, wenn ich mich in der Durchlichtung des herrschenden Begriffsdschungels auf unseren westlichen Kulturkreis beziehungsweise die deutsche Sprache beschränke. Mir ist bekannt, daß vor allem in der Weisheit Asiens Sinngehalte zum Ausdruck gebracht werden, die inhaltlich zum Teil etwas Ähnliches beschreiben wie die hier in der Folge klar abgegrenzten Begriffe. Es bleibe diesbezüglich dem Leser überlassen, entsprechende Brücken zu schlagen.

Kapitel 2

DIE MACHT DER GEDANKEN

Lesen Sie in diesem Kapitel:

▶ *Forschungen am menschlichen Gehirn*

▶ *Widerstreitende innere Stimmen*

▶ *Bewußtsein und Tagbewußtsein*

▶ *Die Entstehung von Gedankenformen*

▶ *Die Erblast des Sündenfalls*

▶ *Lebenshilfe durch gute Gedanken*

»Jedem Menschen steht durch die Macht, Gedanken zu bilden, ein äußerst wirkungsvoller „Innenwelt-Speer" zur Verfügung, dessen Spitze ihm einen Weg durch die Außenwelt bahnt.

Aus Gedanken werden Pläne und Taten, Gedanken beeinflussen unsere Gefühle und können den Körper in Wallung versetzen. Aber welche Kräfte wirken hier? Weshalb sind Gedanken so stark spürbar?«

Kapitel 2

Das Sein in Gedanken

Als Nobelpreisträger Albert Einstein (1879–1955), dessen Gedanken die Physik des 20. Jahrhunderts bekanntlich fundamental veränderten, in der Nacht zum 18. April 1955 im Krankenhaus der Princeton University (USA) 76jährig starb, begann angeblich eine abenteuerliche Geschichte rund um das Gehirn des genialen Denkers: Thomas Harvey, damals der Chefpathologe des Spitals, der die Obduktion durchführte, um Einsteins Todesursache festzustellen (es erwies sich, daß eine sackförmig erweiterte Arterie geplatzt war), entnahm dem Schädel des Toten auch das Gehirn, fotografierte es, zerschnitt es in 240 Teile, legte diese in eine Formaldehydlösung und dokumentierte alles mit Sorgfalt. Hintergrund dieses Vorgehens: Der Pathologe wollte über die grauen Zellen des Nobelpreisträgers einen Bericht schreiben. Dieser wurde aber nie veröffentlicht.

Schließlich mußte Thomas Harvey seine Kündigung zur Kenntnis nehmen und zog von Princeton fort. Das Gehirn Einsteins hatte er dabei – und damit etwas, das bald zum Kultobjekt werden sollte. Denn in der Folge gab es eine wachsende Fan-Gemeinde aus Wissenschaftlern, Privatforschern oder sonstigen Einstein-Verehrern, die sich bei Harvey um einen konservierten Gehirnteil bemühten. Manche von ihnen behaupteten auch, etwas davon abbekommen und bei eigenen Untersuchungen eigentümliche Besonderheiten darin entdeckt zu haben.

Gehirn und Intelligenz haben es unserer Gesellschaft angetan. Der Verstand regiert unumstritten als Herrscher.

Eine immer unüberblickbarere Geschichte über fragwürdige Forschungsergebnisse oder angebliche persönliche Bekanntschaften mit dem sagenumwobenen Gehirn nahm ihren Lauf, und auch den Medien war Einsteins unfreiwillige Hinterlassenschaft immer wieder mal einen launigen Bericht wert. Ein Journalist, der Thomas Harvey vor Jahren besuchte und dessen obskurem Besitztum besonders nahe sein durfte, geriet in einer daraufhin erschienenen Reportage in erdferne Entzückung. Er schrieb:

„Sein Hirn zu berühren ist, wie wenn man die Weißen Zwerge, die Schwarzen Löcher, den Urknall und die Geisterwellen berührt. Es ist, als reite man auf einem Lichtstrahl."[1]

Ob sich hinter solchen Worten nun weltentrückte Euphorie oder blanker Zynismus verbirgt, sei dahingestellt. Jedenfalls verdeutlicht die Geschichte um Albert Einsteins Gehirn – karikaturhaft überzeichnet –, welchen Stellenwert das menschliche Denkorgan in unserer Gesellschaft genießt: nämlich den höchsten. Es ist ja wirklich nichts erkennbar, das uns wichtiger wäre als ein toller Verstand.

So kann jemand sich heute eigentlich fast alles erlauben, selbst abscheuliche Untaten – sofern sie nur schlau eingefädelt sind und er also ein hohes Maß an Intelligenz beweist, genießt auch der Übeltäter eine gewisse Sympathie. Man liest in den Zeitungen dann nicht mehr vom verbrecherischen Dieb und Betrüger, vom menschenverachtenden Hochstapler und Rufmörder, sondern findet augenzwinkernde Beschreibungen wie „ausgekochtes Schlitzohr", „Meisterdieb" usw.

Gehirn und Intelligenz haben es unserer Gesellschaft angetan. Das ist es, was man mit dem Menschsein in erster Linie in Verbindung bringt. Der Verstand regiert als unumstrittener Herrscher über unsere soziale Ordnung, die Gesetzgebung, unsere Lebensträume und -ziele. Daß der Mensch noch andere Qualitäten besitzt, daß seine Innenwelt sich nicht im Denkvermögen erschöpft, scheinen wir vergessen zu haben.

Kein Wunder also, wenn man sich für das Gehirn eines Genies so sehr interessiert. Allerdings haben die Untersuchungen von Albert Einsteins Hirn bis vor wenigen Jahren keine wirklich aussagekräftigen Ergebnisse gebracht. Mit 1320 Gramm zeigte es ein durchschnittliches Gesamtgewicht, und man mußte also zur Kenntnis nehmen, daß viel Gehirnmasse allein noch kein Ausweis für ein brillantes Denkvermögen ist.

Erst vor einigen Jahren, als Thomas Harvey einige Einsteinsche Gehirnteile der McMaster University in Hamilton, Ontario (Kanada), zur Verfügung stellte – hier werden seit vielen Jahren sorgfältige Vergleichsstudien betrieben –, zeigten sich dann doch Besonderheiten. Demnach besaß der Nobelpreisträger, der selbst übrigens einmal behauptete, daß bei ihm „besonders starke Denkkraft (...) nicht beziehungsweise nur in bescheidenem Ausmaß vorhanden" sei, ein um 15 Prozent breiteres Gehirn, bei dem in beiden Hemisphären die Scheitellappen größer als üblich gewachsen waren. Außerdem sind diese Scheitellappen (Lobus parietalis) normalerweise ungleich groß;[2] bei Einstein jedoch war deren Größe identisch. Und zuletzt zeigte sich auch noch, daß dem Gehirn des Nobelpreisträgers etwas fehlte: nämlich das sogenannte Operculum parietale, das sonst den Scheitellappen bedeckt.

Nun stellt sich natürlich die Frage, wie aussagekräftig solche Vergleiche sind, welche Schlüsse man daraus ziehen kann. Sagt die Gehirnstruktur wirklich etwas über die Qualität des Menschen aus? Welche Bedeutung hat für das Ich dieses Wunderwerk unter unserer Schädeldecke?

Forschungen am Gehirn

Ja, ein Wunderwerk der Natur ist das menschliche Gehirn tatsächlich! Und je mehr wir darüber erfahren, desto faszinierender wird das Thema Hirnforschung.

Daß die schwabbelige rosarote Masse in unserem Kopf eine ganz besondere Aufgabe hat, die unmittelbar mit unserem bewußten Erlebenkönnen in Verbindung steht, war dem Menschen schon lange klar. Allein: Es gab keine vernünftige Möglichkeit, dem geheimnisvollen, in unserem Körper an oberster Stelle angesiedelten Etwas auf den Grund gehen zu können. Einer Leiche das Gehirn zu entnehmen, brachte im allgemeinen keinen wirklichen Erkenntnisgewinn, und in einen lebenden Menschen konnte man nicht hineinschauen. Denkvorgänge wirklich zu beobachten war nicht möglich. Also blieb man auf Theorien und Vermutungen angewiesen – was die Forscher freilich nicht daran hinderte, aus ihren Annahmen phantasiereiche Lehrgebäude aufzubauen.

Vor allem versuchte man über lange Zeit, der Seele einen Platz im Kopf zuzuweisen. René Descartes vermutete ihren Sitz in der Zirbeldrüse; später stellte man sich mehrere Hirnkammern vor, die ihr Platz boten. Zu Beginn des 20. Jahrhunderts wurden sogar Hirnkarten publiziert, aus denen zum Beispiel ersichtlich werden sollte, welcher Bereich der Gewissenhaftigkeit dient, welcher der Moral oder der Selbstvervollkommnung.

Heute ist klar, daß alle diese Vorstellungen purer Unsinn waren. Denn unser Wissen über das „Königsorgan" des Menschen hat sich gegen Ende des 20. Jahrhunderts durch den Einsatz moderner Technologien dramatisch erweitert. In den Gehirnlabors benutzt man seit einigen Jahren Mikroelektroden und vor allem computerunterstützte Bildgebungsverfahren auf der Basis von sogenannten Magnetresonanz- und Positronenemissionstomographen, durch die nun sogar bereits die Möglichkeit besteht, die Tätigkeit des Gehirns am lebenden Menschen zu beobachten, ohne daß dabei sein Schädel geöffnet werden muß.

Wir brauchen uns mit diesen Forschungen hier nicht im Detail zu beschäftigen. Die grundlegendsten Erkenntnisse zu unserem Kosmos im Kopf verdeutlichen schon eindrucksvoll genug, welches Wunderwerk wir in unserem Leben tagtäglich benutzen, ohne darüber einen Gedanken zu verlieren:

- Das eineinhalb Kilo schwere menschliche Gehirn trägt zwar im Durchschnitt nur rund 2 Prozent zum Körpergewicht bei, aber es benötigt für seine Arbeit 25 Prozent des Sauerstoffs und 70 Prozent des vom Körper insgesamt verbrauchten Zuckers.[3]

Unser Wissen über das Gehirn hat sich durch den Einsatz von modernen Technologien dramatisch erweitert.

- Unser Gehirn besteht aus einer Anhäufung von ungefähr 100–120 Milliarden Zellen, den sogenannten *Neuronen*[4]. Damit man sich über diese Menge überhaupt ein Bild machen kann, wählte der Genfer Heilpraktiker und Buchautor Christopher Vasey in seinem Buch „Menschsein" folgende Vergleiche:

„Wenn jede Gehirnzelle so groß wie ein Sandkorn wäre (sie ist natürlich viel kleiner), würde man einen ganzen Lastwagen brauchen, um sie alle zu fassen. In einem Kubikmillimeter Gehirn – das Gehirn hat 1.400 Kubikzentimeter – beträgt das Netz der Verlängerungen der Neuronen fünf Kilometer. Würden alle Zellen des Gehirnes mit ihren Fortsätzen aneinander gereiht, so gäbe dies eine lange Kette, die zwanzigtausendmal den Äquator der Erde umschließen könnte."[5]

- Faszinierend an unserem Gehirn ist aber nicht nur die Menge der Neuronen, sondern vor allem auch deren Funktionsweise. Jede der 120 Milliarden Zellen kann ihrerseits nämlich Signale von vielen anderen Neuronen erhalten und damit jene Verbindungen herstellen, die nach heutiger Erkenntnis für die Gehirntätigkeit entscheidend sind. Vasey:

„Die Gesamtzahl der möglichen Verbindungen und Anschlüsse – was der Arbeitsmöglichkeit des Gehirns entspricht – ist so hoch, daß es unser Vorstellungsvermögen übersteigt. Man schätzt, daß man, um sie alle zu zählen, eine pro Sekunde, 32 Millionen Jahre dafür brauchen würde."[5]

- Allein im Großhirn dürften bis zu 28 Milliarden Nervenzellen für den Informationsfluß sorgen. Die Zahl der Schaltstellen wird auf 2,8 Billionen geschätzt – und diese sogenannten *Synapsen* dürften wiederum noch viel mehr neuronale Entladungen bewirken. Damit also ist jenes kopfinterne Feuerwerk in Gang gesetzt, das sich mit den heutigen bildgebenden Verfahren, durch die sich die Forscher gewissermaßen ein Fenster ins Gehirn öffnen konnten, beobachten läßt.

• Der Blick durch dieses Fenster zeigt, daß bei bestimmten Tätigkeiten beziehungsweise Denkprozessen tatsächlich auch bestimmte Regionen des Gehirns aktiv sind. So hat man im Großhirn jeweils die Zentren entdeckt, die mit den fünf körperlichen Sinnen in Zusammenhang stehen, und man kennt auch viele andere Regionen, die zum Beispiel bei Gefühlen anspringen und bewußten oder unbewußten Fähigkeiten (Lesen, Rechnen, Sprechen, Atmen etc.) dienen. Aber diese Zentren sind nicht immer klar abgegrenzt. So werden beim Verstehen und Produzieren von Sprache große Teile des ganzen Gehirns aktiv[6], und man hat auch erkannt, daß Männer und Frauen ihre grauen Zellen unterschiedlich benützen.

• Über das Funktionieren des Gedächtnisses weiß man heute ebenfalls bereits gut Bescheid: Erinnerungen sind nicht – wie man es lange Zeit vermutete – deshalb abrufbar, weil im Gehirn auf Grund jedes Ereignisses in unserem Leben Proteine gebildet und eingelagert werden (sonst würde uns das Gedächtnis durch sein Gewicht irgendwann niederdrücken!), sondern weil zwischen den einzelnen Zellen *Verbindungen* entstehen.[7] Und immer wenn ein Gedächtnisinhalt in Erinnerung gerufen wird, verstärken sich diese Verbindungen. Überdies hat man entdeckt, daß im sogenannten *Hippocampus* (einer Hirnregion, die beim Lernen beziehungsweise für die Gedächtnisbildung wichtig ist) auch neue Nervenzellen nachwachsen können. Lange Zeit hielt man das für unmöglich. Das Gehirn reagiert also mit größtmöglicher Flexibilität auf alle Anforderungen, die ihm gestellt werden.

• Aus der Zusammenfassung von Gedächtnisinhalten und der gleichzeitigen Verarbeitung äußerer Eindrücke vermittelt uns das Gehirn ein Bild von der Wirklichkeit. Wir erleben die Welt immer durch den „Filter" unseres Gehirns – also subjektiv, nicht objektiv.

• Wie man außerdem entdeckt hat, entsteht dieses eigenpersönliche Abbild der Wirklichkeit nicht in Form eines kontinuierlichen Stroms,

Unsere gesamte Wahrnehmung ist auf einen Drei-Sekunden-Takt des Gehirns abgestimmt. Dieser Takt regiert auch alle Gespräche.

sondern in einem Takt von ungefähr drei Sekunden. In diesem Rhythmus entwickelt das Gehirn jeweils eine neue „Insel der Gegenwart", wie es der deutsche Bewußtseinsforscher Prof. Ernst Pöppel[8] ausdrückt: Es sammelt alle unmittelbar verfügbaren Informationen, setzt sie miteinander in Beziehung und formt daraus einen „subjektiven Moment"[9]. Auf diesen Drei-Sekunden-Takt des Gehirns ist unsere gesamte Wahrnehmung abgestimmt – und daher auch alles, was harmonisch unser Inneres erreichen will.

Man hat festgestellt, daß alle Verszeilen in der Lyrik, egal aus welchem Land, ebenso in diesem Rhythmus schwingen wie die Werke berühmter Komponisten. Auch in jedem Gespräch versuchen wir unbewußt, diesem Takt gerecht zu werden und setzen, sobald wir etwas sagen, im 3-Sekunden-Rhythmus kurze Pausen, die üblicherweise allerdings kaum bemerkbar sind. Bewußt wird uns die Notwendigkeit dieses Taktes allenfalls, wenn jemand, um ihn einzuhalten, allzu viele „Äähs", „Ööhs" oder „Mmms" in seine Rede einfügt – oder überhaupt den Rhythmus vergißt. Das geschieht zum Beispiel, wenn ein Sprecher einen Text vom Blatt liest. Bei solchen „taktlosen" Vorträgen, denen man nur schwer folgen kann, suchen die Zuhörer unter Garantie bald das Weite – entweder physisch oder indem sie einschlafen.

• Neuere Forschungen zeigen auch, daß die Bedeutung des Kleinhirns bisher unterschätzt wurde. Man wußte zwar, daß es eine übergeordnete Funktion erfüllt, nämlich die Bewegungskoordination, konnte es aber ansonsten mit keinen bedeutenden Prozessen in Verbindung bringen und erachtete es daher als eher unwichtig. Nun aber fanden Forscher des Research Imaging Center (RIC) an der Universität von Texas in San Antonio (USA) heraus, daß im Kleinhirn mehr Neuronen feuern als im gesamten Rest des Gehirns.[10] Neuere Untersuchungen zeigen außerdem, daß die Funktionen dieses Gehirnteils allgemein auch viel mit unserer Wahrnehmung zu tun haben.[11] Dies läßt auf eine zentrale Bedeutung des Kleinhirns für unser Bewußtsein schließen.

In ähnlicher Art könnte noch über viele weitere interessante wissenschaftliche Erkenntnisse zum menschlichen Gehirn berichtet werden, und man darf außerdem annehmen, daß dieser Forschungsbereich künftig weiterhin zu den wichtigsten überhaupt zählen wird. Denn angesichts dessen, was Wissenschaftler über *„das Faszinierendste, was die Evolution hervorgebracht hat"* (Nobelpreisträger Eric Kandel über das menschliche Gehirn) in den letzten Jahren erkennen konnten, stehen bereits weitreichende medizinische Möglichkeiten in Aussicht – etwa in der Behandlung von Alzheimer, Altersdemenz oder Depressionen.

Wir wollen an dieser Stelle den Laborbereich jedoch verlassen. Das für unser Thema Entscheidende wurde durch die geschilderten Ergebnisse der Gehirnforschung bereits klar: In unserem Kopf findet offensichtlich alles seinen Widerhall, was so untrennbar zu unserem Menschsein gehört: Gedanken, Gefühle, Fähigkeiten; im Gehirn werden Eindrücke verarbeitet, bewertet, zwischengespeichert, erinnert oder vergessen, und die grauen Zellen steuern auch unsere Ausdrucksmöglichkeiten: Körperbewegungen, Sprache, Mimik.

Es sollte also nicht verwundern, wenn viele Forscher das Gehirn zum Zentrum des Menschseins erheben und es zugleich als Inbegriff unserer Lebendigkeit ansehen. So gilt jemand heute medizinisch bekanntlich als tot, sobald Gehirnfunktionen nicht mehr nachweisbar sind.[12] Und wenn Chirurgen von der Utopie sprechen, einen menschlichen Kopf zu verpflanzen, dann bezeichnen sie so etwas nicht etwa als Hirn- oder Kopftransplantationen, sondern sie sprechen von „Ganzkörpertransplantation". Denn was sonst als das „Königsorgan" gilt es zu erhalten?[13]

Kurzum: Die bisherigen Einblicke in das Wunderwerk Gehirn, von dessen umfassender Tätigkeit uns überdies nur ein kleiner Teil bewußt ist, hat den Begriff einer menschlichen Seele in der Forschung weiter denn je ins Abseits gedrängt; schließlich hat man im Kopf nichts derlei gefunden!

Nun kann man zwar argumentieren, daß dies nicht weiter verwunderlich ist – denn wie um alles in der Welt sollte man etwas Immaterielles messen oder beobachten können? –, aber die zentrale Frage bleibt: Ist die Annahme einer Seele im 21. Jahrhundert nicht endgültig überholt? Umfaßt die Gesamtheit der Gehirntätigkeit nicht tatsächlich schon alles, was zu unserem Ich gehört?

Man darf diese Frage getrost mit Nein beantworten – und zwar aufgrund jenes Wortes, das diesem Buch den Titel gab: Innenwelt. Denn so faszinierend der Blick ins Kopfinnere auch sein mag: das perfekte Zusammenspiel der sogenannten Axonen[14], Dendriten[15] und Synapsen[16] hat letztlich nichts mit unserer wunderbaren Erlebnisfähigkeit zu tun. Unter der menschlichen Schädeldecke findet man eine puddingartige Masse von Materie – aber keine ergreifenden Bilder, Töne, Gerüche und Geschmäcker; eine unvorstellbare Anzahl von Neuronen, die sich bilden, zusammenschließen und in ihren Verbindungen gegenseitig verstärken – aber nicht Lebensfreude, Gemütlichkeit, Sehnsucht.

Wir haben schon erörtert, daß es falsch wäre, die beobachtbare Gehirntätigkeit, die Summe der Fähigkeiten unseres Zentralorgans, als Bewußtsein zu bezeichnen. Denn auch dieses phantastische Organ gehört, wie jedes andere Körperorgan auch und wie letztlich alles Physische, zur *Außenwelt*.

Wie aber entsteht die Innenwelt?

Die „Schnittstelle" zur Innenwelt

Außenwelt ist, um es in dieser Weise einmal auf den Punkt zu bringen, die meßbare physikalische Wirklichkeit, naturgesetzliche Dynamik, eine endlose Kette von Wechselwirkungen, und es lassen sich – rein physikalisch betrachtet – weder im Gehirn noch irgendwo sonst im äußeren Weltall Punkte als Zentren definieren oder vor anderen hervorheben.

Wir aber erleben eine Schöpfung der heimatlichen Wiesen und geheimnisvollen Wälder, der majestätischen Berge und einladenden Täler – und uns selbst als Zentrum von alledem. Dieses *Erleben* stammt aus unserer Innenwelt. Aber wie kommt es zustande? Nun kann uns der äußere Blick auf das Gehirn nicht mehr weiterhelfen.

Wir können nur feststellen, daß dieses Innenwelt-Erlebnis untrennbar zu unserem *subjektiven* Bewußtsein gehört – und daß es daneben, wie die Naturwissenschaften bewiesen haben, noch eine *objektive* Realität gibt. Allerdings wäre es ein Fehlschluß zu meinen, daß nur die physikalische Welt der atomaren und subatomaren Teilchen, der Wellen und Strahlen – oder wie immer man das Wesen der Stofflichkeit beschreiben mag – wirklich sei. Im Gegenteil: Für uns Menschen geht es im Grunde *nur* um die subjektive *Wirk*lichkeit, um das, was für uns *wirk*end und *wirk*ungsvoll ist, es geht also um *unsere* Art, die Welt zu erleben, denn nur diese Art entspricht dem menschlichen Ich-Bewußtsein.

Ich möchte nun einen schon im ersten Kapitel wiederholt geäußerten Gedanken in Erinnerung rufen: daß unser innerster menschlicher Wesenskern *immateriell* ist, also aus einer Ebene jenseits der physikalisch faßbaren Wirklichkeit stammt. Formulieren wir, auf diesem Gedanken aufbauend, nun einmal eine erste wichtige Grundaussage:

Nehmen wir an, daß unser Ich seine subjektive Art, die Schöpfung zu erleben, *von seinem Ursprung her mitbringt*, daß es also in *unserem* ureigensten Wesen liegt, lichtüberflutete Seen, grünende Wiesen – oder allgemein ausgedrückt: die Schönheit der Schöpfung *bewußt* genießen zu können.

Wenn wir nun aus einem konkreten Grund, über den noch zu sprechen sein wird[17], hier in dieser physischen Welt existieren, dann werden wir diese Welt natürlich immer nur so erleben, wie es in unserer immateriellen Eigenart liegt. Daraus folgt, daß ein und dieselbe äußere Situation – der Weg durch einen Park, die Betrachtung einer Blume, der Ritt auf einem Pferd – von jedem Menschen subjektiv anders erlebt wird. Objektiv mag Blau immer blau sein, der Ton C stets die gleiche Schwingung haben und 1 Minute immer exakt meßbare 60 Se-

Unter der Schädeldecke findet man puddingartige Materie – aber keine ergreifenden Bilder und Töne. Wie also entsteht Innenwelt?

kunden dauern; subjektiv aber erlebt jeder Mensch seine eigene Welt aus Farben, Tönen und Zeitspannen.

Darin liegt gar kein besonderes Geheimnis, denn jeder weiß aus Erfahrung, daß im subjektiven Erleben eine Minute sehr lang (wenn der Zahnarzt bohrt) oder extrem kurz sein kann (wenn man einem geliebten Menschen zugeneigt ist); daß man ein und denselben morgendlichen Sonnenaufgang, je nach Stimmung, ganz unterschiedlich erleben kann.

Das immaterielle Ich, unser menschlicher Wesenskern, steht also als geheimnisvolles *Subjekt* in der äußeren Welt und erlebt diese ganz nach seiner *inneren* Eigenart. Und *erleben* heißt: sieht, hört, riecht, fühlt usw. Nicht unsere Augen, Ohren und Finger tun das, nicht die Nerven und auch nicht das Gehirn, sondern *wir selbst* erleben. Das Wunderwerk des Körpers dient uns nur zur *Vermittlung* der Eindrücke.

Aber natürlich ist dieses subjektive Erleben der Welt keine „Einbahnstraße"; wir erleben sie nicht nur, sondern wir *wollen* die Welt erleben. Das heißt, wir bringen unsere Entschlüsse und Entscheidungen zum Ausdruck, um eben etwas *Bestimmtes* erleben zu können, wir lenken unser Bewußtsein in diese bestimmte Richtung, und das Gehirn ist uns dabei als zentrale Koordinationsstelle für alle physischen Vorgänge zu Diensten: die Sinnesorgane bringen uns all das nahe, wonach unser inneres Sinnen drängt und strebt, und der materielle Körper bietet die nötigen Werkzeuge zur Formung von Gedanken, Worten und Taten, um unser inneres Wollen in der äußeren Welt zu verankern.

Wenn also klar ist, daß die bewußte Erlebnisfähigkeit des Menschen einzig und allein aus seinem immateriellen Kern resul-

Jeder erlebt anders – aber es liegt in unserem Wesen, die Schönheit der Welt bewußt genießen zu können.

tiert, also zur geistigen Eigenart des Ichs gehört, dann läßt sich aus dieser Sicht auch die zentrale Aufgabe des Gehirns beschreiben: es erfüllt die entscheidende *Schnittstellen-Funktion* zwischen der physischen Außenwelt und unserer Innenwelt. Um die Wertigkeiten klarer zu verdeutlichen, könnte man auch sagen: Der Verstand ist unser *Diener*, und er führt uns durch eine Welt, die uns im Grunde wesensfremd ist: die physische Außenwelt.

Ein Herr und sein Diener

Es muß nun also darum gehen, die Prinzipien in diesem Zusammenwirken zwischen dem bewußten Ich, also dem Wesenskern des Menschen, und seinem Werkzeug zu durchschauen, denn erst dann wird uns die Funktionsweise des Gehirns wie in der Folge auch unsere Gedankenwelt klarer werden. Und das war es ja, was wir mit dem ersten Wegstück auf unserer Innenwelt-Expedition erreichen wollten.

Auf diesem Weg soll uns nun eine Parabel begleiten, die das Gleichnis vom Verstand als unserem Diener zum Ausdruck bringt und gleichzeitig – aus gutem Grund – uns selbst zum Hauptdarsteller erhebt.

Nehmen wir also an, wir leben in einem paradiesisch schönen Königreich voller Frieden, Harmonie und freudiger Tätigkeit. Das Reich wird von einem gütigen König regiert, einem edelmütigen Herrscher, der um das Wohl aller bemüht ist. Es geht uns gut in diesem lichten Reich, das uns Heimat ist, seit wir denken können – und doch verspüren wir einen seltsamen Drang in uns, es zu verlassen, hinauszuziehen in die Welt, Neues kennenzulernen. Das Erleben lockt.

Mit diesem Wunsch wenden wir uns an den König. Dieser kennt unseren jugendlichen Erlebnisdrang. Er weiß, daß wir die Erhabenheit seines lichten Reiches noch nie so recht begriffen haben und daß wir gerade die Erfahrungen fern der Heimat für unsere Entwicklung nötig haben. Daher entläßt er uns auf jene große Reise, die alle jungen Menschenkinder antreten dürfen: die Fahrt der tausend Wochen.

Tausend Wochen dürfen wir unterwegs sein, und wir erhalten für unsere Fahrt alles, was wir benötigen. Im Ausgleich dafür ist es unser Auftrag, draußen in der Welt vom Reich unserer Herkunft zu künden und das vertraute Leben in Frieden und Harmonie auch in den Niederungen zu verankern.

Ja, es sind Niederungen, in die wir hinausziehen werden, gibt uns der König warnend zu bedenken, es ist eine kalte, vergängliche und auch gefährliche Welt, in der Kampf zum Lebensgesetz gehört. Und deshalb weist unser Herrscher uns einen Begleiter zu, einen aus eben dieser Welt stammenden Diener, der uns auf allen Wegen voranhelfen und beschützen soll. Wobei es für unseren gemeinsamen Weg eine Bedingung gibt: Stets muß dieser Diener, so gewitzt und weltgewandt er auch ist, *uns* folgen, nie dürfen wir seine Wege wandeln. Außerdem wird uns noch ein Rat erteilt, ein Gebot: Wir sollen Buch führen über unsere Reise, Rückschau halten auf jede Woche des Erlebens – und niemals vergessen, daß wir nach Ablauf der gewährten Spanne Zeit wieder zurück in unserer Heimat sein müssen. Andernfalls, so warnt uns der König, könnten wir qualvoll sterben …

Unseren Auftrag im Herzen, das königliche Gesetz in Erinnerung, sein Gebot vor Augen und getrieben von brennendem Erlebnishunger, ziehen wir also hinaus in jene fernen Lande, denen unser Diener entstammt. Dieser weiß sehr genau, wie man hier überlebt, drohenden Gefahren begegnet und sich jederzeit die bestmöglichen Vorteile verschafft. Er erweist sich als außerordentlich schlau, aber … er ist kein gemütvoller Zeitgenosse, kennt weder moralische Werte noch hohe Ziele, hat auch kein Gewissen. Er weiß nichts von dem Auftrag, den wir von unserem König erhalten haben; für übergeordnete Zusammenhänge hätte er auch keinen Sinn. Aber er arbeitet schlau und effektiv, unermüdlich, lebt nur seiner Aufgabe. Er weist uns zuverlässig auf alles hin, was uns auf unserer Fahrt schützen oder zum Vorteil gereichen könnte, er entwickelt immer wieder erstaunliche Strategien, wenn es darum geht, die gewünschten Ziele zu erreichen, und er führt sogar viele seiner Aufgaben selbsttätig durch, ohne daß wir uns eigens darum kümmern müßten.

Kein Zweifel: Es ist ein angenehmes Leben, das unser Diener uns bereitet … –

An dieser Stelle sei die Geschichte unterbrochen; wir werden sie später weiterverfolgen. Das, was für unser Thema, also zum Verständnis des Zusammenwirkens zwischen dem immateriellen Ich und dem Verstand, vorerst einmal wichtig scheint, ist folgendes:

Der Diener, der uns durch das rauhe, dunkle Land begleitet, also durch die physische Stofflichkeit, ist unser Gehirn beziehungsweise der Verstand. Dieser kennt von sich aus tatsächlich keine Ethik oder Moral, keine hohen Lebensziele und kein Gewissen, denn all das kann ja nur die Sache eines bewußten, sinn- und zielorientierten Ichs sein. Es ist *unsere* Aufgabe, durch entsprechende Willensentschlüsse aufbauend, fördernd und erhaltend zu wirken, nicht die unseres Dieners. Denn der entstammt ja der unbewußten Stofflichkeit. Er verfügt allerdings über alle entscheidenden Fähigkeiten, die zum Überleben in der physischen Welt nötig sind: Klugheit, Berechnung, Anpassungsfähigkeit usw.

Wenn wir nun die Funktionsweise des Gehirns näher betrachten, dann finden wir darin alle beschriebenen Eigenschaften unseres Dieners wieder:

• Das Gehirn sorgt für vieles selbsttätig, ohne daß uns dies bewußt wird. Es koordiniert die Körperfunktionen, steuert beispielsweise die Atmung, verarbeitet Einzelheiten aus der Außenwelt zu einem Gesamteindruck usw.

• Das Gehirn versetzt uns über den Körper automatisch in Alarmstimmung, wenn Gefahr droht. Es aktiviert uns, wenn sich ein bedeutend erscheinendes Lebewesen nähert, und je näher uns eine mögliche Gefahr ist, desto hellwacher sind wir.

Diese Tatsache macht sich beispielsweise auch die Werbepsychologie zunutze, indem sie bestimmte aktivierende Bilder verwendet. Man weiß etwa, daß Fotos, die Lebewesen zeigen, immer stärker als Sachaufnahmen wirken; Menschen wiederum noch stärker als Tiere (die entscheidende Lebensgrundlage für den Berufsstand der Fotomodelle!). Und je näher ein Mensch uns ist, desto stärker aktiviert er. Von Angesicht zu Angesicht droht die größte Gefahr, deshalb wirken auch Bilder, die nur Gesichter oder ein Augenpaar zeigen, viel eindringlicher auf uns als Aufnahmen von weiter entfernten Menschen.

Daneben hat man auch noch viele andere Aktivierungsprinzipien entdeckt: Warme Farben (Rottöne) wirken stärker als kalte, denn Wärme ist Nähe; runde Formen stärker als eckige, denn Lebewesen sind bekanntlich niemals eckig; schräggestellte Schriftbalken im Prospekt stärker als nicht geneigte; denn vom „herabstürzenden Balken" droht Gefahr usw.[18]

Interessant dabei ist, daß alle diese Aktivierungsabstufungen nicht willentlich beeinflußt werden können, daß sie also unbewußt verlaufen. Wenn jemandem zum Beispiel bei einem entsprechenden Versuch zwei nebeneinanderliegende Bilder gezeigt werden – auf dem ersten ein menschliches Gesicht, auf dem zweiten eine Naturaufnahme – und man legt ihm diese Bilder nur für den Bruchteil einer Sekunde vor, so kurz, daß er nur die Gelegenheit hat, *eines* davon wahrzunehmen, dann fällt der Blick jedes Menschen ausnahmslos auf das stärker aktivierende Bild. Das heißt, unser Gehirn lenkt in bestimmten Fällen ohne willentliches Zutun unsere Aufmerksamkeit, weil unter Umständen Gefahr im Anzug ist. Anders ausgedrückt: Es tut seinen Dienst!

• Eine weitere Eigenart unseres Dieners, die stärker in den *bewußten* Verstandes-Bereich hineinwirkt, liegt darin, uns *Vorteile* zum Bewußtsein zu bringen, also unsere Aufmerksamkeit auf all das zu lenken, was nützen könnte. Sobald irgendwo mögliche Vorteile erkennbar werden, sind wir sofort aktiviert, denn auch das gehört zu der unserem Körper eingepflanzten Überlebensstrategie.

Eine Tatsache, die sich die Werbeindustrie – unschwer erkennbar – ebenfalls geschickt zunutze macht: Allerorts locken Sonderangebote, Gratis-Geschenke oder Gewinnspiele; die Geschäfte sind gefüllt mit Vorteils- und Vorzugsangeboten, und wenn schon der Preis keine lockende Besonderheit bieten kann, dann vielleicht die Produktmarke. Es kommt unserem Verstand auch gar nicht darauf an, ob ein Vorteil echt ist oder uns wirklich dient. Etwas ethisch oder moralisch zu bewerten, ist seine Sache nicht, und wenn wir ihm im Vorteilsstreben freien Lauf lassen, dann bedient er sich auch Strategien, die wir in unserer bewußten Wahrnehmung als Lüge, List und Tücke beschreiben würden. Aber der Verstand an sich agiert eben nicht bewußt; er sucht nur nach Strategien, Möglichkeiten, Wegen für uns.

Glücklicherweise aber sind wir frei darin, einem Ratschlag unseres Dieners zu folgen oder nicht, denn niemand *muß* eine „günstige Gelegenheit" zum Diebstahl nützen oder zwangsläufig das nächstbeste Sonderangebot kaufen. Nein, unser Ich kann willentlich entscheiden, ob wir uns einem (vermeintlichen) Vorteil hingeben oder lieber die Finger davon lassen. Unser Diener ebnet immer nur die Wege.

• Das zeigt sich beispielsweise auch im Prinzip der sogenannten *Gedächtnisordnungen*: In unserem Gehirn werden die Bezüge zu Erfahrungen und Erlebnissen nicht etwa wahllos, sondern nach einem klaren Ordnungsprinzip gespeichert. Was uns wichtig ist, hat im Gedächtnis Vorrang, und was Vorrang hat, bildet die Grundlage für die Aktivierung bei weiteren Erfahrungen.

Wenn jemand zum Beispiel ein eifriger Sammler von Musikkonserven ist, wird ihm das Erlebnis, vor Verkaufsregalen mit Hunderten hübscher CDs zu stehen, sie anzusehen, anzufassen usw. eine entsprechend intensive Erinnerung bescheren, die im Gedächtnis ihren Widerhall findet – und zwar auf Grund des Ordnungsprinzips derart, daß er beim nächsten Mal, wenn er wieder vor einem passenden Geschäftslokal steht, dazu angeregt wird, es zu besuchen. Wenn die Prägung des Themas „Musikkonserve" im Gedächtnis noch stärker ist, wird er vielleicht sogar in jeder neuen Stadt, die

Die Werbewirtschaft macht sich die Funktionsweise unseres Gehirns ganz gezielt zunutze.

er kennenlernt, bewußt nach passenden Geschäften Ausschau halten usw.

Ich habe dieses etwas banale Beispiel gewählt, um zu verdeutlichen, daß Gedächtnisordnungen[19] *immer und überall* unser Verhalten beeinflussen. Sie filtern die Wirklichkeit, lenken unser Augenmerk entsprechend dem ursprünglichen Wollen.

Plakativere Beispiele für die menschliche Eigenart, sich auf Grund von Erfahrungen eine höchst subjektive Weltsicht zu formen, mag sich der Leser selbst vorstellen – man denke etwa an den eifersüchtigen Liebhaber, der in jeder harmlosen Bekanntschaft seiner Frau eine drohende Konkurrenz vermutet …

In dieser Art könnte man nun noch über weitere Details der Gehirntätigkeit sprechen, die das Arbeitsprinzip unseres Dieners verdeutlichen, doch wir wollen es bei den angeführten Punkten belassen. Das Entscheidende kam ja bereits zum Ausdruck: Der Verstand *dient* dem menschlichen Ich, durch seine Tätigkeit erhalten wir als Geistwesen Verbindung zur physischen Welt. Aber der Verstand bedarf einer bewußten Führung.

Die Glieder einer Kette

Unsere innere Erlebnis- und Empfindungsfähigkeit bedarf also einer Schnittstelle zur Außenwelt – diese Funktion erfüllt das „Haupt-Organ" Gehirn.

Dabei vollzieht sich die Zusammenarbeit zwischen dem immateriellen Geist und dem materiellen Gehirn in mehreren Abstufungen. Abd-ru-shin beschreibt in seinem Werk „Im Lichte der Wahrheit" einen Kommunikationsweg, der auf der körperlichen Ebene beim Sonnengeflecht beginnt und sich weiter über das Klein- und Großhirn fortsetzt. In Kenntnis dieser Zusammenhänge ist es nicht verwunderlich, wenn man die Bedeutung des Kleinhirns für unsere bewußte Wahrnehmung entdeckt – oder auch die des Sonnengeflechts. Dieses Nervenzentrum in der Bauchgegend dient dem Geist als Brücke, über die wir unser Wollen in Form von Kraftwellen an den physischen Körper weiterleiten:

> *„Die Tätigkeit des Menschengeistes ruft in dem Sonnengeflecht die Empfindung hervor und beeindruckt dadurch gleichzeitig das kleine Gehirn. Die* Auswirkung *des Geistes. Also eine Kraftwelle, die von dem Geiste* ausgeht. *Diese Welle empfindet der Mensch natürlich dort, wo der Geist in der Seele mit dem Körper in Verbindung steht, in dem Zentrum des sogenannten Sonnengeflechts, das die Bewegung weitergibt nach dem kleinen Gehirn, welches davon beeindruckt wird.*
>
> *Dieses kleine Gehirn formt je nach der bestimmten Art der verschiedenartigen Beeindruckung einer photographischen Platte gleich das Bild des Vorganges, den der Geist gewollt hat, oder den der Geist in seiner starken Kraft durch sein Wollen formte. Ein Bild ohne Worte! Das Vorderhirn nimmt nun dieses Bild auf und sucht es in Worten zu beschreiben, wodurch die Zeugung der Gedanken vor sich geht, die in der Sprache dann zum Ausdruck kommen. (…)*
>
> *Wie ineinandergreifende Glieder einer Kette arbeiten die Instrumente in dem Menschenkörper, die dem Geiste zur Benützung zur Verfügung stehen."*[20]

Damit dieses Ineinandergreifen reibungslos vor sich gehen kann, ist es natürlich nötig, daß alle Glieder der Kette einwandfrei funktionieren. Gibt es auf diesem Kommunikationsweg zwischen Innenwelt und Außenwelt Störungen, dann kann es schnell zu sonderbaren Bewußtseinszuständen kommen, die richtig zu beurteilen wir uns oft sehr schwer tun.

• Zum Beispiel müßten manche sogenannte „geistige" Behinderungen im Wissen um die „Kettenglieder" zwischen Seele und Körper neu bewertet werden. Denn wer davon ausgeht, daß nicht der immaterielle Kern des Menschen, sondern nur sein Werkzeug gestört ist, der wird – wie bei jeder anderen körperlichen Erkrankung auch – den durch die Störung behinderten Menschen in dessen Eigenpersönlichkeit achten können und fördern wollen. Außerdem lassen sich in manchen Fällen solcher Behinderungen durch gezielte Einflußnahme auf die körperliche Ebene sogar Linderungen herbeiführen, vor allem dadurch, daß den Kraftwellen des Geistes die Möglichkeit gegeben wird, machtvoller auf den physischen Körper einzuwirken. Ein Schlüssel dazu liegt Abd-ru-shin zufolge in der Änderung der Blutausstrahlung[21], was sich beispielsweise durch entsprechende Ernährung erzielen läßt:

> *„Das Hemmnis für die Seele oder, besser gesagt, für den Geist wird immer nur die mangelhafte oder falsche Ausstrahlung des Blutes sein, wenn es nicht eine Krankheit des Gehirnes zwangsweise bedingt."*[22]

• Das gilt natürlich ebenso für manche „Geisteskrankheiten" oder „psychischen Störungen", bei denen ebenfalls unter anderem auf der körperlichen Ebene angesetzt werden kann, um Hemmungen oder unliebsame Einflüsse zu beseitigen und die Qualität des Blutes – und damit die Blutausstrahlung – nachhaltig zu verändern. Der Genfer Heilpraktiker Christopher Vasey bringt dazu in seinem Buch „Menschsein" eine Reihe von Beispielen:

> *„Jede Veränderung der Blutzusammensetzung beeinflußt die Blutausstrahlung. Dies bringt gleichzeitig eine Veränderung der Art mit sich, wie wir die Wirklichkeit wahrnehmen. (…) Ein einfacher Mangel an Zucker, etwa bei einer Hypoglykämiekrise, kann einem Menschen die Lebensfreude rauben und ihm das Leben als schwierig, kompliziert und über seine Kräfte gehend erscheinen lassen. Die Anti-Depressiv-Therapie mit Lithium – hat sie nicht die dauerhafte Stabilisierung der Blutzusammensetzung in einem dem psychischen Zustand des Kranken vorteilhaften Sinne zum Ziel?"*[23]

Im Zustand des Wachkomas kann das Gehirn das Wollen des Geistes nicht mehr zu Gedanken, Worten und Handlungen formen.

• Auch komatöse Zustände könnten aus ganzheitlicher Sicht neu bewertet werden. Ein Wachkoma entsteht – etwa infolge eines Unfalles oder einer Gewalteinwirkung auf das Gehirn – dadurch, daß eine zentrale Bündelungs- und Verteilerstelle der Nervenbahnen im Gehirn außer Kraft gesetzt ist. Dadurch wirkt nun der immaterielle Geist, der „belebende Kern", zwar weiterhin auf den Körper, und vegetative Funktionen wie Atmung und Herzschlag bleiben intakt, aber das Großhirn kann das Wollen des Geistes nicht mehr zu Gedanken, Worten und Taten werden lassen, weil der Kommunikationsweg unterbrochen ist. Auch Sinneseindrücke werden nicht mehr vollbewußt verarbeitet, wenngleich man weiß, daß auch im Wachkoma-Zustand eine gewisse Wahrnehmung vorhanden ist.[24] Mediziner sprechen sehr treffend davon, daß solche Patienten „steckengeblieben" sind, also nicht mehr zum normalen Tagbewußtsein erwachen können, wobei aber immer wieder Fälle bekanntwerden, bei denen eine Lösung der Gehirnblockade gelang. Dazu ist unter anderem allerdings ein Impuls von innen nötig, zu dem der Komapatient veranlaßt werden muß. Im Rahmen einschlägiger Therapien versucht man deshalb, den Geist hinter der inneren Barrikade wieder hervorzulocken. Dies gelingt vor allem durch menschliche Zuwendung, aber auch durch gezielte Stimulation, etwa indem man Wachkoma-Patienten in Alltagshandlungen (Essen, Waschen, Rasieren usw.) miteinbezieht.

• Wenn durch die Schädigung entsprechender Gehirnregionen zum Beispiel das Gedächtnis verlorengeht, die Ausdrucksfähigkeit beeinträchtigt wird,[25] oder wenn – wie bei den schon erwähnten „Split-Brain-Patienten" – der Eindruck entsteht, es würden sich plötzlich durch die Veränderungen im Gehirn zwei Persönlichkeiten zeigen, so geht es in all diesen Fällen um Kommunikationsprobleme in den Kettengliedern zwischen Geist und

Verstand. Man sollte aber nicht den Schluß ziehen, daß Bewußt-sein *im* Gehirn entsteht, nur weil es *durch* das Hirn in seinen Ein- und Ausdrucksmöglichkeiten gestört werden kann.

• Die Betrachtungsweise, daß unser geistiges Bewußtsein et-was Für-sich-Stehendes und dem physischen Körper also nur An-geschlossenes ist, wäre übrigens auch zur Festlegung des soge-nannten Todeskriteriums von großer Bedeutung, also in der Fra-ge, ab wann ein Mensch für tot erklärt werden kann. In der Me-dizin gilt heute ja bekanntlich das „Hirntodkriterium"; jemand wird demnach als tot angesehen, sobald Gehirnfunktionen nicht mehr nachweisbar sind. Auch hier setzt man also Bewußtsein und Lebendigkeit zu Unrecht mit der Gehirntätigkeit gleich – ob-wohl aus der Praxis Fälle bekannt sind, in denen mit gehirntoten Patienten noch kommuniziert werden konnte. Von einem solchen Erlebnis berichtet zum Beispiel der Theologe Dieter Emmerling, dessen Frau Liselotte mit der Diagnose „hirntot" im Kranken-haus lag. Von dem Abend, als er sie besuchte, um Abschied zu nehmen, schrieb er später:

„Lilo lag auf der Intensivstation. Im Mund der Schlauch für die künstliche Beatmung. Infusionsleitungen, Urinauffang neben dem Bett. Der Takt des Beatmungsgerätes bestimmte den Raum. Unregelmäßig hob er die Brust, kein friedliches Bild. Langsam gewöhnte ich mich an die Geräusche. Der Herzschlag, die Frequenz, wurde auf einem Monitor aufge-zeichnet, der links vom Bett stand. Zwei Kurven. Schön gleich-mäßig – in der Mitte des Bildes.

Den Tag verbrachte ich auf der Intensivstation. Was mag meine Frau empfinden, wahrnehmen? Ist es, wie mir der Sta-tionsarzt gesagt hatte: Ihre Frau liegt da, sie hört nichts, merkt nichts, empfindet nichts?

Gegen 18:30 Uhr abends war ich müde, wollte mich zu Hause etwas hinlegen. Zu der Zeit meinte ich noch, meine Frau merke ja sowieso nicht, daß ich im Zimmer sei. – So zog ich meinen Mantel an, blieb einige Zeit an der Tür stehen, blickte ruhig auf die Beatmete, sah den Monitor mit dem gleichmäßi-

gen Bild der Herzfrequenzen. Da sagte ich: ‚Lilo, ich gehe jetzt
nach Hause.'

Wie ich diese Worte halblaut aussprach: ‚Ich gehe jetzt',
machten beide Kurven auf dem Monitor einen plötzlichen
Ausschlag nach oben und nach unten zu – bis an die Ränder
des Bildschirms. Das kam mir vor wie ein Schrei: Du kannst
mich doch jetzt nicht allein lassen!!! Ein stummer Schrei der
Angst in einem Körper, der nichts mehr bewegen konnte – aber
ein Schrei, der das Herz bewegte, der die elektrischen Ströme
veränderte, der aus der Seele auf den Bildschirm schnellte. Da
hatte nicht ein Apparat geschrien, da hatte meine Liselotte ge-
schrien.

Natürlich blieb ich die ganze Nacht auf der Intensivstation,
mal neben dem Bett sitzend, mal am Fenster stehend. Wir wa-
ren nur wenige Wochen vor unserer silbernen Hochzeit. Jetzt
hatte ich Stunde um Stunde, um mit leiser Stimme zu sagen:
Was war gut in diesen 25 Jahren? Was war danebengegangen?
Und um Verzeihung zu bitten oder Versprechen zu machen. Es
war keine Monotonie, es war wie eine Art ungesteuerter Dia-
log. Der Bildschirm gab mir die Antworten. Immer mal wie-
der schlug die Frequenzaufzeichnung höher und niedriger. Es
war, als wenn bei besonders existentiellen Punkten unseres ge-
meinsamen Lebens Lilos Herz zuckte!"[26]

Dieses berührende Beispiel verdeutlicht, daß zur Bestimmung des
Todeszeitpunktes weiterreichende Aspekte als nur der Hirntod
in Betracht gezogen werden müßten.[27] Dieser wurde als Todes-
kriterium ja auch deshalb festgelegt, um die Organe sterbender
Menschenkörper im Bedarfsfall ohne rechtliche Bedenken ex-
plantieren zu können. Wer sich die angeblich toten (in Wirklichkeit aber *sterbenden*) Patienten betrachtet, die zur Organentnahme vorbereitet werden, findet jedoch nichts Leichentypisches:
ihr Körper ist durchblutet, der Brustkorb hebt und senkt sich, ja,
sie rühren sich mitunter sogar. Medizinische Lehrbücher beschreiben 17 Bewegungen, zum Beispiel des Bauches, der Arme
oder der Beine, die von diesen „Leichen" ausgeführt werden kön-

nen – bis hin zum Umarmen einer Krankenschwester. Und abgesehen von diesem sogenannten „Lazarus-Syndrom" weiß man auch, daß während der Organentnahme (bei der die „Toten" meist narkotisiert werden!) Blutdruck und Herzfrequenz signifikant ansteigen. All das führt man kühn – und ohne einen Beweis dafür zu haben – auf Nerven- bzw. Muskelreflexe zurück.[28] Eben diese Reflexe galten noch vor wenigen Jahren, als die Organtransplantation kein so florierender Wirtschaftszweig war, als typische Lebenszeichen.

Und das sind sie auch. Denn unser menschliches Leben läßt sich eben nicht auf die Gehirntätigkeit reduzieren.

Wenn nun also – auch durch die Betrachtung diverser Störungen – in groben Zügen klar geworden ist, wie in uns der Kommunikationspfad zwischen Innenwelt und Außenwelt verläuft und welche entscheidenden Rollen im Zusammenwirken der einzelnen „Kettenglieder" das Gehirn und der Verstand beziehungsweise die einzelnen Gehirnteile spielen, so können wir auf dieser Basis nun einen Schritt weitergehen und uns um eine differenziertere Betrachtung des bewußten menschlichen Denkvermögens bemühen. Dabei werden wir – was vorerst überraschend klingen mag – auch im „normalen" Gehirn des heutigen Menschen eine grundlegende „Fehlfunktion" beobachten können.

Doch greifen wir an dieser Stelle vorerst wieder den Handlungsfaden unserer Parabel auf:

Widerstreitende innere Stimmen

Gemeinsam mit unserem Diener haben wir uns mittlerweile in dem dunklen, rauhen Land eingelebt, und wir haben auch gut zu kämpfen gelernt. Alle Bedrohungen konnten wir durch die schlaue Hilfe dieses Dieners meistern.

Viele, viele Wochen sind wir schon unterwegs, und bisher haben wir auch sorgfältig Buch geführt über unser Erleben. Wie lange wir wohl schon hier sind? Gezählt haben wir die Tage längst nicht mehr. Aber noch drängt uns auch nichts zurück, denn wir fühlen uns wohl in dieser Welt und geben uns voll dem Genuß ihres vibrierenden Lebens hin.

Aber ist das eigentlich gut? War das besonnene, freudig tätige Sein im lichten Reich unserer Herkunft nicht erstrebenswerter, erhabener, lebensnäher? Wäre es jetzt nicht an der Zeit, unsere Rückkehr vorzubereiten, um die gewährte Frist der tausend Wochen nur ja nicht zu versäumen? Andererseits, wo doch das Leben hier so bequem und angenehm geworden ist …

Noch warten wir ab, weitere Wochen vergehen. Da gibt uns eines Tages eine lockende Stimme, die um unseren Zwiespalt zu wissen scheint, einen verführerischen Rat: Für uns, so schmeichelt sie, sei nun die Zeit des Kämpfens zu Ende. Wir seien reif dafür, fortan selbst als Könige zu herrschen; das Land hier sei ausreichend groß, und wir könnten, erstarkt und mächtig wie wir sind, auch alle Gesetze und Regeln festlegen, die wir für unser Leben benötigen. Eine einzige Bedingung nur sei uns gestellt: Wir dürften unseren Diener nicht mehr länger als solchen behandeln. Hier in dieser Welt, die ja immer seine Heimat war, müßten wir künftig auch bereitwillig seinen Wegweisungen folgen. Dann würden wir in Glück und Allmacht herrschen immerdar.

Wir überlegen: Die Stimme dürfte wohl recht haben, es scheint tatsächlich eine neue Zeit für uns angebrochen zu sein, denn längst sind wir keinem nennenswerten Feind mehr gegenübergetreten, längst erscheint uns das Land hier nicht mehr so dunkel und rauh wie zu Beginn. Und unserem Diener, mit dem wir doch fast schon Freund geworden sind, einen anderen Stellenwert zu geben, kann doch so falsch nicht sein!

Doch plötzlich halten wir in unseren Gedanken inne und erinnern uns, nur noch vage zwar und undeutlich, an das königliche Gesetz, demzufolge immer *wir* den Weg vorzuzeichnen hätten. Wie viel Zeit in unserer Fahrt der tausend Wochen wohl schon verstrichen war? Aber andererseits: Wenn sich hier in diesem Land ungeahnte neue Möglichkeiten auftun – warum sollten wir die Gelegenheit nicht nützen?

74

Wir zweifeln. Was tun? Warum eigentlich nicht voll und ganz auf unseren vertrauten Diener bauen? Er besitzt doch alles Wissen dieser Welt! Und hat

Jeder Mensch erlebt in sich widerstreitende Stimmen, die unterschiedliche Ziele verfolgen. Woher kommen sie?

er uns nicht immer gut beraten? Uns alle Fährnisse überwinden, in allen Kämpfen siegen, ein angenehmes Leben anbrechen lassen?

Wäre es nicht wirklich an der Zeit, ihn aus seiner Knechtschaft zu entlassen?

Wir entschließen uns dazu – und siehe: die Welt wandelt sich. Sie strebt nun zwar nicht mehr in Frieden und Harmonie nach höheren Werten, aber wir erhaschen – und sei es zum Preis erneuten Kampfes – alle denkbaren Vorteile. In kürzester Zeit erlangen wir dank unseres nun wegweisenden Dieners ein ungeahntes Maß an Wohlstand und Macht, und es gelingt uns blendend, das Dunkel dieser Welt durch künstliches Licht zu überstrahlen. Kaum jemand merkt den Unterschied, und die letzten mahnenden Stimmen werden in mächtigem Chor verlacht.

Ob sich unser alter König etwa getäuscht hat? Mitnichten sterben wir hier qualvoll! Im Gegenteil, wir leben so intensiv wie nie zuvor! Aber an wen überhaupt denken wir da soeben? König? Sind das nicht wir selbst?

Der führende Freund an unserer Seite, groß und mächtig geworden, nickt zustimmend.

An dieser Stelle wollen wir wieder unterbrechen. Übrigens gebe ich gerne zu, daß in diese Geschichte zarte Anklänge an den biblischen Mythos vom Sündenfall hineinverwoben sind. Das kommt nicht von ungefähr, denn da wie dort geht es um eine wichtige, ja, für unser physisches Leben grundlegende Entscheidung: Folgen wir in all unseren Entschlüssen der inneren Stimme, unserem Gewissen, das stets dem geistigen *Sein* dienen will – oder aber ziehen wir einen bequemeren Weg vor, weil es denn verlockend ist, zu *haben*, zu herrschen und dem Lebens-Leitmotiv „*Ich lieg' und besitz'*"[29] zu folgen?

In unserer Geschichte ist gleichnishaft etwas vorweggenommen, mit dem wir uns später, im zweiten Band dieses Buches, noch eingehender beschäftigen werden: der geistige Weg, den wir als Menschen zu durchwandern haben. Er führt uns tatsächlich aus dem lichten Reich unseres Ursprungs hinein in die „dunkle", physische, stoffliche Welt – aus der wir nach bestimmter Zeit und sobald die nötigen Erfahrungen gesammelt sind, geistig erstarkt und gereift zurückkehren sollen. *In* dieser Welt allerdings ist der Verstand für uns das wichtigste Erkenntnisinstrument, ein hilfreicher Diener eben, für dessen Handhabung es nur eine – allerdings entscheidende – Regel gibt: *er darf nicht führend in den Vordergrund treten!* Warum das so ist, erklärt sich aus seiner Eigenart: Er dient dem Ich. Und sobald *dieses* Ziel für den Lebensweg *entscheidend* wird, sobald das Vorteilsstreben nicht mehr Mittel zum Zweck, sondern Selbstzweck geworden ist, verkümmert der Mensch zum Egoisten, und er verliert zuletzt die Sehnsucht nach dem geistigen Reich seiner Herkunft, wodurch er gleichzeitig Gefahr läuft, innerlich zu ersterben.

Also: Folgen wir unserer *geistigen* Bestimmung, die stets Höheres im Sinn hat und uns beispielsweise dazu drängt, hilfreich, aufbauend und veredelnd in der Schöpfung zu wirken – oder lassen wir es zu, daß selbstsüchtige Gedanken unsere Entscheidungen bestimmen? Mit dieser Frage haben wir einen zentralen Punkt unserer gedanklichen Innenwelt berührt. Denn jeder Mensch erlebt in sich tatsächlich widerstreitende Stimmen, grob gesagt: eine „gute", edle, gewissenhafte einerseits – und andererseits eine „böse", verführende, dem Müßiggang und Laster zuneigende.

Woher kommen diese Stimmen?

Vorerst sollten wir uns bewußt machen, daß die so unterschiedlichen Gedankenrichtungen in uns ein weiterer eindrucksvoller Beleg für die immaterielle Lebendigkeit unserer Innenwelt sind.

Denn wären wir Menschen wirklich nur so etwas wie biologische Maschinen, die irgendeinem beliebigen Zweck dienen, ähnlich also einem Computerprogramm, das eine Aufgabe zu lösen hat, dann wären interne Richtungsstreits der gewünschten klaren, einfachen Zielorientierung wohl nur hinderlich. Kein Mensch würde eine Software programmieren, die sich selbst in Frage stellt oder gar im Weg steht.

Aber unser Bewußtsein ist eben kein Computerprogramm, und es gibt diese widerstreitenden Stimmen beziehungsweise Gedanken in uns. Worum handelt es sich dabei also? Woher kommen sie? Und warum sind sie so oft nicht einer Meinung?

Die Antwort darauf liegt gleichnishaft in der Geschichte, die uns durch dieses Kapitel begleitet: Unser eigentlicher Wesenskern, das immaterielle Ich, soll führend wirken, der Verstand indessen nur als „Diener seines Herrn". Die *wahre* innere Stimme, die uns durch Gedanken bewußt wird, ist also die richtungweisende Wirkung unseres geistigen Kerns, der sich als Stimme des Gewissens[30] zum Beispiel dann recht deutlich vernehmen läßt, wenn die Richtung in unserem Leben nicht mehr stimmt. Das ist die eine, die gute Seite.

Die andere Gedankenrichtung, die wir in uns spüren können, folgt einfach den Zielen des Verstandes. Dieser ist, wie wir aus der Gehirnforschung wissen, naturgemäß ständig auf Vorteilssuche, und daraus folgt unter anderem, daß er stets zum bequemeren, kräftesparenden Weg neigt – und zwar, wie wir gesehen haben, ohne moralische Bedenken, ohne ethische Werte, ohne ideelle Grundsätze. Vorteil bleibt für ihn Vorteil; es geht um die begehrenswerte Frau/den begehrenswerten Mann, die berufliche Spitzenposition, die gewinnbringende Geldanlage. Und die Stimme des Verstandes beschreibt einfach den Weg dorthin – ohne sich um übergeordnete Zusammenhänge, drohende Wechselwirkungen oder Gewissensfragen zu kümmern. Der Ursprung der in uns so oft widerstreitenden Stimmen liegt also einerseits im immateriellen Ich, und andererseits im Verstand. Uns obliegt die Entscheidung, welcher Stimme wir folgen wollen.

Die Erblast des Sündenfalls

Nun stehen aber weitere Fragen im Raum: Wenn der Verstand wirklich nur unser Diener ist und wir das Sagen haben, warum hören *wir* dann überhaupt *zwei* Stimmen? Warum können wir auf unserem Weg durchs Leben nicht einfach völlig frei in unseren Entscheidungen sein – ohne erst lange zwischen widerstreitenden Gedanken abwägen zu müssen? Und überhaupt: Wenn der Verstand nur ein Instrument für uns darstellt, warum, um alles in der Welt, ist dann ausgerechnet *seine* Stimme so laut? Weshalb *führt* sie überall? Ja, unsere Gesellschaft legte doch ein deutliches Zeugnis von gewissenlosem Vorteilsstreben ab, von unmenschlichem Konkurrenzdenken und bedenkenlosem Drang nach Bequemlichkeit!

Warum also gibt diese Stimme des Verstandes so übermächtig den Ton an?

Es erscheint mir wichtig, daß wir in diesem Fragenkomplex endgültig und umfassend Klarheit gewinnen, denn damit schaffen wir zugleich eine entscheidende Basis für den hilfreichen Umgang mit den eigenen Gedanken.

Leider finden die ideellen Ziele unseres geistigen Wesenskerns heute tatsächlich kaum noch Verwirklichung; sie sind uns durchweg auch gar nicht mehr bewußt. Und die Stimme des Verstandes dröhnt deshalb so laut und richtungweisend in uns, weil wir ihm die Entscheidung über den Weg überlassen haben. Indem wir das „königliche Gesetz" mißachteten, ist unser Diener mächtiger geworden als er sollte. Und damit wurde aus dem notwendigen Dienst am Selbst die Selbst-Sucht, weil nun alle Gedanken *nur* noch um das „liebe Ich" zu kreisen begannen.

Diese Entwicklung, die ja auch in unserer gleichnishaften Geschichte zum Ausdruck kommt, wenn der ehemalige Diener und nunmehrige Freund „unvorstellbar groß und mächtig" wird, hat nun jedoch einen handfesten biologischen Hintergrund, der nach meiner Auffassung auch die Kernaussage des biblischen Sünden-

fall-Gleichnisses dar-
stellt. Ich habe die nun
folgenden Gedanken
aber bereits ausführ-
lich in meinem Buch
„Die Wiederkehr Got-
tes"[31] abgehandelt und

Wären wir Menschen wirklich so etwas wie „biologische Maschinen" – welchen Sinn hätten dann innere Richtungsstreits?

will mich daher auf eine kurze Zusammenfassung beschränken:
Die Tatsache, daß wir dem Verstandeswirken unkontrolliert
„freien Lauf" ließen und es also nicht mehr in den Dienst unseres
geistigen Weges stellten, führte in der Evolution – wie bei jedem
Körperorgan, das gehörig strapaziert wird – zu einem unverhält-
nismäßigen Wachstum des Vorderhirns. Diese Erblast müssen wir
nun mit uns herumschleppen, und das Gehirn sendet seit dem
Sündenfall der Überbewertung des Verstandesmäßigen eben auch
weitaus lautstärker seine vorteilsorientierten, dem Prinzip von
Lust und Unlust verpflichteten Gedanken, als das eigentlich gesund für unser Menschsein wäre.

Wir haben es also auf Grund der nun entwickelten Gehirnstruktur schwerer, der eigenen inneren Stimme zu folgen und
Entscheidungen zum Wohl der Schöpfung zu treffen, als dies bei
einer ausgeglichenen, harmonischen Entwicklung der Fall wäre.
Noch deutlicher gesagt: Durch das rücksichtslose Vorteilsstreben,
dem wir uns so gern verpflichten, sind wir diesem Planeten – und
uns selbst – zur Gefahr geworden.

Daß sich beim Menschen ausgerechnet sein Königsorgan Gehirn zur großen Hürde entwickelt hat, vermutet man auch in der
Biologie. Arthur Koestler etwa, ein bedeutender Kulturphilosoph
des 20. Jahrhunderts, stellte fest, daß das Wachstum des Großhirns „mit einer geradezu explosionsartigen Geschwindigkeit, die
in der Geschichte der Evolution ohnegleichen ist" vor sich ging
und in der Folge eine „unausgeglichene Spezies" entstehen ließ,
die sich selbst und der ganzen Erde zur großen Gefahr werden
kann. Koestler bezeichnete den Menschen daher als einen „Irrläufer der Evolution".[32]

Bewußtsein und Tagbewußtsein

Nun, in die Irre gelaufen ist die Menschheit auf Grund ihres eigenen Verhaltens. Denn wir selbst haben uns dazu entschlossen, unserem Diener eine Leitungskompetenz zuzugestehen, die ihm nicht gebührt. Das biblische Gleichnis vom Sündenfall stellt diesen folgenschweren Fehltritt im Bild des „Naschens vom Baum der Erkenntnis" (tatsächlich erinnert die Form des menschlichen Großhirns an einen verästelten Baum) sehr einleuchtend dar. Das eitle Selbst-wie-Gott-sein-Wollen – oder, wie es in unserer Geschichte hieß, das Selbst-König-sein-Wollen – ist natürlich ein wesentlicher Antrieb für diese falsche Entwicklung.

So gesehen läßt sich durch das Sündenfall-Gleichnis recht gut erklären, warum die dem Egoismus verpflichtete Stimme des Verstandes heute ausschlaggebend für die meisten Entscheidungen ist, die eigentliche innere Stimme dagegen kaum Beachtung findet.

Allerdings ist nun immer noch die Frage offen, warum es – rein „technisch" gesehen – überhaupt möglich ist, daß wir *zwei* Stimmen in uns hören, wo doch *nur* das immaterielle Ich des Menschen bewußtseins-, äußerungs- und lebensfähig ist, während der Verstand als ein Produkt toter Materie betrachtet werden muß, also über keinerlei Bewußtseins- oder Entscheidungsfähigkeit verfügt.

Weshalb vernehmen *wir*, die wir doch selbst das einzige Ich sind, die Stimme des Verstandes – und daneben, auf der gleichen Ebene, aber nur wie einen Widerhall, auch noch unsere eigene Stimme?

Diese Frage ist natürlich von entscheidender Bedeutung, und wir sollten vorerst nochmals kurz all das betrachten, was sich bisher aus den Beobachtungen unserer Innenwelt ergeben hat. Fassen wir zusammen:

1. Das Ich-Bewußtsein des Menschen ist ein Ausdruck seiner immateriellen Beschaffenheit. Es ist immer dieses bewußte Ich, welches sieht, hört, fühlt und auch denkt. Nichts anderes als das

ureigene Ich hat in uns Bewußtsein. Mit anderen Worten: Nur *wir selbst* sind bewußt!

2. Das Gehirn ist ein Wunderwerk für sich, aber vom Prinzip her ein physisches Körperorgan wie alle anderen Organe auch. Es kann selbst keinerlei eigenes Bewußtsein entwickeln. Jedoch dient das Gehirn unserem immateriellen Kern, indem es ihm Eindrücke aus der Außenwelt vermittelt und gleichzeitig alle Möglichkeiten bietet, damit unser inneres Wollen in Gedanken, Worten und Handlungen umgesetzt werden kann: Es steuert die Körper- und Sinnesorgane und produziert auch den Verstand.

Der Verstand ist also ein Produkt des Gehirns. In ihm fließen Gedanken aus zwei unterschiedlichen Richtungen zusammen: Einerseits drückt sich unser innerstes Wollen, die Stimme des Geistes, also des Ichs, in Gedanken aus, andererseits produziert das Gehirn auch *eigene* Gedanken. In diesen finden sich alle unmittelbaren Bedürfnisse des Körpers – zum Beispiel Hunger, Durst, Schlaf, der Drang nach Blasen- oder Darmentleerung –, des weiteren die Gefühle (auf dieses umfangreiche Gebiet gehen wir im nächsten Kapitel näher ein), und zuletzt bilden sich die reinen „Gehirngedanken" eben auch aus Verstandesprinzipien wie dem erwähnten Vorteilsstreben oder der Gedächtnisordnung.

Aus dieser Sicht stellt sich unsere Situation wie folgt dar: Das einzig Bewußte inmitten all der genannten Zusammenhänge ist das immaterielle Ich des Menschen, sind *wir selbst*. Wenn wir aber – wie im physischen Leben – einem Körper verbunden sind, dann befinden wir uns gewissermaßen in einer Ausnahmesituation: in einem Netz von Gedanken nämlich, in welchem sich nicht mehr nur unser eigenes Wollen widerspiegelt, sondern ebenso die vom Gehirn vermittelten körperverbundenen Äußerungen.[33] Dazu gehören auch selbstbezogene Gedanken, die unserem Ich im Irdischen eigentlich zum Überleben dienen sollen, aber durch die übergroße Bedeutung, die wir ihnen beimaßen, allzu mächtig geworden sind.

Diese außergewöhnliche Bewußtseins-Situation, in der wir also nicht unmittelbar „bei uns selbst" sind, sondern mit einer

Wenn unser Bewußtsein einem Körper – und damit einem Gehirn – verbunden ist, entsteht das sogenannte Tagbewußtsein.

Vielzahl weiterer Einflüsse zurechtzukommen haben, während wir die eigene Stimme nur als eine Art Echo hören, kann man mit einem zentralen Begriff beschreiben, der uns in der Folge noch näher beschäftigen wird: *Tagbewußtsein.* Denn sobald der physische Körper wach und aktiv ist, also das stets geschäftige „Räderwerk" unseres Gehirns anspringt, erleben wir uns selbst – und die physische Welt um uns herum – durch ein verstandesgewobenes Gedankennetz (das wir aber wiederum nur infolge unserer eigenen inneren Lebendigkeit *bewußt* erleben).

Wir dürfen natürlich voraussetzen, daß das alles einen Sinn hat: Denn diese dem Physischen verbundene Lebenssituation, zu der auch noch viele andere Einflüsse und „Reibungen" gehören, fordert uns zweifellos – aber sie *fördert* uns damit gleichzeitig auch, denn inmitten der vielfältigen Einflüsse und der ununterbrochenen Notwendigkeit zur Entscheidung erstarkt unser Wollen, reifen wir als Persönlichkeit.

War es nicht das, was der weise König unseres lichten Heimatreiches für uns erhoffte, als er unserem Drängen nachgab, in die ferne, dunkle Welt hinausziehen zu wollen?

Jedenfalls sollte uns klar sein, daß wir es im körperverbundenen Zustand mit besonderen Bedingungen für die Entfaltung unseres Bewußtseins zu tun haben. Das aus dem Alltag vertraute Tagbewußtsein ist nicht gleichzusetzen mit unserem freien, eigentlichen Ich-Bewußtsein.

Aus dieser Tatsache erklären sich nicht nur die widerstreitenden Stimmen, die im tagbewußten Zustand in uns ertönen, sondern auch eine weitere, eingangs beschriebene Gegebenheit verdeutlicht sich: daß es nämlich *herausragende* Erlebnisse sind, wenn man sich ausnahmsweise wirklich bei sich selbst fühlt. Solche Momente ragen im wahrsten Sinn aus dem Tagbewußtsein heraus, weil wir das eigene Innere dann eben nicht mehr nur als ein fernes Echo hören. Diese Selbsterfahrungserlebnisse haben aber gewiß nichts mit einer psychischen Störung oder ähnlichem zu tun.

Wir werden uns später noch ausführlich mit unserem *eigentlichen* geistigen Bewußtsein beschäftigen, wenn es sich also nicht mit seinem Diener Gehirn/Verstand in dem „fernen, dunklen" physischen Land bewegt, sondern sich seiner selbst – und auch dem Sinn seiner Lebensreise – bewußt ist.

Vorerst aber müssen wir mit der *tagbewußten* Situation richtig umgehen – und damit nähern wir uns nun einer durchaus praktischen Frage. Denn wer erkannt hat, wo die widerstreitenden Stimmen seiner Innenwelt ihren Ursprung haben und welche Ziele sie verfolgen, der wird sich natürlich nach Kräften darum bemühen wollen, die *eigene* innere Stimme wieder deutlich hören zu können, andere gedankliche Strömungen dagegen im Zaum zu halten. Aber wie geht das?

Die innere Stimme erkennen

Es ist gar nicht immer so einfach, die wirkliche innere Stimme zu erkennen, denn oft genug wird das der Bequemlichkeit zuneigende Gedankenorgan Verstand, das noch dazu eng den körperlichen Gefühlen verbunden ist[34], als „Intuition" oder „Empfindung" mißverstanden, die „mir sagt, was mir gut tut". Wie viele Menschen hören „bewußt auf die Stimme des Gefühles", tun „bewußt das, was das Innere sagt" – und folgen dabei doch nur der Stimme ihres Verstandes, die nicht unbedingt dem Aufbau und der Entwicklung dient.

Muß man also ständig skeptisch gegenüber sich selbst sein?

Ganz gewiß wäre das einem harmonischen Innenleben nicht dienlich und würde nur die Unzufriedenheit schüren. Der richtige Weg verläuft anders, ein grüblerisches Sich-selbst-Beobachten führt nicht zum Ziel. Indes soll der „Freundschaftspakt" mit dem

Verstand gekündigt werden, dieser darf wieder der Diener sein, wir aber müssen die Zügel in die Hand nehmen. Aber wie?

Prinzipiell sind aus meiner Sicht drei Gedanken von entscheidender Bedeutung: Erstens müssen wir uns wieder auf unsere *geistige Aufgabe* besinnen, also den Sinn des Lebens und damit unser Ziel kennen. Zweitens die *Fähigkeiten und Möglichkeiten,* die in unserer Innenwelt ruhen, richtig einschätzen sowie nützen. Und drittens wird es schlicht und einfach auf das gute *Wollen* ankommen, Selbstüberwindung mit eingeschlossen. Da kann es zum Beispiel um das Aufgeben allzu lieber Gewohnheiten gehen, aber etwa auch um die Besinnung auf schlummernde eigene Fähigkeiten. Jedenfalls aber wird ein *Handeln* erforderlich sein, denn den geistigen Weg, der nur aus unscharfem Nachdenken und frommen Wünschen besteht, gibt es nicht.

Bei der nötigen inneren Neuorientierung soll uns außerdem ein wichtiger Leitsatz begleiten, nämlich das *Prinzip des Aufbaus.* Demzufolge braucht niemand krampfhaft gegen Fehler anzukämpfen oder nur in der Vergangenheit nach dem letzten Urgrund und Ausgangspunkt irgendwelcher Probleme zu stöbern, sondern wir wollen ein *zukunftsorientiertes* inneres Neuwerden anstreben, einen Weg, den Abd-ru-shin in seiner Gralsbotschaft mit folgenden Worten skizziert hat:

> *„Für den wahren Seelenarzt ist kein Niederreißen nötig. Dieser erkennt schlummernde, gute Fähigkeiten, weckt sie und baut dann weiter auf."*[35]

Der wichtigste Seelenarzt sind wir für uns freilich immer selbst – weshalb dieser Satz natürlich auch die Grundlage für die eigene innere Neuorientierung bilden muß. Und wenn wir um diesen Weg nicht nur wissen, sondern uns auf ihm auch *aktiv aufwärts* bewegen, dann wird es zunehmend leichter fallen, die wahre innere Stimme zu erkennen und sie von verstandesmäßigen Impulsen zu unterscheiden.

Bis dies gelingt, wird es angesichts der Großhirnlast, die heute auf uns drückt, wohl kein Fehler sein, sich in der Bewertung wider-

streitender Gedanken-
ströme im Zweifelsfall
an den Grundsatz zu
halten, daß die Stimme
des Ge(istigen)wissens
uns aus einschläfern-
der Passivität und zu-

Handeln ist nötig. Einen geistigen Weg, der nur aus unscharfem Nachdenken und frommen Wünschen besteht, gibt es nicht.

nehmender innerer Erstarrung befreien will. Sie wird daher meist diejenige sein, die uns einen Ruck geben, zur Selbstüberwindung aufrufen, zu selbstlosem Handeln anregen will.

Zudem gibt es noch eine erlernbare Unterscheidungsmöglichkeit, die aus dem Wissen um den „technischen Ablauf" in der Entstehung und Entwicklung unserer Gedanken resultiert:

Wenn wir üblicherweise den Begriff „Gedanken" verwenden, dann beschreiben wir damit in erster Linie eine Art innere Sprache, wir meinen damit *lautlose Wörter*, die wir zu uns selbst sprechen und normalerweise in unserer Muttersprache formen. Diese stille Gedankensprache benützen wir, wenn wir für uns selbst ein Buch lesen, eine Rechnung im Kopf lösen oder über irgend etwas nachgrübeln. Man kann übrigens auch in Fremdsprachen denken; dies geschieht sogar automatisch, wenn man sich eine Zeitlang in einem anderen Land aufhält und nur die dort übliche Sprache verwendet.

Aber unsere Gedankenwelt besteht nicht nur aus solchen lautlosen Wörtern, sondern auch aus Bildern. Wenn wir uns zum Beispiel ein Erlebnis in Erinnerung rufen, das uns innerlich stark berührt hat, das vielleicht auch mit innigen Empfindungen verbunden war, dann steigen sofort ganze Szenen aus Farben und Formen in uns auf. Auch bei tiefem Nachdenken, beim Schmieden wichtiger Pläne, kurz: immer dann, wenn unser Inneres regen Anteil an den Gedanken hat, formen sich Bilder, manchmal sogar begleitet von Tönen oder Gerüchen. Die stille Gedankensprache ist bei solchen Gedankenformen dann nur noch Beiwerk.

Daraus wird folgendes klar: Alles, was gedanklich über „kalte" Informationsverarbeitungsprozesse hinausgeht, was also nicht nur Ausdruck unserer Gehirntätigkeit ist, sondern „lebenswarm" unser *Inneres* berührt, formt sich zu Bildern – wobei es sich nicht um zweidimensionale Abbildungen handelt, sondern um regelrechte *Formen*, die wir jedenfalls als innere Wirklichkeit erleben können.

Wir haben ja schon bei früherer Gelegenheit festgestellt, daß unser subjektiver Blick auf die Welt immer ein bewußtes Erleben von Farben, Formen usw. ist.[36] Man kann sagen: Unser Ich erlebt bildhaft. Daher ist alles, was – über den beschriebenen Weg Sonnengeflecht–Kleinhirn–Großhirn – als Kraftwelle aus unserem Inneren ins Tagbewußtsein dringt, zuerst als *lebendiges Bild* erkennbar, ehe es zu Wort-Gedanken und also als innere Stimme gedanklich hörbar wird.

Umgekehrt ist es bei der Stimme des Verstandes: Hier entstehen auf Grund des Ursprungs im Großhirn *zuerst* lautlose Wörter, die sich erst in der Folge zu Bildern formen. Bei diesem Prozeß spielen natürlich auch die Gefühle eine bedeutende Rolle, die ja aus einer Wechselwirkung zwischen gedanklichen Vorgängen und Nervenreizen aus dem Körper entstehen.[37] Die so produzierten *Verstandesbilder* bezeichnet man üblicherweise als Phantasie.

Aus dieser Sicht kann man im Hinblick auf die innere Stimme also klar zwischen Gefühl und Empfindung unterscheiden: *Gefühle* sind körperlichen Ursprungs, sie entstammen dem „Wollen des Verstandes"[38] und formen sich erst im Laufe der gedanklichen Verarbeitung zu Bildern. Die *Empfindung* dagegen entstammt dem geistigen Kern des Menschen, wird als Druck im Sonnengeflecht spürbar und unmittelbar als Bild in uns sichtbar, noch ehe sie sich zu Wortgedanken formt. Sie ist *die wahre innere Stimme* aus dem Ich, wirkt wegweisend und will uns geistig emp(or)finden lassen. Daher kann es wichtig sein, den Werdegang der in uns auftauchenden Gedankenformen genauer zu verfolgen, um Gefühle und Empfindungen beziehungsweise Phantasie- und Geistesbilder voneinander zu trennen – auch wenn der beschriebene Wandlungsprozeß immer nur eine Angelegenheit von Sekundenbruchteilen ist.

Aber diese trockene Differenzierungsmöglichkeit allein ist

Im Hinblick auf die innere Stimme sollten wir zwischen Gefühl und Empfindung unterscheiden. Das Gefühl stammt aus dem Körper.

für die Praxis vielleicht gar nicht das wirklich Ausschlaggebende. Denn alle hier gebrachten Erklärungen zu den Wirkungsmechanismen in unserer Innenwelt sollen letztlich ja dem Zweck einer Lebenshilfe dienen. Und vor diesem Hintergrund stellt sich vorab noch eine sehr grundlegende Frage: Warum nämlich können uns Gedankenbilder innerlich überhaupt anrühren, also aktivieren, motivieren, beflügeln, zu Taten drängen?

Ein Gewohnheitsdieb mag ja zwar genau erkennen, daß es die Stimme seines Gewissens ist, die ihm ein edleres Bild von sich selbst vor Augen hält, aber was hilft's, wenn die nächste günstige Gelegenheit ihn abermals zur Untat „verführt", wenn er also ohnmächtig gegenüber dem Gefühl ist, „unbedingt wieder zugreifen zu müssen"?

Warum können uns Gedanken so sehr beeinflussen?

Die Macht der Gedankenformen

Zur Beantwortung dieser Frage müssen wir uns näher mit dem Wesen und der Qualität unserer Gedanken beschäftigen.

Wir konnten bereits eine wichtige Unterscheidung treffen: Wir haben einerseits von „kalten" Informationsverarbeitungs-Gedanken gesprochen, die aus einer Art mathematisch-sachlicher Verstandestätigkeit resultieren – andererseits aber auch von „lebenswarmen", uns innerlich berührenden Gedankenbildern oder -formen.

Die „kalten" können wir bei den folgenden Überlegungen außer acht lassen; es handelt sich dabei um belanglose Verstandesprodukte unseres Gehirns, um Prozesse, die sich teilweise sogar

Unser geistiges Wollen entscheidet über die Kraft, die den Phantasiebildern und den Gefühlen zufließt.

ohne Beteiligung unseres Bewußtseins abspielen. Die „warmen" Gedanken indessen, die Bilder und Formen aus dem Inneren, prägen uns entscheidend. Denn bei ihnen handelt es sich nicht mehr nur um „maschinelle" Informationsverarbeitungsvorgänge, wie sie in ähnlicher Form auch in Computerprogrammen ablaufen können, sondern ihre „Lebenswärme" verleiht ihnen eine besondere Kraft und Macht, die sogar über die persönliche Sphäre hinausreicht.

Diese Behauptung muß nun wohl näher begründet werden, denn wir haben ja die Auffassung, daß Gedanken „zollfrei" sind. In Gedanken, so meinen wir, sei alles erlaubt, denn sie blieben ja beschränkt auf kurze Momente und auf unser eigenes Gehirn.

Doch damit machen wir es uns allzu einfach. Heute weiß man sogar schon aus naturwissenschaftlichen Experimenten, daß Gedankenkräfte sehr wohl über die persönliche Sphäre des Einzelmenschen hinausreichen. Mit Gedanken lassen sich zum Beispiel Zufallsgeneratoren beeinflussen. Bestimmte Großereignisse, wie etwa die Terroranschläge vom 11. September 2001, die viele Menschen innerlich berühren, hinterlassen tatsächlich eindeutig meßbare „Gedankenspuren". Dies konnte mit Hilfe eines weltumspannenden Netzes von etwa 50 Computern und Zufallsgeneratoren eindrucksvoll dokumentiert werden.

Auch andere erfolgreiche Experimente, die sich mit Gedankenübertragungen oder beispielsweise mit der Wirkung von Gedanken auf das Element Wasser befassen, zeigen, daß wir Menschen mit unserer Gedankentätigkeit tatsächlich etwas „exportieren", das die Grenzen unserer eigenen Persönlichkeit überschreitet und in die Welt hineinwirkt.[39]

Aber ist dieser unsichtbare „Export" auch wirklich „zollfrei"? Ist es tatsächlich gleichgültig, welche Gedanken von uns ausgehen und in die Welt hineinwirken?

Die Gralsbotschaft bietet zu dieser Frage entscheidende Hinweise, die gleichzeitig den Begriff *Innenwelt* wesentlich vertiefen: *Der Grund, warum wir überhaupt eine ganze Welt der Farben, Formen und Töne in uns erfahren, weshalb wir diese gedankliche Innenwelt erleben können, liegt einfach darin, daß es diese Welt tatsächlich gibt!* Nicht als physische Realität natürlich, sehr wohl aber als *feinstoffliche Wirklichkeit.*

Den Erklärungen der Gralsbotschaft zufolge gibt es nicht nur die „grobstoffliche" Außenwelt, die wir durch die körperlichen Sinne erfahren, sondern auch noch andere Schöpfungsebenen, von denen die sogenannte *Feinstofflichkeit* unmittelbar mit unserem Leben in Verbindung steht. Und so, wie wir Menschen durch die Arbeit unserer Hände formend auf die irdische Welt einwirken, so formen wir durch unsere Gedankenarbeit die feinstoffliche Welt (die man in religiöser Ausdrucksweise auch als *jenseitige* Welt bezeichnen könnte, weil sie jenseits unserer sinnlichen Faßbarkeit liegt):

„Die lebendige Schöpfungskraft, die die Menschen durchflutet, rafft durch den geschlossenen Willen eines fertigen Gedankens Feinstoffliches zusammen und schließt es bindend zu einer Form, die dem Willen dieses Gedankens Ausdruck gibt."[40]
Auf diese Weise formt sich feinstofflich das, was wir üblicherweise als die *Seelenwelt* bezeichnen und in uns erleben. Eine eigene, höchstpersönliche Welt, die der Individualität jedes Menschen zugrunde liegt, an der wir ständig bauen und die wir immer wieder neu gestalten.

Die gedanklichen Werke prägen und formen rückwirkend aber auch uns. Denn der Richtung unseres Denkens genau entsprechend fließen uns ständig neue Gedanken zu. Darin liegt einerseits das Wesen der Inspiration, die uns neue Ideen und Entwicklungsmöglichkeiten bietet, andererseits aber auch eine Gefahr: Wenn es nämlich keine edlen Gedanken sind, die geformt werden, dann strömen gleichartig unschöne Formen auf den Urheber zurück, Haß- oder Neidgedanken beispielsweise, die nicht der geistigen Vervollkommnung dienen, sondern letztlich nur belasten.

Kraftzentralen aus Gedanken

Wir haben demnach also doch einen „Preis" für das zu bezahlen, was gedanklich von uns ausgeht. Wir sind voll verantwortlich dafür – und zwar nicht nur im Hinblick auf uns selbst! Denn was uns die Naturwissenschaft über die sichtbare, materielle Welt gelehrt hat, daß hier nämlich alles mit allem in wechselwirkender Beziehung steht, gilt der Gralsbotschaft zufolge auch für die unsichtbare, „jenseitige" Welt.

Wie im Materiellen durch das Zusammenwirken vieler Menschen zum Beispiel Häuser und Städte gebildet werden, so entstehen im Feinstofflichen durch den Zusammenschluß gleichartiger Gedankenformen regelrechte Kraftzentralen, die Einfluß auf alle Menschen ausüben, die ihnen durch die Art ihrer eigenen Gedanken verbunden sind:

„Ganze Zentralen haben sich durch die gegenseitige Anziehungskraft gebildet, von denen durch ihre gesammelte Kraft Beeinflussungen ausströmen auf die Menschen.

In erster Linie immer auf die, die für die Gleichart geneigt sind, die also Ähnliches in sich tragen. Diese werden dadurch gestärkt in ihrem entsprechenden Willen und zu immer erneuter Zeugung ähnlicher Gebilde angeregt, die gleichartig wirkend in die Welt der Gedankenformen treten.

Aber auch andere Menschen, die diese Eigenarten nicht in sich tragen, können davon belästigt und nach und nach dazu herangezogen werden, wenn diese Zentralen durch dauernd neuen Zustrom ungeahnte Kraft erhalten. Geschützt davor sind nur die, die Andersartiges in größerer Stärke besitzen, wodurch eine Verbindung mit Nichtähnlichem unmöglich wird.

Nun sind es aber leider Haß, Neid, Mißgunst, Lüsternheit, Geiz und alle anderen Übel, die durch ihre größere Zahl der Anhänger die stärksten Kraftzentralen in der Welt der Gedankenformen haben. Weniger die Reinheit und die Liebe. Aus diesem Grunde nimmt das Übel mit unheimlicher Schnelligkeit an Ausdehnung zu."[41]

Dies erklärt auch, weshalb man sich regelrecht „in Gedanken verstricken" oder „von Gedanken getrieben" werden kann, warum also Gedankenkräfte

Der Grund, warum wir eine gedankliche Innenwelt erleben können, liegt darin, daß es diese Welt tatsächlich gibt.

in unserem Leben so machtvoll wirken: Die Ursache liegt darin, daß wir alle mehr oder weniger stark bestimmten feinstofflichen Kraftzentralen verbunden sind.

Das bietet nun einerseits die Gewähr, daß jeder, der seinen Mitmenschen gegenüber hilfreiche, wohlwollende Gedanken hegt, innerlich selbst von einem Strom aus aufbauenden Kräften getragen wird. Andererseits aber können sich auch zerstörerische Gedankenzentralen in die physische Welt entladen, wenn Menschen sich solchen Strömungen zum Beispiel durch intensive eigene Haß- oder Mordgedanken öffnen. Dann kann es durch den sich aufschaukelnden Zufluß von Gedankenkräften zu abscheulichen Untaten, ja, zu Krieg und Völkermord kommen.[42]

Zu bestimmten Gedankenzentralen Anschluß zu finden und mit den dortigen feinstofflichen Kräften gezielt zu arbeiten, gehört übrigens auch zum Geschäft vieler sogenannter Magier oder „okkulter Meister". Für diese geht es zum Beispiel darum, die unsichtbaren Kräfte zu kanalisieren, sie bestimmten Personen zuzutreiben und sie jedenfalls in den Dienst der eigenen Sache zu stellen. Daß darin oft ein Mißbrauch von Schöpfungskräften liegt, muß hier nicht weiter vertieft werden.

Außerdem wird im Hinblick auf die Realität feinstofflicher Gedankenformen klar: Wer – durch welche Methode auch immer – in die Innenwelt des Menschen vordringen, also seine Psyche ergründen oder behandeln will, der betritt damit ein *tatsächlich bestehendes Land.*

Gedanken sind kein bedeutungsloses Nichts, und man sollte sie auch nicht als Spielzeug ansehen, mit dem man sorglos nach

Belieben Phantasiebilder erzeugen kann. Gedanken bilden vielmehr eine äußerst wirksame Realität. Es sind feinstoffliche Werke, die dazu drängen, sich auch grobstofflich zu manifestieren: Ideen wollen ja verwirklicht, Inspirationen genützt, Pläne in die Tat umgesetzt werden. Unsere unsichtbare Innenwelt drängt machtvoll dazu, sichtbare Außenwelt zu werden! Gedanken beeinflussen unsere Gefühle und versetzen den Körper „in Wallung", sie können rasend zur Rache anfeuern oder im hohen Dienst der Liebe stehen.

Dabei wirken unsere Gedanken um so stärker, je mehr sie von Empfindungskraft durchglüht sind. Denn der „Herd" in unserem Inneren ist es, der ihnen das belebende Feuer spendet. Unser Wollen entscheidet darüber, ob der Gedanke zu einer machtvollen Form anwächst und in der Folge magnetartig ähnliche Gedanken herbeizieht – oder sich bald wieder kraftlos auflöst.

Um ein plakatives Beispiel zu nennen: Liest jemand ein Buch mit erotischem Inhalt, dann wird ihn der Text immer nur soweit zu Phantasien anregen, wie er sich diese gedanklich ausmalen *will*. Unsere Gedanken sind abhängig von der Kraft, die wir ihnen schenken. Unser Wollen führt den „Gedanken-Speer", dessen Spitze den Weg von der Innenwelt in die Außenwelt bahnt.

Lebenshilfe durch Gedanken

Im Wissen um die Macht der Gedanken stellt sich für uns nun die Frage, welche Möglichkeiten zur Lebenshilfe sich daraus ergeben.

Bekannt sind ja beispielsweise die Ansätze zum „positiven Denken"[43], wo man sich darum bemüht, aufbauende gedankliche Ziele zu pflegen – etwa nur das Gute im Mitmenschen zu sehen oder in der jeweiligen Lebenssituation immer die Chancen zu suchen. Ein solches Bemühen hilft sehr gut dabei, eingetretene Gedankenpfade zu verlassen, sich also von bestimmten feinstofflichen Kraftzentralen zu lösen. Dadurch kann man Verhaltensmustern wie Intoleranz oder Kritiksucht mit Gedankenformen begegnen, die in eine andere Richtung weisen.

Das Bemühen um aufbauende, liebevolle, hoffnungsfrohe Gedanken hilft im Grunde auch in allen seelischen Krisensituationen und ist die Basis

Unsere Gedanken sind abhängig von der Kraft, die wir ihnen schenken. Unser Wollen führt den „Gedanken-Speer".

für jede innere Neuorientierung. Aber entscheidend sind eben nicht nur die Gedanken an sich, sondern unsere *Bemühungen*, also das geistige Wollen, das die Entstehung der Gedanken durchglüht.

Sich selbst *nur* durch die Arbeit auf der gedanklichen Ebene ändern zu wollen, wäre indes nicht erfolgversprechend und endete lediglich in einem grüblerischen Dauerstreit mit sich selbst. Man kann sich zwar selbst gedanklich einreden, dies oder jenes Problem zu überwinden, aber wenn es um wirklich *eingefleischte* Verbindungen zu gedanklichen Kraftzentralen geht, dann ist es nicht sehr aussichtsreich, einen solchen inneren Krieg zu gewinnen.

Jede Gedankenform ist, wie gesagt, immer so stark und mächtig, wie wir sie geistig beleben. Je mehr Aufmerksamkeit wir also einem Gedanken schenken – egal, ob wir ihn nun hegen und pflegen oder im Gegenteil massiv gegen ihn ankämpfen –, desto ausgeprägter wird seine Form und um so fester die Verbindung zu den entsprechenden feinstofflichen Zentralen sein. Die in Politik, Wirtschaft und Gesellschaft so beliebte Strategie, einer Gewalt mit noch größerer Gewalt entgegenzuwirken, muß auf der gedanklichen Ebene also fast zwangsläufig scheitern.

Wir müssen eine andere Lösung suchen – und wir finden sie auch, wenn wir uns bewußtmachen, daß wir Menschen über unseren Gedanken stehen (woraus sich übrigens auch erklärt, daß wir *über* unsere Gedanken nachdenken können).

Tatsächlich neigen wir ja dazu, uns über Gebühr mit unserer Gedankenwelt zu identifizieren. Wie leicht fühlt sich jemand, wenn zum Beispiel seine Pläne oder Ideen kritisiert werden, dadurch persönlich in Frage gestellt – obwohl die Kritik tatsächlich

Wir Menschen neigen dazu, uns selbst über Gebühr mit unserer Gedankenwelt zu identifizieren.

ganz sachlich gemeint war und nur bestimmte Gedanken betraf. Wäre unser Ich-Bewußtsein nicht in so übertriebener Weise mit seinem Diener Verstand verschmolzen, dann könnte so mancher Streit vermieden werden, weil es jeder Partei einfach immer um die Sache ginge, und nicht um Personen.

Mit größter Wahrscheinlichkeit wäre in einer weniger verstandeslastigen Welt auch das Gehirn Albert Einsteins niemals zum heißbegehrten Jagdobjekt so vieler geworden. Man hätte längst begriffen, daß Geist und Verstand zweierlei sind; der immaterielle Kern des Menschen und sein physisches Erkenntnisorgan werden sprachlich völlig zu Unrecht gleichgesetzt.

Aber wir leiden eben unter den Folgen des Sündenfalls, und es bedarf einiger Mühe, sich zu einem wirklich neuen, *geist*erfüllten Denken durchzuringen, bei dem der Verstand allein den Zielen des Geistes dient.

Ein solch *tiefes, klares, sinnorientiertes* Denken anstelle der heute verbreiteten Denkfaulheit käme aber einer Selbstbefreiung gleich. Denn das übliche flache, unscharfe Mitläuferdenken ist nur der Ausdruck eines geschwächten Menschengeistes, der seine Führungsrolle leichtfertig aufgegeben hat und dadurch in eine – von ihm selbst oft gar nicht bemerkte – Abhängigkeit von allen möglichen fremden Gedankenformen geschlittert ist.

In der Gralsbotschaft findet sich daher der gute Rat:

„Hüte Dich vor verworrenen Gedanken, vor aller Flachheit in dem Denken. Flüchtigkeit rächt sich bitter; denn es wird Dich schnell zu einem Tummelplatz fremder Einflüsse erniedrigen, wodurch Du sehr leicht mürrisch, launenhaft und ungerecht zu Deiner näheren Umgebung wirst."[44]

Aber wie kann man nun wirklich eine neue Gedankenwelt in sich formen und belastende, vielleicht sogar längst ungeliebte Denkschemen und feinstoffliche Bindungen glücklich überwinden? Den Schlüssel dazu *bieten reine, ungetrübte Empfindungen.* Das, was unsere Gedanken belebt und anfeuert, muß in die richtige Richtung weisen, zum Guten drängen, wodurch von vornherein alle neu entstehenden Gedanken einen lebensbejahenden, freudigen „Grundton" bekommen.

Ein Kernsatz der Gralsbotschaft lautet daher:

„Haltet den Herd Eurer Gedanken rein, Ihr stiftet damit Frieden und seid glücklich!"[45]

Jedoch setzt dieser vielleicht wichtigste Rat aus dem Werk Abdru-shins einen Begriff voraus, der vielleicht einer näheren Erläuterung bedarf. Denn was bedeutet innere Reinheit? Heute, im 21. Jahrhundert, wo das möglichst unbeeinflußte Sichausleben als großes Ideal gilt, wird darin unter Umständen eher das Befolgen bestimmter Glaubenssätze, gesellschaftlicher Normen oder konfessioneller Dogmen vermutet.

Doch der Begriff *Reinheit* gründet sich nicht in irgendwelchen Äußerlichkeiten; vielmehr handelt es sich um das hohe Ideal für eine seelische Befindlichkeit, das wir Menschen wahrscheinlich nur anstreben, aber in Vollendung gar nie erreichen können.

Reinheit empfindet man am ehesten in den klaren Momenten des Eins-Seins mit sich selbst, wenn kein Eigendünkel, kein Hochmut oder falscher Stolz den freien Blick trübt, wenn schlichte, dankbare Freude aus den Augen leuchtet, wenn man mit sich selbst „im Reinen" ist, wenn man sich im Gebet vorbehaltlos, ehrlich, in kindlicher Demut öffnen kann, wenn es für eine Spanne Zeit gelang, dem großen Jesus-Wort zu folgen und „wie die Kinder" zu werden.

Und gewiß sind alle diese Beschreibungsversuche nur grobe Annäherungen an das, was Reinheit wirklich ist. Jedenfalls aber sollte man meines Erachtens um einen neuen, lebensnahen Zugang zu diesem Begriff ringen. Denn Reinheit ist die einzige seelische Befindlichkeit, die uns in aller Natürlichkeit höheren Wirklichkeiten öffnet, die uns neues Gottvertrauen und starke Zuversicht schenkt – und zwar ohne daß wir uns an irgendwelche Glaubensvorstellungen klammern müßten.

Nebenbei – ich bin davon überzeugt: Nur weil uns der Begriff von innerer Reinheit weitgehend abhanden kam, weil wir schlicht nicht mehr erleben konnten, was Reinheit ist, nur deshalb war es in der Menschheitsgeschichte möglich, daß gerade unter dem Deckmantel des Glaubens aus religiösem Eifer so viel Unrecht geschah. Andernfalls, bei reiner, freier Empfindungsfähigkeit, hätten Dogmatiker und Fanatiker niemals Macht über die Menschen bekommen.

Um nun der reinen Empfindung den Weg zu bahnen, rät die Gralsbotschaft zur Gedankenleere:

„Macht Euch gedankenleer und laßt den Drang zu Edlem, Gutem in Euch frei, dann habt Ihr die *Grundlage zu dem Denken, die vom Wollen Eures* Geistes *stammt, und was dar-*aus *ersteht, könnt Ihr in Ruhe der Verstandesarbeit dann zur Ausführung in der dichtesten Grobstofflichkeit überlassen. Es kann nie Unrechtes sich formen.*

Werft alles Quälen durch Gedanken weit von Euch, vertraut dafür auf Euren Geist, *der sich den Weg schon richtig bahnen wird, wenn Ihr diesen nicht selbst vermauert. Werdet* frei im Geiste *heißt nichts anderes, als* laßt *dem Geiste in Euch seinen Weg! Er* kann *dann gar nicht anders, als der Höhe zuzuwandeln; denn es zieht ihn seine Art ja selbst mit Sicherheit hinauf."*[46]

Natürlich läßt sich diese Gedankenleere nicht *gedanklich* erzwingen. Auch wird hier nicht zu irgendwelchen speziellen Meditationstechniken aufgerufen. Vielmehr geht es schlicht und einfach um ein Bewußtwerden im Alltag. Wir sollen uns auf unsere *Geistigkeit* besinnen: Wir denken; wir können beobachten, wie auf Grund von Gefühlen oder Sinneseindrücken Gedanken in uns aufsteigen, die wir beleben oder auch wieder ziehen lassen. Wir *müssen* uns nicht auf bestimmte Inhalte konzentrieren und diese durch unsere Aufmerksamkeit fördern, sondern wir können uns eben auch gedankenleer machen.

Freilich wird eine solche Besinnung auf sich selbst – und nur darum handelt es sich – nicht von einer Minute auf die andere zur Alltags-Selbstverständlichkeit; aber man findet darin eine wertvolle Hilfe zur Persönlichkeitsentwicklung.

> Gedankenleere läßt sich nicht gedanklich erzwingen. Wir müssen uns dazu auf unsere Geistigkeit besinnen.

Der erste Schritt

Wenn wir uns in der Folge auch noch mit anderen natürlichen Hilfen zur Gesundung unserer Innenwelt beschäftigen, so wird die anzustrebende *Gedankenreinheit* immer der zentrale erste Schritt bleiben.

Ohne das Bemühen darum ist ein wirklicher innerer Fortschritt nämlich nicht möglich.

Mit dem Blick auf die Funktionsweise unseres Gehirns, den daraus hervorgehenden Verstand und die geheime Macht der Gedanken, die wir mit unserem Wollen formen und leiten, haben wir nun auch das erste Wegstück auf unserer Expedition zu den Wurzeln des menschlichen Ichs zurückgelegt.

Als zentrale Erkenntnisse lassen sich nun vielleicht folgende Punkte zusammenfassen:

1. Verstand und Geist sind also zweierlei, wobei der Verstand Diener des Geistes sein soll. Nur der Geist ist erlebnis- und bewußtseinsfähig und verfügt über einen freien Willen. Aus der Verbindung des Geistes mit dem Körper resultiert *Tagbewußtsein*.

2. In diesem Tagbewußtsein fließen Gedanken des Geistes – als Ausdruck unseres eigentlichen Wollens – und auch körperbedingte, trieb- und gefühlsbestimmte Gedanken zusammen. *Empfindung* und *Gefühl* sind also durch ihren unterschiedlichen Ursprung *zweierlei*.

3. Immer aber sind *wir* es, die alles Gedachte erleben und beleben – also mit der „Kraft des Geistes" erfüllen. Dadurch entstehen feinstoffliche Gedankenformen, die einerseits auf den Urheber zurückströmen, andererseits – über den Weg von Kraftzentralen, die sich auf Grund der Anziehung gleicher Arten bilden – auch über unsere eigene Persönlichkeitssphäre hinaus auf andere Menschen wirken, die ähnliche Gedanken hegen.

4. Wir selbst stehen *über* den Gedanken und müssen uns durchaus nicht zwangsläufig mit ihnen identifizieren.

5. Infolge einer Überbewertung des Verstandesmäßig-Intellektuellen neigt der heutige Mensch im allgemeinen zu egoistischen, triebhaften und gefühlsbestimmten Gedanken, die seinen ursprünglich freien geistigen Willen einengen. Der Weg aus dieser Fehlentwicklung liegt in der Arbeit an sich selbst, die mit der Gedankenreinheit beginnt.

Wie unsere Innenwelt gestaltet wäre, wenn es den Sündenfall nie gegeben hätte, und was uns alles bewußt sein könnte, wenn wir näher „bei uns" wären, wenn die Stimme des Verstandes leiser und die Lebensziele klarer wären, das können wir nur vermuten.

Und wir können auch nur mutmaßen, welches Ende die Parabel finden wird, die uns durch dieses Kapitel begleitet hat. Seien wir optimistisch, was den weiteren Verlauf betrifft …

Der weise Herrscher unserer lichten Heimatwelt hatte uns den Rat gegeben, sorgfältig Buch zu führen über unsere Fahrt der tausend Wochen. Damit wollte uns der König an unsere Herkunft gemahnen und davor bewahren, daß wir unser Inneres allzu sehr mit jenen fremden Landen verbinden. Er begrenzte die Dauer unserer Reise, weil er wußte, daß die Welt, in die wir ziehen sollten, um Erfahrungen zu sammeln, nicht ewig bestehen kann wie sein eigenes lichtes Reich, sondern einem Kreislauf des Werdens und Vergehens unterworfen ist. Und unser weiser Herrscher wußte auch, daß, wer sich jener schweren, fernen Welt allzu eng verbindet, Gefahr läuft, einst *mit* ihr zu vergehen, also qualvoll sterbend das Bewußtsein zu verlieren. Daher hatte er uns dazu ermahnt, niemals unsere Herkunft sowie unseren Auftrag zu vergessen.

Nun aber war geschehen, was nie hätte geschehen dürfen: Wir hatten allen guten Rat mißachtet und uns selbst zum Herrscher gemacht. Der weise König bemerkte das wohl und wurde darob sehr traurig, denn er liebte uns, wollte uns stützen und fördern. Auch sah er, daß nur noch wenig Zeit war, bis jene dunkle Welt vergehen muß, und er unternahm einen letzten Rettungsversuch. In der Hoffnung, daß noch ein Fünkchen Sehnsucht in uns wohnen möge, eine verborgene Erinnerung an unsere wahre Heimat, sandte er einen Boten, der uns den Weg zurückweisen soll.

Nun steht dieser Bote vor uns – aber wie aussichtsreich ist sein Auftrag?

Ist es möglich, eine selbstgefällige Menschheit zu erretten, die sich wohl und glücklich fühlt in ihrer schillernden Welt aller denkbaren Freuden und Genüsse? In der sie selbstgerecht und königgleich herrschen kann, auch ohne an geistige Ziele zu denken? In der die Annehmlichkeiten, bereitet durch eine Heerschar hilfreicher Diener, mahnende Empfindungen unterdrücken?

Besteht unter solchen Umständen noch Aussicht auf ein Umdenken?

Nehmen wir einmal hoffnungsfroh an: ja!

Anmerkungen und Literaturempfehlungen
zu Kapitel 2

1 Das Zitat dieses (namentlich nicht genannten) Journalisten stammt aus einem Bericht von Klaus Kamolz: „Einsteins Hirn", erschienen im Magazin „Format" 26/1999, Verlagsgruppe NEWS GmbH, Tulln. Dieser Beitrag lieferte mir auch die Fakten zur Einleitung des vorliegenden Kapitels.

2 Normalerweise ist der linke, für mathematische und andere logische Fähigkeiten zuständige Scheitellappen kleiner als der rechte.

3 Vgl. Gottfried Derka, Herbert Hacker: „Der Kosmos im Kopf", in: „Format", 42/2000, Verlagsgruppe NEWS GmbH, Tulln

4 Die Neuronen wurden im 19. Jahrhundert als Grundelement der Gehirnsubstanz erkannt. Erst nach und nach erhielt man eine konkrete Vorstellung über die Nervenzellen, deren Zellkörper und die Verlängerungen, den sogenannten „Protoplasmafortsatz".

5 Zitiert aus: Christopher Vasey: „Menschsein – Geist, Seele und Körper im Zusammenklang", Verlag der Stiftung Gralsbotschaft, Stuttgart, 2001

6 Vgl. „Geheimnis Gehirn – wie wir beim Sprechen denken", in: Bild der Wissenschaft 11/1994, Deutsche Verlags-Anstalt GmbH, Stuttgart

7 Der 1929 in Wien geborene amerikanische Gehirnforscher Eric Kandel erhielt im Jahr 2000 für seine Arbeiten über das Gedächtnis den Nobelpreis für Medizin.

8 Vgl. Michael Kneissler: „In drei Sekunden sind Sie ein anderer Mensch!", in: P.M. 7/1997, Verlag Gruner + Jahr, München

9 Dieser „subjektive Moment" kann auch sichtbar gemacht werden; er tritt als sogenannte Oszillation in Erscheinung: Alle beteiligten Nervenzellen „feuern" eine Zehntelsekunde lang im selben Rhythmus, wobei sich im Gehirn eine Art dreidimensionales Wellenmuster bildet, das die Informationen aus Tausenden weiter entfernten Nervenzellen synchronisiert, ehe es „in der Vergangenheit" untergeht und ein neues „Fenster der Gleichzeitigkeit" aufgestoßen wird.

10 Vgl. Gottfried Derka, Herbert Hacker: „Der Kosmos im Kopf", in: „Format", 42/2000, Verlagsgruppe NEWS GmbH, Tulln

11 Vgl. Detlef Heck & Fahad Sultan: „Das unterschätzte Kleinhirn", in: Spektrum der Wissenschaft, Oktober 2001

12 Dieses sogenannte *Hirntodkriterium* ist allerdings nicht unumstritten. Mehr zu diesem Thema findet der interessierte Leser im Themenheft 1/1998 der Zeitschrift „GralsWelt": „Willst du dein Herz mir schenken – Organtransplantation auf dem Prüfstand", sowie in „GralsWelt" Heft 22/2002, Verlag der Stiftung Gralsbotschaft, Stuttgart.

13 Vom Begriff „Ganzkörpertransplantation" sprach zum Beispiel der österreichische Transplantations-Chirurg Raimund Margreiter in einem Interview (vgl.: „Format" 11/2000; Verlagsgruppe NEWS GmbH, Tulln).

14 Axone leiten Signale von Nervenzellen im Gehirn an andere Neuronen, Muskeln und Drüsen. Sie werden bis zu einem Meter lang.

15 Dendriten sind fadenartige Abzweigungen aus dem Zelleib.

16 Synapsen sind Schnittstellen im Gehirn. Hier sorgen sogenannte Neurotransmitter für die Übertragung von Informationen.

17 Ich gehe darauf im zweiten Band dieser Arbeit näher ein.

18 Mehr zu diesem Thema findet der interessierte Leser in meinem Beitrag „Die Psychotricks der Werbewelt", erschienen in der Zeitschrift „GralsWelt", Heft 18/2001, Verlag der Stiftung Gralsbotschaft, Stuttgart.

19 Vgl. Dr. Gerd Harms: „Die gefilterte Wirklichkeit", erschienen in der Zeitschrift „GralsWelt", Heft 7/1998, Verlag der Stiftung Gralsbotschaft, Stuttgart: Grundsätzlich gibt es bekanntlich Menschen, die ihre Entscheidungen vorrangig auf der Basis von Lust und Unlust fällen – ein Prinzip, das eigentlich nur bei Kindern wirksam sein sollte, aber von vielen Zeitgenossen offensichtlich nie überwunden wird –, aber auch andere, die ideellen und sittlichen Werten folgen. Entsprechend wird natürlich immer auch ihre Gedächtnisordnung gestaltet sein.

20 Zitiert aus: Abd-ru-shin: „Im Lichte der Wahrheit – Gralsbotschaft", Verlag der Stiftung Gralsbotschaft, Stuttgart, 1998 (Band 2, „Empfindung")

21 Vgl. Kapitel 4

22 Zitiert aus: Abd-ru-shin: „Im Lichte der Wahrheit – Gralsbotschaft", Verlag der Stiftung Gralsbotschaft, Stuttgart, 1998 (Band 3, „Das Blutgeheimnis")

23 Zitiert aus Christopher Vasey: „Menschsein – Geist, Seele und Körper im Zusammenklang", Verlag der Stiftung Gralsbotschaft, Stuttgart, 2001

24 Wachkoma-Patienten, die wieder aufgewacht sind, berichten, daß sie im Zustand ihres Komas zum Teil hören und fühlen konnten. Vgl. Andreas Séché: „Was ein Mensch im Koma alles erlebt", erschienen in: P. M. 4/1998, Verlag Gruner + Jahr, München. Mehr dazu findet der interessierte Leser auch im „GralsWelt"-Themenheft 19/2007, „In Würde sterben" sowie in der gleichnamigen GralsWelt-TV-Produktion, Verlag der Stiftung Gralsbotschaft, Stuttgart.

25 Bemerkenswerte diesbezügliche Beispiele findet der interessierte Leser bei: Jürgen Neffe: „Hirnverletzungen – Der Schatten der Erkenntnis", erschienen in: „GEO Wissen – Intelligenz und Bewußtsein", Heft 20/1994, Verlag Gruner + Jahr, Hamburg.

26 Zitiert aus: Gisela Lermann (Hrsg.): „Ungeteilt sterben – Kritische Stimmen zur Organtransplantation" (Gekürzte Wiedergabe), Lermann-Verlag, Mainz, 1996

27 Ich habe mich mit dem Vorgang des Todes ausführlich in meinem Buch „Warum wir durch den Tod nicht sterben" beschäftigt: Verlag der Stiftung Gralsbotschaft, Stuttgart, 2002.

28 Vgl. Bettina Recktor: „Der herzlose Tod", erschienen in: „GralsWelt", Heft 22/2002, Verlag der Stiftung Gralsbotschaft, Stuttgart. Mehr zum Thema Transplantationsmedizin findet der interessierte Leser in: A. Bergmann/U. Baureithel: „Herzloser Tod – Das Dilemma der Organspende", Klett-Cotta-Verlag, Stuttgart, 1999

29 Der Satz stammt aus Richard Wagners Libretto zur Oper „Siegfried" und beschreibt die Lebenseinstellung eines habgierigen Riesen, der im nächsten Augenblick allerdings vom Titelhelden des Werkes erlegt wird. Ein Sinnbild für das Schicksal unserer „Spaß-Gesellschaft"?

30 Die sogenannte innere Stimme unterliegt auch noch anderen Einflüssen, auf die an dieser Stelle nicht eingegangen wird.

31 Vgl. Werner Huemer: „Die Wiederkehr Gottes – ein neues Weltbild für das 21. Jahrhundert", Verlag der Stiftung Gralsbotschaft, Stuttgart, 2000

32 Vgl. Arthur Koestler: „Der Mensch – Irrläufer der Evolution", Goldmann, Bern/München, 1981

33 Zum hier so bezeichneten „Gedankennetz" gehören auch noch weitere Einflüsse durch Gedankenformen, auf deren Schilderung an dieser Stelle der besseren Übersicht halber verzichtet wird.

34 Vgl. Kapitel 3

35 Zitiert aus Abd-ru-shin: „Im Lichte der Wahrheit – Gralsbotschaft", Verlag der Stiftung Gralsbotschaft, Stuttgart, 1998 (Band 2, „Das Geheimnis Luzifer")

36 Vgl. Kapitel 1

37 Mit dieser Wechselwirkung beschäftige ich mich eingehender im Kapitel 3.

38 Der hier verwendete Begriff „Verstandeswollen" darf insofern nicht mißverstanden werden, als hätte unser körperlicher Verstand ein eigenes, willensfähiges Bewußtsein. Das ist nicht der Fall; Bewußtsein ist allein eine Eigenschaft unseres geistigen Kerns.

39 Vgl. Martin Schott: „Die Erforschung der Gedanken", erschienen in der Zeitschrift „GralsWelt", Heft 33/2004, Verlag der Stiftung Gralsbotschaft, Stuttgart

40 Zitiert aus: Abd-ru-shin: „Im Lichte der Wahrheit – Gralsbotschaft", Verlag der Stiftung Gralsbotschaft, Stuttgart, 1998 (Band 2, „Gedankenformen")

41 Zitiert aus: Abd-ru-shin: „Im Lichte der Wahrheit – Gralsbotschaft", Verlag der Stiftung Gralsbotschaft, Stuttgart, 1998 (Band 2, „Gedankenformen")

42 Vgl. Martin Schott: „Die geheimnisvolle Macht der Gedanken – Segen oder Verderben?", Verlag der Stiftung Gralsbotschaft, Stuttgart, 2006

43 Streng genommen ist der Begriff „positiv" in diesem Zusammenhang falsch verwendet, denn *positiv* und *negativ* sind Ausdrücke des Schöpfungsprinzips der Dualität, wie männlich/weiblich oder aktiv/passiv. Positiv/negativ hat aber, entgegen dem umgangssprachlichen Gebrauch, nichts mit gut/schlecht zu tun, denn das ganze Dualitätsprinzip wirkt insgesamt – sofern es unberührt von menschlichem Wollen bleibt – *gut*, also aufbauend, fördernd, erhaltend.

44 Zitiert aus: Abd-ru-shin: „Im Lichte der Wahrheit – Gralsbotschaft", Verlag der Stiftung Gralsbotschaft, Stuttgart, 1998 (Band 1, „Das Schweigen")

45 Zitiert aus: Abd-ru-shin: „Im Lichte der Wahrheit – Gralsbotschaft", Verlag der Stiftung Gralsbotschaft, Stuttgart, 1998 (Band 1, „Erwachet!")

46 Zitiert aus: Abd-ru-shin: „Im Lichte der Wahrheit – Gralsbotschaft", Verlag der Stiftung Gralsbotschaft, Stuttgart, 1998 (Band 1, „Der erste Schritt")

Kapitel 3

IM NETZ DER
TRIEBE UND GEFÜHLE

Lesen Sie in diesem Kapitel:

▶ Die Übersexualisierung der Gesellschaft

▶ Geschlechtstrieb und Sexualkraft

▶ Das natürliche Schamgefühl

▶ Natürliche, gesunde Sexualität

▶ Der freie und der gebundene Wille

▶ Wie wir Suchtverhalten erkennen
und überwinden lernen

» Wenn der Rausch der Gefühle

das geistige Sehnen verdrängt,

dann verkümmern

Gewissensbedenken rasch zu

kraft- und belanglosen

Gedanken.

Und der getreue Diener des

menschlichen Vorteilsstrebens,

der Verstand, findet flugs alle

denkbaren Argumente, um von

der „Harmlosigkeit" des

verlockenden Weges zu

überzeugen. «

Kapitel 3

Im Netz der
Triebe und Gefühle

Der junge Mann im Wiener „Swinger Club" ist sich seiner Sache
sicher: Hier, wo man sich im Kreise Gleichgesinnter hüllen-,
schranken- und bedenkenlos ausleben kann, wurzelt der sexuelle
Fortschritt. Er selbst, plaudert der Befragte in die ORF-Fernseh-
kamera, habe „schon eine entsprechende Bewußtseinsstufe erreicht". Seine Freundin brauche da vielleicht noch ein wenig Zeit
– bis auch sie alle inneren Hemmungen endgültig überwunden
und es als Selbstverständlichkeit begriffen haben wird, daß ideen-
reiche „Spielvarianten" oder fallweise ein Partnerwechsel dem Sexualleben erst den richtigen „Kick" geben …

Ein kleiner Fernseh-Blick durchs Schlüsselloch, eine Mo-
mentaufnahme aus einer Gesellschaft, in der seit Mitte des 20.
Jahrhunderts unter dem Titel der „sexuellen Revolution" gezielt
Tabus gebrochen sowie sittliche Traditionen über Bord gewor-
fen werden und das Prinzip des Auslebens – ein Großversuch
freilich, dessen Folgen noch nicht absehbar sind – als Königsweg
empfohlen wird …

Natürlich ist nicht jeder schon „so weit" wie jener junge
Mann, der munter in aller Öffentlichkeit über seine Neigungen
plauderte. Die meisten Menschen pflegen noch einen gewissen In-
timbereich, und der Geschlechtstrieb vibriert um so stärker, je
anonymer das Umfeld ist, in dem er sich austoben kann. Aber
längst geht es nicht mehr nur um einzelne, für die der Begriff
„Scham" zum Fremdwort geworden ist: Sogenannte Erotik-

Talkshows gehören zu den Erfolgsprogrammen vieler TV-Sender und erzielen hohe Einschaltquoten, „Erotik- und Lifestyle-Messen" finden ob des großen Zustroms immer häufiger statt, und der einschlägige Fachhandel verdient sich durch Selbstbedienungsshops und vor allem im Postversand „goldene Nasen".[1]

Die Macht der Triebe und Gefühle

Aber wie sind wir eigentlich in dieses Programm geraten? Warum geht es hier plötzlich um Sexualität und Sinnenrausch?

Nun, alles, was mit Trieben und Gefühlen zu tun hat, gehört ohne Frage zu den mächtigsten „Impulsgebern" unserer Innenwelt. Wenn wir uns bisher mit dem Wesen und Wirken unserer Gedanken beschäftigt haben, also mit Arbeits- und Steuerprinzipien des Gehirns, aber auch mit der Wirklichkeit feinstofflicher Gedankenformen; wenn wir des weiteren feststellen konnten, daß unser Ich den Verstand *führen* muß, seinem Diener also nicht untertan sein darf, so ließ dieser erste Blick über Zusammenhänge in unserem Seelenleben doch etwas Entscheidendes unberücksichtigt: die Macht der Triebe und Gefühle, die unser Menschsein ja in unzähligen Situationen entscheidend mitbestimmt und prägt. Ein heißes Thema, im Rahmen dessen die Sexualität natürlich eine zentrale Rolle spielt. –

Doch vorerst stehen grundsätzliche Fragen um das *Wesen* unserer Triebe und Gefühle im Raum, denen wir uns wenigstens überblicksmäßig widmen wollen: Woher stammen und wie entstehen sie? Sind wir abhängig vom Einfluß der Triebe und Gefühle – oder kann der menschliche Geist sich frei über sie erheben?

Solche Fragen stellt man sich gewiß nicht ohne Grund. Denn wie oft helfen gerade starke Gefühle den uns eigenen Erlebnishunger zu stillen! Ohne sie würde unser irdisches Dasein farb- und klanglos, öde und leer sein – sofern unser Leben ohne Gefühle überhaupt vorstellbar ist. Aber sosehr wir Menschen unsere Gefühle brauchen, so mag uns doch etwas mulmig zumute werden, wenn wir erkennen, wie abhängig wir bisweilen von ihnen sind.

Es regt sich etwas in uns gegen allzu starke „Wallungen"; wir befürchten vielleicht sogar, uns im Netz der Gefühle zu verstricken.

Gefühle erfüllen wichtige Funktionen und dienen der Gesunderhaltung unseres Körpers.

Warum das so ist, läßt sich auf Grund dessen, was im vorangegangenen Kapitel zur „inneren Stimme" gesagt wurde, vielleicht schon erahnen: Gefühle sind *körperlichen* Ursprungs, sie gehen aus einer Wechselwirkung zwischen Nervenreizen und Gehirntätigkeit hervor. *Wir* aber, unser Geist ist *immaterieller* Natur; er ist dem Körperlichen im Erdenleben zwar aufs engste verbunden, selbst jedoch von einer anderen Wesensart. Gefühle sind – im Gegensatz zu Empfindungen – immer körperbezogen, sie hängen, wie das Wort schon zeigt, mit dem *Fühlen* zusammen, und sie können von uns naturgemäß um so intensiver erlebt werden, je stärker wir uns der Bindung an das Physische hingeben. Gleichzeitig aber drängt es unseren Geist auf Grund seiner eigenen, nicht-physischen Wesensart nach Freiheit und Unabhängigkeit: Wir wollen die Erdenwelt also mit all ihren intensiven Schwingungen erleben und auskosten, ja, wir brauchen Gefühlsgipfel wie Lust und Schmerz sogar, doch wir wollen uns nicht an sie binden.

Daher die Zwiespältigkeit gegenüber der körpergebundenen – und zugleich an den Körper bindenden – Macht der Gefühle, die so manch sensibler Mensch in sich verspürt! Wobei er mit diesem Feinempfinden meist auf sich selbst gestellt bleibt, denn in unserer Gesellschaft sind Vorbehalte gegenüber einem allzu gefühlsbetonten Leben derzeit kein Thema. Der heutige Zeit-Ungeist drängt stetig nach neuen „Gefühls-Kicks" und verbreitet unbeirrbar Jubel, Trubel, Heiterkeit – allenfalls mit einigen Stunden Programmunterbrechung, wenn Schreckensmeldungen über Katastrophen, Krieg und Terror ein Innehalten gebieten. Und selbst Zeitgenossen, denen ihre geistige Entwicklung ein Anliegen ist, verschreiben sich manchmal einem „überirdischen" Schwelgen in Wohlgefühlen. Gerade esoterisch-spirituell ausgerichtete Menschen neigen oft dazu, sich in Wolken aus Tönen und Düften hineinfallen zu lassen, ohne zu wissen, daß das körperverbundene Gefühl nicht mit der geistigen Empfindung gleichzusetzen ist. Wer sich seinen Gefühlen hingibt, folgt damit längst nicht immer der inneren Stimme!

Es geht hier aber nicht darum, Entwicklungen oder Bemühungen zu verurteilen. Wenn jemand seine Gefühlswelt harmonisieren und pflegen will, kann das durchaus in Ordnung sein. Nur sollte die Beschäftigung mit den vielfältigen körpereigenen Reizfluten nicht zum Selbstzweck werden. Vielmehr ist es nötig, dem Menschsein in seiner ganzen Vielfältigkeit gerecht zu werden: Von unserem Wesen her sind wir *geistig* – und damit natürlich unabhängig von den Trieben und Gefühlen des Körpers. In der physischen Realität aber sind wir ihnen sehr wohl verbunden, und zwar untrennbar. An dieser Tatsache vorbeileben zu wollen, hieße sich dem entgegenzustellen, was uns als Natur mit in die Wiege gelegt ist.

Zum physischen Menschsein gehört nun einmal, daß wir es mit zahlreichen natürlichen Gefühlen und Trieben zu tun haben, also mit ganz bestimmten, biologisch vorgegebenen „Auslösern", die einen Drang beziehungsweise ein entsprechendes Verhalten bewirken. Man denke in diesem Zusammenhang zum Beispiel an die Bedeutung des Schmerzes, eines besonders starken – und gleichermaßen unbeliebten – Gefühles, das uns eindringlich Störungen im Körperhaushalt zu Bewußtsein kommen läßt.

Wie bedeutend das Schmerzgefühl für den Menschen ist, zeigt sich bei Patienten, die von Geburt an „schmerzblind" sind, also Verletzungen oder Entzündungen nicht spüren können. Der bekannte Gehirnforscher Prof. Ernst Pöppel beschrieb diese Krankheit in seinem Buch „Lust und Schmerz" anhand eines Fallbeispiels:

> *„Nehmen wir als Beispiel einen wohldokumentierten Fall einer Arzttochter, für die Schmerz ein unbekanntes Gefühl war. Dieses Mädchen biß sich ihre Zungenspitze ab, ohne es zu fühlen. Sie zog sich häufig Verbrennungen am Herd zu, ohne*

*darunter zu leiden. Sie konnte ihre Hände längere Zeit in Eis-
wasser oder in heißes Wasser halten, ohne dabei etwas zu spüren. In Experimenten mit elektrischen Reizen konnte sie
Stromstärken aushalten, die jeden Menschen, der über normale Schmerzempfindung verfügt, in Panik versetzen würden.
(...) Aufgrund dieser Schmerzblindheit stellten sich bei ihr
schließlich ernsthafte medizinische Probleme ein. Besonders
auffallend waren krankhafte Veränderungen an den Knien.
Da sie keine Schmerzen spürte, blieb sie immer in der gleichen
Stellung stehen, so daß ihre Gelenke einseitig belastet wurden.
Durch Gewichtsverlagerungen, die automatisch ausgelöst werden, wenn die Knie zu schmerzen beginnen, vermeidet der Gesunde solche einseitigen Belastungen und dadurch Gelenkent-
zündungen. Es ist anzunehmen, daß das Fehlen von Schmerz
für dieses Mädchen der Grund war, daß es relativ jung starb,
da massive Infektionen schließlich von den Ärzten nicht mehr
unter Kontrolle gebracht werden konnten."*[2]

Die körperlichen Gefühle erfüllen also wichtige Funktionen und
dienen damit der *Gesunderhaltung* unserer physischen Hülle.
Wobei in diesem Zusammenhang durchaus nicht nur der Schmerz
eine Rolle spielt. Gleichermaßen lebenswichtig sind alle angeneh-
men, wohltuenden Gefühle.

Im direkten Zusammenhang mit Gesundheit und Wohlergehen und dem primären Ziel des Überlebens sind auch die natürlichen *Triebe* unseres Körpers zu sehen. Dieser verlangt nach
Ruhe und Schlaf, aber auch nach Bewegung und Aktivität; nach
Flüssigkeits- und Nahrungsaufnahme, wie nach Blasen- und
Darmentleerung. All diese körperlichen Triebe führen zu entsprechenden Gefühlen und Gedanken, die sich uns ins Bewußtsein
drängen – und lösen Handlungen aus, die den Trieb befriedigen.

Man könnte hier in gewissem Sinne also tatsächlich von einer
Abhängigkeit des Geistes sprechen, die allerdings einfach in der
Natur der Sache liegt: Wenn wir in der physischen Welt leben,
dann sind wir deren Notwendigkeiten unterworfen – was uns jedoch kein Opfer abverlangt, denn die Befriedigung jedes körper-

lichen Triebes wird bekanntlich als angenehm empfunden, und der Mensch leistet diesen süßen „Tribut an die Natur" im allgemeinen recht gern. Zudem hat diese „Abhängigkeit" klare Grenzen. Sie werden deutlich, sobald man bei der Entwicklung von Gefühlen das bewußte, entscheidungsfähige menschliche Ich mit in Betracht zieht:

Alle primären körperlichen Triebe lassen, vom Verstand gelenkt, machtvolle Gefühle entstehen, die wiederum entsprechende Gedanken auslösen. Bis hierhin handelt es sich um rein physische Vorgänge, die uns die „Maschinerie" des Tagbewußtseins übermittelt. Dann jedoch liegt es an uns, mit den triebhaften Gedanken entsprechend unserer *Geistesart* umzugehen. Beispielsweise kann man den natürlichen Drang zur Nahrungsaufnahme in kultivierter Art durch eine gepflegte Form des Speisens befriedigen und ihn dadurch veredeln. Das körperliche Gefühl arbeitet in diesem Fall der dem Schönheitssinn verpflichteten geistigen Empfindung als *Werkzeug* zu.

Wenn man hingegen den Drang zur Nahrungsaufnahme ohne geistige Steuerung zur bloßen Gier verkommen läßt, kann sich das Natürlich-Angenehme einer Triebbefriedigung mit der Zeit zum handfesten „Hang" steigern, zu einer lustvollen, aber eben auch den freien Geist versklavenden Abhängigkeit, die jede Empfindung verdrängt. Von dieser Gefahr wird noch die Rede sein.

Geschlechtstrieb und Sexualkraft

Schalten wir vorerst aber nochmals zurück zum „Swinger Club", wo man „ein wenig Spaß miteinander haben", die Sexualität auskosten und den Trieb im Überschwang der Gefühle ausleben will. Hat jemand gegen derlei Ansinnen etwas einzuwenden? Will der Geschlechtstrieb nicht befriedigt werden wie alle anderen körperlichen Triebe auch? Und ist es nicht ganz natürlich, ein Ausdruck menschlicher Kreativität gewissermaßen, wenn man verschiedenste „Spielarten" des geschlechtlichen Verkehrs kultiviert? Setzen wir uns im Bereich der Sexualität nicht völlig zu Unrecht Anstandsgrenzen, während das Ausleben dieses Triebs doch so natürlich ist wie zu essen und zu trinken?

Die Beantwortung dieser Fragen hängt

Triebe lassen machtvolle Gefühle und Gedanken entstehen. Dann jedoch liegt es an uns, damit nach Geistesart umzugehen.

freilich nicht nur vom konkreten Wissen um die seelischen Zusammenhänge, sondern ganz entscheidend auch von unserem Weltbild ab. Ohne den Sinn und die Aufgaben zu kennen, die mit unserem Menschsein verbunden sind, ist eine gültige Bewertung gesellschaftlicher Bestrebungen nicht möglich, und alle ethisch-moralischen Diskussionen drehen sich im Kreis. Wo das Ziel nicht in Sicht ist, läßt sich endlos über Möglichkeiten, Richtungen und Wege streiten. Wir werden daher auch unsere Betrachtungen über den Geschlechtstrieb nicht losgelöst von den übergeordneten geistigen Aspekten anstellen können. –

Was unseren Körper anbelangt, so gibt es natürlich eine Gleichart, die den Geschlechtstrieb mit anderen Reizauslösern verbindet. Hier wie dort steht eine Forderung der Natur im Raum, die zum Leben in der physischen Welt gehört und erfüllt werden will. Zwar dient der geschlechtliche Verkehr nicht, wie Speise und Trank, unmittelbar dem persönlichen Überleben, immerhin aber der Erhaltung unserer Art.

Über diesen Unterschied dürfen wir allerdings nicht achtlos hinwegsehen. Er ist wesentlich, denn er berührt auch unsere Möglichkeiten, mit dem Geschlechtstrieb umzugehen. Während nämlich alle primären, körpererhaltenden Triebe *direkt* als Gefühle und Gedanken in unser Bewußtsein und nach Befriedigung drängen, ist es beim Geschlechtstrieb anders. Hier lösen erst unsere *Gedanken* die diesbezüglichen Gefühlswallungen aus.

Konkret: Jeder reife Körper entwickelt ein durchaus gesundes Verlangen nach geschlechtlicher Betätigung, einen ausgeprägten Trieb, der allerdings immer erst durch entsprechende Gedanken angeschlagen wird, also *durch unser Wollen* zur Auswirkung kommt. Dabei stellt sich dann leicht der bekannte Aufschaukelungseffekt ein: die Gedanken wirken auf die Nerven, erzeugen intensive Gefühle, diese regen rückwirkend zu erhöhter Gedankentätigkeit an – Phantasien blühen auf, steigern ihrerseits wiederum das Verlangen usw.

Jedenfalls sind wir dem Geschlechtstrieb unseres Körpers keineswegs von vornherein macht- und verantwortungslos ausgeliefert, sondern haben die Möglichkeit, kontrollierend und richtungweisend auf ihn einzuwirken.

Und noch ein weiteres unterscheidet den Geschlechtstrieb von den anderen körperlichen Trieben: es ist ein ganz besonderer „Stoff", durch den er seine Befriedigung findet – angesprochen ist die *Sexualkraft.*

An diesem Punkt müssen wir unsere Betrachtungen allerdings über das Körperliche hinaus erweitern und uns einmal mehr vergegenwärtigen, daß unser Menschsein sowohl physische als auch nichtphysische Wirklichkeiten umfaßt. Wie aber stehen diese unterschiedlichen Ebenen miteinander in Verbindung?

Es liegt nahe, daß es verschiedener „Brücken" bedarf, um die unterschiedlichen „Ufer" der geistigen und der physischen Welt miteinander zu verbinden. Man könnte vielleicht auch von *Katalysatoren* sprechen, die eine Kontaktwirkung ermöglichen, oder von *Strahlungsbrücken,* wie Abd-ru-shin in seiner Gralsbotschaft.

Deren Erklärungen zufolge bildet die Sexualkraft im Erdenleben die wichtigste Strahlungsbrücke, die es unserem Geist ermöglicht, sich bewußt und richtungweisend im physischen Körper zu betätigen. Sie schmiedet uns zur unteilbaren Einheit von Geist, Seele und Körper und stellt uns mit allen Fasern unserer Persönlichkeit hinein in das pulsierende Leben dieser Welt.

Voll und ganz in dieser umfassenden „Lebenskraft" zu stehen und aus ihr heraus zu wirken – ein Zustand, der einhergeht mit freier Entschlußmöglichkeit, aber auch mit uneingeschränkter Selbstverantwortung –, das unterscheidet demnach den erwachse-

114

nen Menschen vom unmündigen Kind. Und langsam Kontakt zu dieser gewaltigen Kraft zu finden – darin liegt das Wesen der Pubertät, die jeder Mensch durchläuft, sobald sein Körper dazu reif und fähig ist, diese Strahlungsbrücke zu produzieren.

„Ein Mensch auf Erden, der geistig hoch und edel wäre und der deshalb mit hoher, geistiger Liebe zu seinen Mitmenschen käme, würde diesen fremd bleiben, innerlich nicht nahekommen können, sobald seine Sexualkraft ausgeschaltet wäre. Es würde dadurch zum Verstehen und seelischen Nachempfinden eine Brücke fehlen, demnach eine Kluft sein."[3]

Die *Sexualkraft* im Sinne der Gralsbotschaft gewährleistet also zwar eine innige Verbindungsmöglichkeit zwischen uns Menschen, jedoch in *ganzheitlicher* Art; sie hat indes nur bedingt mit dem Geschlechtstrieb zu tun. Dieser erwacht im Körper ebenfalls während der Pubertät, und er findet dann auch seine Befriedigung in einer *Konzentration* des intensiven Erlebens, das die Sexualkraft ermöglicht. Allerdings erlischt der Geschlechtstrieb normalerweise im höheren Alter, während die Sexualkraft dem Menschen bis zum Lebensende ihre Dienste leistet. Selbst ein Greis kann bekanntlich noch agil und aktiv sein, voll im Leben stehen, während geschlechtliche Bedürfnisse für ihn längst keine Rolle mehr spielen.

Die Trennung zwischen den beiden Begriffen Sexualkraft und Geschlechtstrieb wurde hier jedoch nicht herausgearbeitet, um eine Unterscheidung im Sinne von „guter" Sexualkraft und „üblem" Geschlechtstrieb zu treffen. Das wäre Unsinn, denn beides hat seine Berechtigung und ist von Natur aus förderlich.

Vom „Auskosten" der Sexualität

Haben also die Vorantreiber der „sexuellen Revolution" recht, wenn sie das möglichst uneingeschränkte Auskosten und Ausleben propagieren? Denn warum soll diese Entwicklung eigentlich schlecht sein? Haben wir Menschen noch nicht genug unter dem Joch falscher Moralvorstellungen und einer Verteufelung des Ge-

Haben die Vorreiter der „sexuellen Revolution" recht, wenn sie das uneingeschränkte Auskosten und Ausleben propagieren?

schlechtstriebs gelitten? Wurden durch welt- und lebensfremde religiöse Gebote nicht generationenlang sinnlose Gewissenskonflikte provoziert, indem sexuelle Lustgefühle zur Sünde erklärt oder als Irrweg eingestuft wurden, der zwangsläufig weg vom Schöpfer führen muß? Sollten wir uns nicht ein für allemal und nach Kräften allen engstirnigen, körperfeindlichen Ansichten entgegenstellen?

Tatsächlich stehen sich in der großen Frage nach dem richtigen Umgang mit dem Geschlechtstrieb seit langem zwei ziemlich verfehdete Lager gegenüber: Hier die lautstarke Angriffsfront jener, die für noch mehr Freizügigkeit in Pornofilmen antreten, die Prostitution als notwendiges Ventil für triebgeplagte Zeitgenossen begrüßen oder andere, wenn diese für Anstand und Sitte eintreten, kurzerhand der Verklemmtheit oder Doppelmoral bezichtigen. Und auf der Verteidigungsseite finden sich alle, die bei bestem Willen nicht begreifen können, wie man das gezielte Beiseiteräumen von Scham als Fortschritt feiern und sich ohne Röte im Gesicht mit Haut und Haaren dem Lustprinzip verschreiben kann; wie eine hemmungslose Übersexualisierung sich der gesamten Gesellschaft bemächtigt.

Zwischen den Fronten aber steht – wie zumeist in solchen Fällen – die unentschlossene, schweigende Mehrheit: Man verurteilt zwar halbherzig so manche Entwicklung und schüttelt zuweilen auch in plakativem Engagement die Köpfe, wenn sich einer der professionellen Tabubrecher mit seinen Ansichten oder Aktionen zu weit aus dem Fenster lehnt; man ahnt auch noch von ungefähr, was Schamgefühl ist – aber man konsumiert selbst alles, was Spaß macht.

Das Ausleben des Lustprinzips ist ohnehin schon mehr oder weniger gesellschaftsfähig geworden und spielt sich allenfalls halbheimlich ab: Da wird der Briefträger vielleicht besonders reich mit

116

Trinkgeld bedacht, wenn er den absenderlos verschickten, diskret braunen Versandkarton aus dem Beate-Uhse-Lager zustellt, oder das Gespräch im Kiosk verlagert sich leidenschaftlich auf das freundliche Wetter, während die Verkäuferin das „Playboy"-Heft in die Tüte steckt. Mehr scheint zur Befriedung der Scham nicht nötig. Man konsumiert – weshalb auch nicht? Ja, warum eigentlich sollen wir die Möglichkeiten eines konzentrierten Genusses von Sexualkraft nicht uneingeschränkt auskosten?

Aus einer Sicht, die nicht nur Sinnesfreuden im Auge hat, sondern vor allem auch geistige Ziele, gibt es auf diese Frage eine recht einfache und kurze Antwort: Sich bedingungslos Gefühls-wallungen zu verschreiben – was, wie wir noch sehen werden, sehr schnell zu Abhängigkeiten führt – verträgt sich nicht mit der Bestimmung unseres Menschseins, die zur inneren Entwicklung, Veredelung und Freiheit führen will.

Freilich wird man mit einer solchen Argumentation Gefahr laufen, als ewig-gestriger Moralapostel an die Wand gestellt zu werden. Aber es geht nicht darum, irgendeine erzkonservative Meinung zu vertreten, sondern schlicht und einfach das, was in der Natur des Menschseins liegt. Und hier zeigt sich neben der Sexualkraft und dem Geschlechtstrieb noch ein dritter Begleiter im Bunde, dem wir Rechnung zu tragen haben: das natürliche *Schamgefühl!*

Das natürliche Schamgefühl

Über das Schamgefühl spricht der moderne Mensch des 21. Jahrhunderts nicht gern, und wenn, dann zumeist abfällig. Während in unserer Gesellschaft das Vokabular zur Beschreibung von Lustgefühlen immer reichhaltiger wird – vor allem in der Jugendsprache werden kritiklos zwielichtige Ausdrucksweisen gepflegt[4] –, steht alles, was mit Schamhaftigkeit zu tun hat, vollkommen im Abseits – so, als wäre dieses Gefühl tatsächlich ein sinnloses, überholtes, letztlich durch unnatürliche Moralvorstellungen geprägtes Übrigbleibsel aus dem tiefsten Mittelalter.

Wohin entwickelt sich eine Gesellschaft, in der die gezielte Ertötung des Schamgefühls der Fernseh-Unterhaltung dient?

Mit dieser Bewertung verkennt man das Schamgefühl jedoch vollkommen. Es erwacht – wie man in der Entwicklung eines Kindes beobachten kann – in natürlicher Weise *zugleich* mit dem Geschlechtstrieb und der Sexualkraft; es braucht nicht erst angelernt oder erzieherisch eingetrichtert zu werden, sondern gehört zur Grundausstattung der menschlichen Psyche. Und das nicht von ungefähr, denn die Scham erfüllt eine wichtige, über sexuelle Kontakte weit hinausgehende Funktion: Sie hilft dem Menschen in jeder Hinsicht dabei, sein Eigenpersönliches zu bewahren. Sie schützt in umfassender Weise davor, sich selbst *zu sehr* zu öffnen, notwendige zwischenmenschliche Schranken hochzuziehen oder seine Intimsphäre preiszugeben (was natürlich nichts mit falscher Abkapselung zu tun hat). Die feinsinnige Wachsamkeit, die mit der Scham einhergeht, kann sich in der Wortwahl[5] ebenso zeigen wie in der Art des Verhaltens, der Körpersprache usw. Aber die Scham bildet in ihrer Art eben auch einen Schutzwall gegenüber dem Geschlechtstrieb, der den erwachsenen Menschen seinerseits ja machtvoll zur sexuellen Vereinigung drängen kann.

Körperlich zeigt sich die Scham also als natürliches, wertvolles Gefühl – aber ihre Wurzeln reichen tiefer, bis in das Seelisch-Geistige hinein. Denn auch in diesen Ebenen geht es für den Menschen darum, sein „Ich", seine Eigenpersönlichkeit schützend zu bewahren; anders wäre eine Entwicklung des eigenen Bewußtseins überhaupt nicht denkbar.[6] Daher ist Scham nicht nur irgendein Gefühl, sondern der Ausdruck eines ursprünglichen geistigen *Bedürfnisses*, einer echten *Empfindung*, die im Leben einen hohen Stellenwert genießen sollte.

Aus geistiger Sicht können Hemmungen also durchaus ihren Wert haben, und man sollte sich darüber Gedanken machen, wohin eine Gesellschaft sich entwickelt, in der die gezielte Ertötung

118

des Schamgefühls, der voyeuristische Blick in die Intimsphäre anderer Menschen, den Stoff für Fernseh-Unterhaltung liefert. – Jedenfalls umfaßt eine *natürliche* geschlechtliche Beziehung neben der Sexualkraft und dem Geschlechtstrieb auch das Schamgefühl. Dieses spürt jeder Mensch normalerweise ohnehin bis in die Fingerspitzen – sofern er es nicht in falschem Fortschrittsglauben bewußt überwinden will oder es ihm nicht schon als Kind durch „aufgeklärte" Erwachsene *ab*erzogen wurde.

Natürliche, gesunde Sexualität

Damit sind wir nun bei einer zentralen Frage angelangt: Wie gestaltet sich eine gesunde, natürliche sexuelle Beziehung?

Aus der bekannten menschlichen Sittengeschichte lassen sich diesbezüglich keine wirklich klaren Anhaltspunkte ableiten. Wer sie näher betrachtet, muß zum Schluß kommen, daß es stets die unterschiedlichsten Ideale gab, von den Moraldogmen geistlicher „Lustverhüter" bis hin zu den liberalen Ideen der sexuellen Revolution, von freimütig geschilderten romantischen Wonnen im „Hohelied" des Alten Testaments („Komm, mein Freund, laß uns aufs Feld hinausgehen und unter Zyperblumen die Nacht verbringen. Dir will ich meine Liebe schenken!") bis hin zum Sittenfanatismus im 19. Jahrhundert.[7]

Es wäre wohl auch vermessen, eine allgemeingültige Gebrauchsanweisung zur „idealen sexuellen Beziehung" anzubieten, denn im Detail gibt es dabei so viele unterschiedliche Wege wie Menschen. Doch lassen sich auf der Basis des bisher zu Sexualkraft, Geschlechtstrieb und Schamgefühl Gesagten einige Schlußfolgerungen und Leitsätze formulieren, die eine gewisse Allgemeingültigkeit für sich in Anspruch nehmen können:

• *Geschlechtliche Enthaltsamkeit ist unnatürlich*
Der vielleicht wertvollste Gedanke, der durch die „sexuelle Revolution" Verbreitung fand, liegt darin, daß der Geschlechtstrieb – wie jeder andere körperliche Trieb auch – etwas an sich ganz Na-

türliches, Wertvolles und Gutes ist. Ein seelisch gesunder Mensch sollte keinen Grund haben, ihn zu fürchten oder sich in starrer Selbstzucht gar der Enthaltsamkeit zu verschreiben.

• Es geht nicht nur um die Zeugung!

Außer Frage sollte auch stehen, daß geschlechtlicher Verkehr keine Angelegenheit ist, die nur der Erhaltung der Art dient, also der Zeugung von Nachkommen. Diese vor allem von der christlichen Kirche über Generationen gelebte Vorstellung hat weder eine biologische Basis[8] noch einen Ankergrund in der Lehre Jesu[9]. Man weiß heute längst, daß ein erfülltes Sexualleben von großer Bedeutung für die allgemeine Harmonie in einer Familie ist. Zudem geht es dabei auch um eine gegenseitige Förderung und Stärkung auf der feinstofflichen Ebene. Denn, so heißt es in der Gralsbotschaft, es ...

„... hat die körperliche Vereinigung nicht nur den Zeugungszweck, sondern es soll dabei der nicht minder wertvolle und notwendige Vorgang einer innigen Verschmelzung und eines Austausches gegenseitiger Fluide zu höherer Kraftentfaltung erfolgen.“[10]

• Die beste Basis: Liebe und Harmonie

Wenn, wie wir wissen, die triebhafte Veranlagung eines jeden Menschen anders ist und auch Alter, Temperament, Lebenssituation u. ä. entscheidende Einflüsse auf den Geschlechtstrieb ausüben, so können schon daher keine allgemeingültigen Regeln oder Patentrezepte für die geschlechtliche Betätigung aufgestellt werden. *Eine* Basis allerdings sollte in jedem Fall gegeben sein: die seelische Harmonie zwischen den Partnern – und zwar nicht nur als fallweise Begleiterscheinung, sondern in viel tieferer Art.

Wenn wir davon ausgehen, daß das Schamgefühl – etwa im Sinne zarter Rücksichtnahme gegenüber den Bedürfnissen und/ oder Vorbehalten des anderen – auch innerhalb jeder Partnerschaft eine tragende Rolle spielt, dann muß es natürlich einen Auslöser geben, der jene hemmende Schranke hebt, die normalerweise die Intimität einer geschlechtlichen Vereinigung von selbst verbietet.

Der Schlüssel dafür liegt im Begriff der *Harmonie!* Doch diese kann nicht erkämpft, verordnet oder erzwungen werden. Sie stellt sich von selbst ein, sofern die Bedingungen für sie gegeben sind. Wobei erstens Partner mit einander *ergänzenden* seelischen Eigenschaften vorausgesetzt werden dürfen (denn anders kann Harmonie nicht entstehen) und zweitens ein besonderer, verbindender Kraftquell zwischen den Geschlechtern fließt: *die Liebe.* Es bietet sich damit im Hinblick auf den Mechanismus der Trieb*auslösung* eine ebenso unmoderne wie zeitlose Alternative zur heutigen sexuellen Reizflut. Und die Basis von Harmonie und Liebe hat auch den Vorteil, daß die Gedanken in der Erfüllung des Geschlechtstriebes naturgemäß edlere Formen zeugen.

• *Keine Überbewertung des Geschlechtstriebes*
Wie in allen Bereichen des Lebens, gilt auch für den sexuellen Verkehr: jede Übertreibung schadet! Wer geschlechtliche Betätigung als etwas ganz Natürliches betrachtet, das die Entwicklung des Geistes fördern kann und soll, muß deshalb ja noch lange keinen falschen Kult um seinen Trieb entwickeln oder nach mehr und immer mehr streben.

Nicht möglichst vibrierende erotische Phantasien, der Reiz eines Partnerwechsels oder immer neue „kreative Lustideen" führen – wie das Sexualtherapeuten heute manchmal glauben machen wollen – zu einer sinnvollen Entwicklung des Geschlechtslebens. Wer darin nach Veredelung strebt, braucht in erster Linie nur eins zu tun: sein Schamgefühl kultivieren!

Die fehlende Selbstreflexion

Wenn wir diesen Rat allerdings unserem jungen Mann aus dem „Swinger Club" geben wollten, würden wir vermutlich nicht auf allzu viel Gehör stoßen. Denn die Sehnsucht nach Geistesfreiheit und Förderung der Scham, der Wunsch, tiefe Liebe und Harmonie zu erleben – was bedeuten solche Ideale jemandem, der sich für handfeste Sinnenfreuden entschieden hat und dort seine „Freiheit" sucht?

„Für mich ist das Hier und Jetzt des Genusses entscheidend, die prickelnde Erotik, das Schwimmen im Meer des Gefühls", so mag er argumentieren – dem schwärmerisch-schwülen „Tristan-Motto" verpflichtet: Ertrinken, versinken/unbewußt, höchste Lust![11]

Wenn der Rausch der Gefühle das geistige Sehnen verdrängt, dann verkümmern Gewissensbedenken rasch zu kraft- und belanglosen Gedanken. Und der getreue Diener des menschlichen Vorteilsstrebens, unser Verstand, findet flugs alle denkbaren Argumente, um andere – und auch das eigene Ich – von der „Harmlosigkeit" des verlockenden Weges zu überzeugen.

„Ich finde nichts Schlechtes daran, alle meine sexuellen Bedürfnisse auszuleben. Jeder Mensch hat doch das Recht, so zu leben, wie er will, und jeder ist für sich selbst verantwortlich!"

Ja, diese Verantwortung gilt aber auch für unsere Innenwelt! Alle Gedanken, die wir mit unserem „glühenden Wollen" beleben, werden zu feinstofflichen Formen, die mit uns verbunden bleiben, spürbar alle unsere Entschlüsse in einer bestimmten Richtung beeinflussen und auch auf andere Menschen wirken! Und Gedankenformen aus dem sinnlich-sexuellen Bereich sind von dunkler Art, wenn sie nicht im Licht seelischer Liebe erstrahlen!

„Das mag ja sein. Aber in dieser Gedankenwelt zu leben macht mir Spaß! Und allen Gleichgesinnten auch!"

Wahrscheinlich würden wir unseren jungen „Swinger" auch mit vielen weiteren Argumenten nicht überzeugen können. Denn mächtig drängende Gefühlsregungen, wie sie aus einem gezielt gesteigerten Geschlechtstrieb resultieren, lassen sich durch feinsinnige Gedanken nicht aufwiegen und verhindern jede sachliche Selbstreflexion.

Eben diese Tatsache macht ja auch ein Umdenken auf gesellschaftlicher Ebene so unwahrscheinlich. Wo die Fähigkeit fehlt,

Wert und Unwert klar zu unterscheiden, dort wird nicht viel gedacht – und noch weniger erkannt. Aber wohin soll die wie von unsichtbarer Hand

Zieht das enthemmte Ausleben und Fördern sexueller Begierden wirklich keinerlei unliebsame Folgen nach sich?

vorangetriebene Übersexualisierung führen? Zeitigt das enthemmte Ausleben und Fördern sexueller Begierden wirklich keinerlei unliebsame Folgen?

Doch! Wer sich darüber klar geworden ist, daß alle „lebensdurchglühten" Gedanken (wozu sexuell motivierte freilich in erster Linie zählen!) zur feinstofflich geformten *Wirklichkeit* werden und dort immer mächtigere Zentralen bilden, wird nicht mehr nur den momentanen Lustgewinn in Betracht ziehen. Denn die gedanklich geprägte feinstoffliche Umwelt (oder Innenwelt) zeigt sich nicht nur in dem, was man gemeinhin als „Zeitgeist" beschreibt, sondern sie treibt auch Prozesse voran, deren Endauswirkungen erst in Ansätzen sichtbar werden.

Bedenkliche Entwicklungen

Unverkennbar ist, daß der Geschlechtstrieb als (Mit-)Ursache für viele seelische Probleme betrachtet werden muß. Einen wirklich unbeschwerten Umgang mit ihm scheint uns auch die „sexuelle Freiheit" nicht zu eröffnen. Im Gegenteil: Sobald es nicht mehr um das Abschütteln bornierter Verklemmungen geht oder um die Befreiung von falschen gesellschaftlichen Konventionen, sondern das Ziel im *Überwinden* von Sitte und Scham gesehen wird, nehmen die Schwierigkeiten ja fast zwangsläufig zu. Denn je weiter sich etwas vom Natürlichen entfernt, desto problematischer ist es, damit umzugehen, es also harmonisch in das Alltagsleben zu integrieren.

Ich erinnere mich zum Beispiel an zwei Erlebnisse während einer Vortragsreise vor einigen Jahren: Am späten Abend stolperte ich beim Fernsehen im Hotelzimmer in einen haarsträubenden Werbespot, in dem zwei homosexuelle Männer auftraten. Einer von ihnen sagte sinngemäß: „Vergangene Woche bin ich schwul geworden!", und auf diese „ganz normale Selbstverständlichkeit" folgte ein Slogan, der den Zuschauer ungefähr mit dem Wortlaut: „Entdecken auch Sie Ihr wahres Ich!" ebenfalls zur Homosexualität aufforderte. – Tags darauf wandte sich nach einem Vortrag zum Thema Tod eine alte Frau an mich, Tränen traten ihr in die Augen. Kürzlich hatte sie ihren Sohn verloren, einen erfolgreichen, angesehenen Arzt und Familienvater. Er hatte sich erhängt, weil er sich nach vielen Ehejahren einer homosexuellen Neigung hingegeben hatte und in der Folge mit sich selbst nicht mehr zurechtkam.[12]

Der propagierte Zeitgeist der „sexuellen Freiheit" und das ganz normale Alltagsleben können furchtbar weit auseinanderklaffen. Daraus erwachsen für viele Partnerschaften Probleme: Wer sein gedankliches Feuer zum Thema „Sex" durch die diesbezüglich überhitzte (feinstoffliche) Umwelt unserer Tage schüren läßt, tut sich zwangsläufig schwer damit, das idealisierte Wunschbild eines uferlosen Auslebens von Begierden mit der natürlichen Scham in Einklang zu bringen, die jede halbwegs normale Beziehung kennzeichnet. Das Thema brodelt im Inneren, wird aber nicht verbalisiert. In der Partnerschaft herrscht eine gewisse Sprachlosigkeit in Sachen Sexualität, die es dem einzelnen nicht erlaubt, sein zwiespältiges Gedankenleben – etwa mit Hilfe des offenen, vertrauten Gesprächs – zu harmonisieren.

Noch eine weitere Entwicklung ist erkennbar, die in unserer Gesellschaft bisher allerdings kaum thematisiert wird: das zunehmende Suchtverhalten im Zusammenhang mit dem Geschlechtstrieb. Man tut gerne so, als würde es das gar nicht geben, als sei auch das ausgeprägteste, abwegigste Verlangen der Ausdruck des biologisch bedingten Trieblebens, das sich in breitem Spektrum eben bei jedem Menschen anders zeigt. Über die Folgen von Rauschgift-, Nikotin- und Alkoholkonsum wird eifrig diskutiert, aber mit der „Droge Sexualität" handelt man recht unbekümmert – so, als könne es bei der „natürlichsten Sache der Welt" zu gar keinen Abhängigkeiten kommen.

Noch scheint im allgemeinen Bewußtsein nicht ansatzweise Klarheit darüber zu herrschen, welche unliebsamen Begleiterscheinungen ein künstlich aufgepeitschtes Sexualleben mit sich bringen kann; vor allem, was durch die *bewußte und gewollte* Hingabe an die Triebhaftigkeit wechselwirkend mit unserem freien Willen geschieht. Daß hier im Handumdrehen der klassische Fall von „Seelenverkauf" – heißes Erleben für den Moment zum Preis des Persönlichkeitsverlustes – eintreten kann, was im Gefühlsüberschwang deshalb so oft übersehen wird, weil die Abhängigkeit vom Trieb sich in tieferen Bereichen unserer Innenwelt anbahnt. Sie gehört aber stets zum Kleingedruckten in den „Allgemeinen Geschäftsbedingungen" der Lustoptimierung.

Es sollte also nicht verwundern, wenn in den sogenannten „sexuellen Bedürfnissen" unserer Gesellschaft Entwicklungen beobachtet und beschrieben werden, die durch zunehmende Zwanghaftigkeit, Fixierung auf bestimmte Fetische oder inszenierte Selbsterniedrigung gekennzeichnet sind. Im Fachjargon der Erotik-Industrie beschreibt man diese Tendenzen wertfrei und im Hinblick auf neue Geschäftsmöglichkeiten durchaus wohlwollend mit den Worten: „Es wird härter …"

Gefangenschaft im Trieb

Schalten wir vorübergehend um in ein anderes Programm: In der BBC-Fernsehdokumentation „Jenseits von Liebe" erzählt ein verzweifelter junger Mann, daß er seit neun Jahren Medikamente nimmt, um nicht dem lebensbedrohlichen sexuellen Zwang zu erliegen, sich oder andere zu strangulieren …

Daraufhin die Geschichte eines Rentners, der sich selbst, minutiös geplant, das rechte Bein zerschoß, um sich so endlich von der Lust an amputierten Beinen zu befreien, die ihn ein Leben lang quälte und zur Verstümmelung des eigenen Körpers drängte …

Schließlich der Beitrag über ein Mädchen, das von seiner sexuellen Vorliebe für tote junge Männer spricht und über die Schwierigkeiten, mit dieser unstillbaren Triebausrichtung zurechtzukommen …

Solche Berichte über sogenannte *paraphile Menschen*, deren innere Zwänge dazu führen, daß sie anderen – oder sich selbst – zur ernsten Gefahr werden, verfolgt man als Betrachter staunend und nachdenklich zugleich. Wie kann es zu derartigen sexuellen Verirrungen kommen? Könnte jeder von uns in die Situation geraten, daß sein Geschlechtstrieb eine Prägung erfährt, die mit natürlicher Sexualität nichts mehr zu tun hat? Wie kann ein Mensch in eine regelrechte *Gefangenschaft* aus triebhaften Gefühlen gelangen?

Und um eine solche handelt es sich in den geschilderten Fällen tatsächlich. Paraphile Menschen berichten von einem *Zwang*, dem sie durch ihr eigenes Wollen nur wenig entgegensetzen können, der, wenn er aufwallt, ihre Persönlichkeit verändert und einen akuten Spaltungszustand herbeiführt. Bei den Betroffenen ändert sich dabei die sinnliche Wahrnehmung, engt sich ganz auf das triebhafte Erleben ein. Sie spüren dann beispielsweise ein erregendes Schmetterlingsflimmern im Bauch, vermeinen einen intensiven Geruch nach Verbranntem wahrzunehmen, der auch die Geschmacksnerven streift, worauf sie wie in Trance ihre Vorstellungen ausleben und ausweglos in ein genußvolles, aber eben oft sinnwidriges Tun verfallen, das stärker ist als alle Vernunft. Und der Zwang kommt, meist von immensen Gewissensqualen begleitet, immer wieder.

Ähnliche Schilderungen sind auch von Triebtätern bekannt, die – einmal abgesehen vom bitteren Schicksal ihrer Opfer – oft auch selbst entsetzlich darunter leiden, ihre sexuellen Bedürfnisse überhaupt nicht mehr im Griff zu haben. Ein Arzt berichtete in einer Fernsehsendung zu diesem Thema, wie ihm ein Serienmörder erzählte, was er während seiner Greueltaten erlebte: „Es ist wie mit einem Autopiloten, es läuft von selbst. Man braucht jemanden, der es abstellt!"

Doch nicht nur in Sexualmorden zeigt sich das Phänomen der „getriebenen Täter". Wenn man beispielsweise an die immer wieder publik werdenden Kinderschändungen denkt, an die Hunderttausenden, die heute indirekten Kindesmißbrauch betreiben, indem sie die Angebote einschlägiger Internet-Homepages für sich nutzen, oder wenn man sich vor Augen führt, daß weltweit Millionen Kinder durch Pornographie, Prostitution, den sogenannten „Sextourismus" und durch Kinderhandel mißbraucht werden, dann läßt dies vermuten, daß schon ziemlich viele Menschen einem Sog entfesselter Triebhaftigkeit erlegen sind, der vor nichts und niemandem haltmacht. Auch und gerade nicht vor der Reinheit und Ursprünglichkeit des Lebens, wie sie im Kind so wunderbar zum Ausdruck kommt.

Innere Zwänge führen paraphile Menschen dazu, sich selbst oder anderen zur ernsten Gefahr zu werden.

Die Frage ist nun also, ob diese tiefsten Abgründe des menschlichen Geschlechtstriebes, die auch hier beobachtbaren Entwicklungen hin zum „Härteren" – sprich: Brutalen, Entmenschlichten, Zerstörerischen – in irgendeinem Zusammenhang mit der Übersexualisierung unserer Gesellschaft stehen. Oder anders ausgedrückt: Gibt es einen kontinuierlichen Entwicklungsweg, der vom „ganz normalen" Ausleben sexueller Bedürfnisse zum Zwang des Perversen führt?

Verborgene Zusammenhänge

Würde man eine solche Möglichkeit unserem jungen „Swinger" zu bedenken geben oder gar öffentlich zur Diskussion stellen, so wäre wahrscheinlich vorerst einmal hellste Empörung die Folge: Was sollen einzelne seelisch kranke, gefährliche Menschen denn mit der Befriedigung „harmloser" persönlicher Wünsche zu tun haben?

127

Vordergründig mögen es tatsächlich zwei unabhängige „Programminhalte" sein, die wir betrachtet haben – hier die schummrig-schwüle Atmosphäre des Swinger-Clubs, dort der furchterregend-fehlgeleitete Trieb paraphiler Menschen. Im Hintergrund aber bestehen doch Bezüge zwischen den „Sendungen", und mit diesen verborgenen Zusammenhängen wollen wir uns nun ein wenig ausführlicher beschäftigen. Denn aus dem Wissen darum ergibt sich ein Überblick, der von Nutzen sein kann, wenn es darum geht, aus dem Labyrinth des Trieb- und Gefühlslebens wieder herauszufinden.

In erster Linie ist wiederum die Wirklichkeit feinstofflicher Gedankenzentren in Betracht zu ziehen, in denen sich alle gleichartigen Gedankenformen zusammenfinden, gegenseitig verstärken und zurück auf den „Sender", also Urheber wirken. Hierin liegt die bedeutendste Verbindung. Sie kann beispielsweise dazu führen, daß etwas von einer oder mehreren Personen nur „spielerisch" Gedachtes den bitter-ernsten Gedanken eines anderen verstärkt oder zur Tat treibt. In der Gralsbotschaft heißt es dazu:

„So stehet mancher Erdenmensch sehr oft mißbilligend vor irgendeiner Tat eines seiner Nebenmenschen, diese mit Zorn verwerfend und verurteilend, an der er aber vor den ewigen Gesetzen Gottes mitverantwortlich ist! Es kann sich dabei um einen ihm völlig fremden Menschen handeln und um eine Tat, die er nie in der gröbsten Stofflichkeit selbst ausgeführt haben würde.

Denkt Euch einmal hinein in derartige Vorgänge, Ihr werdet dann erst recht verstehen, daß ich Euch in meiner Botschaft zurufe: ‚Haltet den Herd Eurer Gedanken rein, Ihr stiftet damit Frieden und seid glücklich!'

Wenn Ihr dann aber stark genug darin geworden seid in Eurer eigenen Reinigung, so werden auf der Erde vielerlei Verbrechen weniger geschehen als bisher, an denen viele mitschuldig gewesen sind, ohne es zu wissen."[13]

Abgesehen von den hier beschriebenen feinstofflichen Vorgängen kann man in der Suche nach verborgenen Zusammenhängen auch noch Entwicklungsprozesse in Betracht ziehen, die aus der Tätigkeit unseres Gehirns resultieren. Denn auf Grund unserer Willensentscheidungen kommt es automatisch zu bestimmten Prägungen beziehungsweise Gedächtnisordnungen[14], die wechselwirkend unser Verhalten beeinflussen: Wer eine Situation einmal als angenehm erlebt hat, kann das nicht einfach willentlich wieder vergessen, sondern wird bei einer ähnlichen Gelegenheit automatisch an sein früheres Erleben erinnert werden – verbunden mit dem gedanklichen Anreiz, sich doch abermals einer solchen Situation hinzugeben.

Wir müssen also in Betracht ziehen, daß uns jeder eigene Entschluß und, damit verbunden, jedes eigene Erleben prägt. Denn, wie schon im vorangegangenen Kapitel zum Ausdruck gebracht: unser Gehirn ist ein neutrales Werkzeug, ein Diener des Ichs, der von sich aus keine ethischen oder moralischen Dimensionen kennt und für Gutes oder Schlechtes gleichermaßen zur Verfügung steht. Das Gehirn unterstützt jeden Lernprozeß, sofern er Vorteile verspricht. Aus der Psychosomatik[15] kennt man dazu unzählige Beispiele. So kann sich ein Mensch etwa Kopfschmerzen oder asthmatische Verkrampfungen antrainieren, wenn er durch Erfahrung gelernt hat, daß sich von solchen Krankheiten profitieren läßt (man denke an das Kind, das wegen der ach so üblen Schmerzen der Schule fernbleiben darf). Und ein ebenso willfähriger Diener ist unser Gehirn bei triebhaft-sexuellen Prägungen: Auch hier vollzieht sich sofort ein Lernprozeß, selbst wenn es um noch so abartige gedankliche Verknüpfungen geht.

Wege zum Persönlichkeitsverlust

Die Gefahr ist also groß, in einen Irrweg zu geraten, der immer tiefer und lichtloser wird, je öfter man ihn im Kreis läuft. Daher kann es nicht schaden, sich aus geistiger Sicht wenigstens in groben Zügen die Mechanismen und Entwicklungen bewußtzumachen, die den Geschlechtstrieb Schritt für Schritt in eine unnatürliche Form abgleiten lassen:

- *Verzicht auf Liebe:*

Wie wir gesehen haben, sollten dem natürlichen Dreiklang von Sexualkraft, Geschlechtstrieb und Schamgefühl stets Liebe und Harmonie zugrunde liegen. Wobei mit *Liebe* natürlich nicht das blanke Begehren gemeint ist, in dem das leidenschaftliche *Nehmen*- und Besitzenwollen des Partners zum Ausdruck kommt, sondern im Gegenteil das Prinzip des selbstlosen *Gebens*. Auf dieser Basis findet im geschlechtlichen Verkehr ein förderlicher Austausch statt. Wenn nun aber, wie etwa in der Prostitution, bei einschlägigen Partnertausch-Praktiken oder vielleicht auch innerhalb einer „ganz normalen Ehe" die echte Liebe keine Rolle (mehr) spielt, sondern alles *nur* noch auf die Befriedigung sexueller Bedürfnisse abzielt, dann ist bereits ein entscheidender Schritt zur Entfesselung des Geschlechtstriebes getan. Denn mit dem Verzicht auf Liebe Hand in Hand geht ein weiteres, nämlich die

- *Unterdrückung des Schamgefühls:*

Dieses dient, wie schon dargestellt, in umfassendem Sinn dem *Persönlichkeitsschutz*. Wenn es „aktiviert" ist, schafft es natürliche Grenzen und auch Tabubereiche. Es bewahrt vor falscher Hemmungslosigkeit und mahnt zu geistiger Selbstreflexion; es verhindert die Entstehung belastender Gedankenformen und eine Bindung unseres freien Willens (auf dieses Thema kommen wir noch zu sprechen). Wird das Schamgefühl jedoch, ob in falschem Fortschrittsglauben oder etwa unter dem Joch eines künstlich angeheizten Geschlechtstriebes, immer weiter unterdrückt und beiseite geräumt, dann drängt es den Menschen schnell nach mehr und immer mehr – nach der

- *Überwindung von Grenzen:*

Jede körperliche Vereinigung hat – auch in der unbelastetsten Form – mit *Grenzüberschreitung* zu tun. Die Energien zwischen den Partnern beginnen ja immer erst zu fließen, sobald hemmende Grenzbalken hochgezogen werden. Der Moment der Bereitschaft, das bis dahin Unzulässige nun zuzulassen, bietet im geschlechtlichen Verkehr einen Impuls immenser Stärke, der aber im Umfeld von Liebe und natürlicher Scham bestens aufgehoben ist. Wenn diese Rahmenbedingungen jedoch fehlen und es nur noch um den „Kick" des Grenzüberschreitens geht, wenn die Suche nach immer neuen Reizen, das Sprengen von Tabus, die Lust am Verbotenen, das „Spiel mit dem Feuer" an sich als stimulierend erlernt wird, dann erobert sich der Geschlechtstrieb damit Betätigungsfelder, auf denen er definitiv nichts zu suchen hat. Die Gedankenwelt eines Menschen, der dieser Entwicklung Spielraum gibt, wird dadurch immer stärker sexualisiert, während zugleich im Großen gesehen auch feinstoffliche Gedankenzentren, die dem enthemmten Geschlechtstrieb verbunden sind, an Macht und Einfluß gewinnen. Dies wiederum erleichtert die

• *Züchtung des Triebs,*
denn im Zusammenklang von Gefühl und Phantasie ist es heute ein Leichtes, den Geschlechtstrieb mit immer neuer „Nahrung" zu versorgen und ihn gezielt großzuzüchten. Denn wer es darauf anlegt, findet unzählige Möglichkeiten dafür, besonders berauschende sinnliche Momente zu provozieren. Aber egal, wohin die menschliche Sexualität aus- und abschweift, sie wird dabei – abgesehen vom erwähnten Drang, Grenzen zu überschreiten – meistens von zwei weiteren Prinzipien begleitet:
1. Natürliche biologische Gegebenheiten des menschlichen Körpers (vor allem die Geschlechtsteile, aber auch klassische Schönheitsmerkmale[16] oder besonders gefühlsaktive Zonen) werden künstlich attraktiviert, damit sie einen stärkeren Reiz ausüben. Dies kann in offensichtlicher Form erfolgen – man denke an die heute üblichen „Schönheitsoperationen" – oder auch in versteckterer Art und Weise – hier hat zum Beispiel die Mode ein breites Betätigungsfeld.
2. Durch die stetig neuen Reize und Wünsche werden die um das Thema Triebbefriedigung und Lustmaximierung kreisenden Gedanken so dominant, daß sie zuzeiten das Wollen des Geistes beeinflussen oder ganz unterdrücken können. Sie lassen diesem

Man spürt die Gitterstäbe immer erst, wenn man aus dem bequemen Käfig, in dem man sitzt, ausbrechen will.

immer weniger Freiraum (eben das nennt man auch „Suchtverhalten"), was die betreffende Person aber natürlich nur merkt, wenn sie eine gegen das Ausleben des eigenen Triebes gerichtete Entscheidung treffen will. Dann wird es plötzlich schwer. Man spürt die Gitterstäbe ja immer erst, wenn man aus dem bequemen Käfig, in dem man sitzt, ausbrechen will, ansonsten mag man sich darin recht wohl fühlen. Letzteres ist heute meist der Fall. Bestärkt durch falsche gesellschaftliche Ideale, die kritiklos und urteilsunfähig dem Prinzip des Auslebens huldigen, kommt es zu einer folgenschweren

* *Hingabe an den Trieb:*
Zuletzt merkt der Mensch gar nicht mehr, wie sehr er seine Geistigkeit mit Füßen tritt, also sich selbst entwertet und vom eigentlichen Leben entfernt, indem er seinem Trieb ungehindert Lauf läßt. Und bei entsprechender Veranlagung kann die Hingabe an den enthemmten Geschlechtstrieb auch zu grotesken und jedenfalls gefährlichen Auswüchsen führen.

In manchen heute beliebten sexuellen Praktiken wird die bewußte Selbstentwertung und Unterwerfung unter die Macht eines anderen als besonders reizvolles „Spiel" betrachtet; es bietet die Illusion, aus der (wohl doch noch empfundenen?) Verantwortung für das eigene Tun entlassen zu sein. Das dabei ausgelebte Bedürfnis nach Abhängigkeit, Machtlosigkeit und Persönlichkeitsverlust ist ein finaler, trauriger Offenbarungseid, daß alle geistigen Werte und Ziele aus dem Bewußtsein verdrängt wurden.

Das physische Ausleben solcher Bedürfnisse ist auch keine surreale Abwegigkeit, sondern es bringt einfach eine feinstoffliche Gegebenheit zum Ausdruck: *Jede* Hingabe an den Trieb geht mit schwerwiegenden inneren Bindungen, unsichtbaren Fesseln einher. Wobei mit „Hingabe" selbstverständlich nicht die natürliche

Triebbefriedigung gemeint ist, bei der die Schamempfindung eine schützende Kontrolle ausübt; angesprochen ist die *bedingungslose* Hingabe, also das bewußte Streben nach Lustgefühlen unter Ausschluß von Liebe und Scham, wie überhaupt von allem Geistigen. In diesem Fall findet immer de facto ein Seelenverkauf statt, denn der Wegezoll zum lockenden „Venusberg"[17], also zu den „verbotenen Gipfeln der Lust" (und sie sind, wie wir sehen werden, aus gutem Grund verboten!), hat einen hohen Preis: er muß durch die Hingabe der Willensfreiheit bezahlt werden ...

Freier Wille, gebundener Wille

Leider bezahlt man diesen Preis heute oft sehr bedenkenlos. Denn die übliche materialistische Ausrichtung bringt es mit sich, daß wir über den eigentlichen Wert unserer Willensfreiheit – eine der bedeutendsten *Geistes*gaben, mit denen wir Menschen ausgestattet wurden – praktisch nichts mehr wissen. Sie wird kaum noch geschätzt, geschweige denn gepflegt.

Nicht selten hört man sogar die Meinung, der Mensch verfüge in Wirklichkeit über gar keinen freien Willen, da so etwas aus den Gehirnfunktionen nicht erkennbar sei. Außerdem könnten wir alle ja erleben, in ein dichtes Netz vielfältiger Abhängigkeiten eingebunden zu sein – von den körperlichen Trieben bis hin zu gesellschaftlichen Notwendigkeiten. Wo soll da noch Raum für Freiheit sein?

Solche Argumente haben auf den ersten Blick etwas für sich. Bei näherer Betrachtung treffen sie aber doch ins Leere, weil sie den Sachverhalt in unzulässiger Weise vereinfachen.

Zweifellos gibt es etwas, das von unserem Gehirn beziehungsweise Verstand ausgeht und als „Wille" bezeichnet werden kann, weil ihm konkrete Handlungen folgen. Und es ist auch richtig, daß dieser „Verstandeswille" sich von seinem Wesen her als überaus unfrei zeigt, als gebunden, abhängig beispielsweise von körperlichen Bedürfnissen. Er agiert nicht, sondern *re*agiert: auf physische, äußere Anstöße – oder aber auch auf *seelische* Regungen.

Aber eben diese *inneren* Impulse, die den Verstand zur Reaktion bewegen, weisen auf eine ganz andere Dimension des Menschseins hin: auf einen tatsächlich *freien* Willen nämlich, auf eine Möglichkeit des Agierens, des Entscheidenkönnens, die nicht aus der Gehirntätigkeit resultiert, sondern aus unserer Geistesarbeit.

Doch diese Befähigung gibt uns natürlich nicht die Möglichkeit, bereits bestehende Gegebenheiten der Außenwelt im Handumdrehen nach Belieben zu ändern. Wir haben nur die Freiheit, durch unsere Innenwelt *zukünftige* Bedingungen mit zu prägen. Freier Wille bedeutet, die Fähigkeit zum Entschluß, zur Wahl eines (neuen) Weges zu haben. Den *Folgen* unserer Entscheidungen, die sich als Lebensschicksal[18] zeigen, bleiben wir unterworfen. Doch *vorerst* sind wir frei darin zu bestimmen, welcher Art des Erlebens wir uns zuwenden möchten – darin liegt die besondere geistige Veranlagung des Menschen.

Aber wie und warum hängt diese Willensfreiheit, die das Menschentum entscheidend über das Tierreich hinaushebt, nun ausgerechnet mit lustvollen Gefühlen zusammen? Weshalb setzen wir die innere Freiheit aufs Spiel, wenn wir uns dem Trieb hingeben?

Man kann diese Frage nun natürlich sehr einfach mit dem Hinweis darauf beantworten, daß *jedes* Suchtverhalten durch ein zwanghaftes, also eben unfreies Handeln gekennzeichnet ist. Aber wir wollen ja nicht wahrhaben, daß auch das Ausleben des Geschlechtstriebes zur Sucht werden kann – wohl, weil der Körper dabei nicht so direkt gefährdet ist wie durch den Konsum von Drogen, Alkohol oder Nikotin. Die bekannten Verdrängungsmechanismen, die ja zum Charakteristikum jeder Sucht gehören, scheinen im Falle des Geschlechtstriebes in unserer Gesellschaft jedenfalls besonders ausgeprägt zu sein.

Doch auch wenn sich keine unmittelbaren physischen Folgen zeigen – der Seelenkörper wird auf jeden Fall in Mitleidenschaft gezogen, wenn ein Mensch seinem Trieb Freiräume gewährt, die ihm nicht gebühren. Das wird deutlich, wenn man sich die feinstofflichen Vorgänge bewußtmacht, die sich bei jedem unserer

Willensakte vollziehen. Diese sind für uns normalerweise zwar nicht sichtbar, aber doch mehr oder weniger spürbar.

Ganz allgemein betrachtet, verbindet sich der Mensch durch jeden seiner Willensakte mit einer bestimmten Art von „Schwingung". Es kann sich dabei um edle oder unedle Schwingungen handeln, die den einzelnen dann entweder fördern oder eben auch hemmen. Die Gralsbotschaft beschreibt in diesem Zusammenhang, daß sich jeder willentliche Entschluß eines Menschen in der Wirkung *„wie ein ausgesandter magnetischer Strahl"*[19] zeigt, denn *„alles Geistige ist, nach unseren Begriffen ausgedrückt, magnetisch"*[20].

Das heißt also: Mit dem *Wollen* (das an sich ein unvermeidbarer Ausdruck unserer Geistigkeit und unseres natürlichen Erlebnishungers ist) ziehen wir unentwegt bestimmte Qualitäten von feiner Stofflichkeit an, wodurch jede Entscheidung wieder auf uns zurückwirkt. Daher ist unser freier Wille zum Entschluß untrennbar mit einem weiteren wichtigen Begriff des geistigen Lebens verbunden: der *Verantwortung.* Wir müssen das „Echo", die *Antwort* auf unsere Entschlüsse erleben!

In dieser – an sich wertfreien – Wechselbeziehung zwischen Wollen und Erleben liegt ein großes Geheimnis unserer menschlichen Entwicklung: die Möglichkeit, durch Erfahrung zu reifen. Wir lernen zwischen Hemmung und Förderung zu unterscheiden, beginnen zu differenzieren, unsere Urteilsfähigkeit zu schärfen. Und damit geht die Entwicklung unseres Bewußtseins einher. Ohne den freien Willen wäre sie nicht denkbar.

Allerdings kann dieser Lernprozeß, der dem eigentlichen Sinn unseres Lebens verbunden ist, auch ins Stocken geraten – dann nämlich, wenn der freie Wille unterbunden wird und sich der Mensch über sein triebabhängiges, *re*agierendes, gebundenes Wollen nicht mehr erheben mag, weil er sich zu intensiv unedlen, unreinen Schwingungen hingegeben hat.

Es ist wie beim Wasser: Wenn es „lebendig" ist, also in seinem natürlichen Element wirkt, besitzt es ohne weiteres die Fähigkeit, Verschmutzungen abzusondern, sich also zu reinigen – jedoch nur, solange es nicht kippt und seine Selbstreinigungskraft verliert, weil die Belastung überhandgenommen hat und/oder die Rahmenbedingungen nachteilig verändert wurden. Dann können tiefgreifende Maßnahmen nötig sein, um dem *Element des Lebens* wieder zu freiem Spielraum zu verhelfen.

Ebenso ergeht es unserer Willensfreiheit: Wenn wir den Fehler begehen, einen natürlichen Genuß – wie etwa das Erleben der geschlechtlichen Vereinigung – zum Hang großzuziehen, indem wir ein ungebührliches Maß an geistigem Magnetismus in die bestimmte Richtung fließen lassen und damit immer neue Schwingungen dieser Art anziehen, dann verlieren auch wir unsere Selbstreinigungskraft, die darin liegt, minderwertige Schwingungen zu erkennen und sich von ihnen zu lösen, indem wir unser Wollen in eine andere Richtung lenken.

Doch eben das *will* der Mensch ja nicht mehr, sobald er in den Bann seines eigenen „Wollens-Magnetismus" gelangt und also „gekippt", gestürzt ist. Er wird die „Geister, die er rief" nun nicht mehr – oder nur durch äußerste Anstrengung – wieder los; denn was ihn hemmt, ist nicht bloß Einbildung, sondern feinstoffliche *Wirklichkeit*.

Im Banne des Venusbergs

Diese innere Wirklichkeit wieder zu überwinden, ist um so schwieriger, je weiter jemand den freien Willen in seinen „Seelenhintergrund" verdrängt hat. Die Vielfalt der Erlebnis- und damit auch Lernmöglichkeiten, die einem innerlich freien Menschen zur Verfügung steht, kann sich bis zur hypnoseartigen Fixierung auf nur das Eine verengen. Wobei schon zum Ausdruck kam, daß dieses Eine, zur größten Bedeutsamkeit Gewachsene *alles* sein kann, was im Übermaß betrieben wird – unter anderem eben auch das Ausleben des Geschlechtstriebes.

Dabei muß, wenn dieser Trieb mit dem Begriff vom Niederen, Dichten, Dunklen in Beziehung gesetzt wird, vielleicht nochmals betont werden: Nicht der Geschlechtstrieb an sich bildet eine unedle, unreine Schwingung, sondern immer nur die Art und Weise, wie man mit ihm umgeht.

Wer in den Bann seines eigenen „Wollens-Magnetismus" gerät, erlebt, daß er die „Geister", die er rief, nicht mehr los wird.

Er bleibt natürlich, solange er an die Schamempfindung gekoppelt ist und im Umfeld von Harmonie und Liebe zur Auswirkung kommt. Dann wird er auch nicht als belastend empfunden werden. In seiner enthemmten, von allen seelisch-geistigen Werten entblößten und daher für den Menschen auch unnatürlichen Form zeigt sich der Geschlechtstrieb jedoch als unreine, disharmonische Schwingung, vor der jede halbwegs wache Empfindung warnen müßte.

Analog gilt das im übrigen für alle Triebe und damit in Zusammenhang stehenden Gefühle: Verglichen mit den reinen Empfindungen stiller Lichtsehnsucht erzeugen sie relativ schwere, körpernahe, also der physischen Welt verbundene Schwingungen, die für uns erst im harmonischen Zusammenklang mit dem Geistigen natürlich sind, die – wie auch der körperliche Verstand – bewußt gelenkt und geleitet werden wollen. Mit anderen Worten: Jeder Trieb kann und soll von uns Menschen *veredelt* werden.

Wenn wir dagegen den mächtigen „Vibrationen" aus der physischen Welt freien Lauf in uns lassen, immer intensivere Lustgefühle genießen wollen, uns ihnen also bewußt anschließen, dann muß dafür ein hoher Preis bezahlt werden. Denn der Entschluß: „Ich will mich mitreißen lassen" bedeutet: „Ich verzichte auf meine eigene Entscheidungshoheit!"

Dabei macht sich der Mensch natürlich gerne vor, daß ein solcher Entschluß jederzeit wieder rückgängig gemacht werden kann, daß er sich vom Strom sinnlicher Gefühle beliebig lange tragen lassen und jederzeit wieder aussteigen kann. Aber gerade darin liegt der Trugschluß. Der freie Wille ist nicht etwas, das sich an- und ausknipsen läßt wie ein Lichtschalter. Er stammt aus unserem in-

nersten Kern, aus uns selbst. Daher gilt: Wer seinen Willen betätigt, erstarkt in seiner ganzen Persönlichkeit; wer ihn aber nicht benützt, wird träger und erschlafft. Und so, wie ein untrainierter
Schwimmer im reißenden Fluß untergehen wird, weil ihn irgendwann die Kräfte verlassen, besteht die Gefahr, daß wir *geistig* ver-
sinken, wenn wir uns nur treiben lassen wollen und darauf verzichten, unsere inneren Kräfte in der Betätigung zu stärken.

Das folgenschwere Verheddern im Netz der Gefühle, das nur
noch ein triebhaftes, gebundenes, reagierendes Verstandeswollen
zuläßt, aber keine Impulse aus dem Inneren, zeigt denn auch eine
Gleichart, die unsere Akteure in den Fernsehsendungen miteinander verbindet: Ob sich jemand „nur" seiner Triebhaftigkeit verschrieben hat und diese in einem geeigneten Umfeld auslebt, ohne
seine eigene Abhängigkeit zu bemerken, oder ob jemand unter einer abwegigen paraphilen Veranlagung leidet und es ihm schmerzlich bewußt ist, seine Sexualität und sich selbst nicht im Griff zu
haben: hier wie dort geht es um das mehr oder minder ausgeprägte Problem „Verlust des freien Willens".

Vom Sinnenrausch zur Sehnsucht

Wir wollen uns daher im folgenden damit beschäftigen, wie man
dem „Bann des Venusbergs" wieder entkommen kann. Diese Frage thematisierte schon der Dichterkomponist Richard Wagner
(1813–1883) in seinem Bühnenwerk „Tannhäuser"[21]. Darin beschreibt er die dramatische Lebensgeschichte eines Ritters, der
den Kreis seiner Freunde – und auch seine Geliebte – verläßt, um
sein Leben an einem verbotenen Ort, dem Venusberg, verbringen
und dort alle denkbaren Sinnenfreuden genießen zu können.

Tannhäusers innere Läuterung beginnt durch Überdruß. Das
schrankenlose und doch so lebensferne Auskosten der Triebhaftigkeit wird ihm eines Tages zu viel. Er „flieht den übergroßen
Reiz", sehnt sich zurück nach natürlicher Schönheit, nach den
lieblichen, heimatlichen Gefilden seiner Herkunft, und reißt sich
von seiner ewig lockenden Göttin Venus los.

Doch Tannhäusers Vergangenheit holt ihn ein: Höhepunkt des Wagnerschen Werks ist der berühmte „Sängerkrieg auf der Wartburg". In dessen Verlauf verherrlichen edle Minnesänger mit herzergreifenden Versen die wahre Liebe. Tannhäuser aber, der ebenfalls an dem künstlerischen Wettstreit teilnimmt, legt seinem Gesang die berauschenden Sinnenfreuden zugrunde, die er auf dem Venusberg genoß. Seine Erinnerung läßt ihn in triebhafter Entzückung die Wonnen körperlicher Lust besingen, die er immer noch für das Wesen der Liebe hält. Seine inneren Bindungen brechen durch und werden durch die Sangesekstase öffentlich – ein ungewolltes „Outing", würde man heute sagen.

Skandal! Größte öffentliche Empörung im Lande ist die Folge; Tannhäuser wird verbannt und sucht nun als Rom-Pilger die Erlösung durch den Papst. Der aber hat für Leute, die im Venusberg „böse Lust geteilt" und sich „an der Höllenglut entflammt" haben, nichts übrig – und verdammt den Ritter mit donnernder Stimme „auf ewig". Aber wie's halt so ist: Wenn ein Mensch von Verdammnis spricht, muß das nicht unbedingt auch Gotteswille sein. Tannhäuser wird zuletzt doch erlöst. Seine tiefe eigene Reue und die Fürbitten seiner Liebsten – Elisabeth – haben ihn gerettet; Göttin Venus läßt enttäuscht von ihrem begehrten Ritter-Schäfchen ab. –

Die mitreißende, zuzeiten sinnenbetörende Musik dieser Oper, im Oktober 1845 uraufgeführt, wird nach wie vor gern gehört. Mit der Handlung allerdings wußte man von jeher wenig anzufangen – und heute, auf dem Zenit der „sexuellen Freiheit", scheinen die Leiden und Kämpfe eines Menschen, der vom Genuß des schrankenlosen Auskostens zurück ins normale Leben finden will, erst recht nicht nachvollziehbar. Man stelle sich nur vor, unser junger „Swinger" wollte, überraschend gereift und geläutert, via Television plötzlich vor seinem „Venusberg" warnen – eine so exotische Entwicklung hätte wohl keine Chance auf Sendezeit.

Aber wie läßt sich der „Weg zurück" nun wirklich finden? Wie kann man innere Abhängigkeiten glücklich überwinden? Diese Frage stellt sich nicht nur im Hinblick auf einzelne suchtkranke

„Ausleben bis zum Überdruß" ist im allgemeinen kein gutes Rezept zur Überwindung eines Hanges.

Menschen, sondern wohl für jeden, der seine Willensfreiheit wieder wachrütteln will. Denn es ist klar, daß sich unsere Gesellschaft derzeit mit Siebenmeilenstiefeln von den „vorgestrigen" Idealen der Sittlichkeit und Scham entfernt und es daher vielen nicht leicht fallen wird, dem dichten Netz triebhafter Gedanken und Gefühle, an dem heute überall emsig gewoben wird, unbeschadet zu entkommen. Zudem stellt sich die entscheidende Frage, wie man sich von inneren Bindungen loseisen kann, nicht nur im Hinblick auf den Geschlechtstrieb. Sie betrifft vielmehr *alle* Abhängigkeiten und Süchte, vom Alkoholismus bis zum Kaufrausch, von der Nikotinsucht bis zur unstillbaren Arbeitswut.

Ritter Tannhäuser jedenfalls kann uns nur bedingt als Lebensbeispiel dienen. „Ausleben bis zum Überdruß" ist im allgemeinen kein geeignetes Rezept zur Überwindung eines Hanges, weil im Sich-Gehenlassen die notwendige Wiedererstarkung der Willensfähigkeit schwer zu erreichen ist – einmal abgesehen davon, daß das Prinzip des Auslebens fast zwangsläufig irgendwann irgendwo einen Scherbenhaufen hinterläßt, da es sich ja *unkontrolliert* austobt, während unsere Geistigkeit eigentlich dem Prinzip des Aufbaus verpflichtet ist, der sich aber immer nur *kontrolliert* vollziehen kann.

Was einen Absolutions-Besuch beim Papst anbelangt, sollten wir uns davon im Streben nach Erlösung von inneren Banden auch nicht zuviel erwarten; die Reise nach Rom hat auch dem leidenden Tannhäuser nicht wirklich geholfen.

Als wertvoller Wink darf indes die aus bitterer Selbsterkenntnis erwachsene Reue des Ritters gewertet werden.

Wenn man – ungeachtet der Notwendigkeit, daß ein jeder Mensch darin seinen eigenen Weg zu gehen hat – *allgemeine* Leitsätze zur Wiedergewinnung des freien Willens (und zur geistigen

Entwicklung überhaupt) formulieren will, dann steht am Beginn jedenfalls die

- *Selbsterkenntnis!*

Ohne das Bewußtsein dafür, daß etwas falsch läuft, kann man nicht wieder „heil" werden, weder körperlich noch seelisch. Selbsterkenntnis ist, wie es der Volksmund ausdrückt, immer „der erste Schritt zur Besserung". Doch wie erlangt man sie? Zweierlei ist nötig: Erstens ein „Spiegel", in dem man das Bild von sich selbst erkennt, und zweitens ein Idealbild, mit dem man das eigene vergleichen und dem man in der Folge nachstreben kann.

Der „Spiegel" steht uns in Gestalt aller Mitmenschen zur Verfügung – wir müßten aber vielleicht öfter einen Blick in ihn werfen. Die Reaktionen anderer auf unser Verhalten, und umgekehrt, unsere Reaktionen auf das Verhalten anderer, können lehrreich sein: Wie wirken wir auf unser Gegenüber? Wovon fühlen wir uns angesprochen und wovon nicht? Weisen Fehler, die uns beim Mitmenschen besonders stören, nicht deutlich auf eigene Probleme hin? – Das Erleben des „Du" fördert immer das Bewußtsein für das „Ich" – sofern sich nicht jemand in die Eitelkeit verstiegen hat, selbst schon den Gipfel des Menschseins erklommen zu haben und also keinen „Spiegel" mehr zu benötigen.

Solche Patienten sind unheilbar, weil sie unfähig zur Selbsterkenntnis sind.

Der Spiegel unserer Mitmenschen führt auch zu einer Standortbestimmung des Ichs innerhalb der Gesellschaft. Wir lernen, ob wir *normal* sind, also den gängigen Normen entsprechen – was zumeist als angenehm angesehen wird –, oder ob gewisse Eigen- und Besonderheiten uns einen Platz außerhalb der Norm zuweisen – was mitunter eine Herausforderung sein kann.

Allerdings sollten wir nicht den Fehler begehen, die Norm als Ideal mißzuverstehen. Leider aber geschieht im Normal-Fall eben das. Auf dieser verbreiteten Sichtweise gründen sich Modetorheiten aller Art – und gleichzeitig auch seelische Probleme: Wer entspricht schon wirklich überall der Norm?

Man sollte den Mut haben, das Normstreben durch ein Idealstreben zu ersetzen. Dadurch läuft man nicht mehr Gefahr, sich nach unten anstatt nach oben zu orientieren, denn das Ideal des Menschseins liegt immer *über* der Norm. Außerdem schenkt man sich damit die Freiheit, seinem eigenen Empfinden zu folgen, durch das man ja genau spürt, welche Ideen und Handlungen dem Ideal des Menschseins entsprechen und welche nicht; man geht weniger fremdbestimmt durch das Leben.

Die Besinnung auf das Ideal ermöglicht auch die zur Selbsterkenntnis nötige Einschätzung der eigenen Persönlichkeit: Wo liegen meine Stärken, wo die Schwächen? Worauf kann ich aufbauen? Woran muß ich arbeiten? Auf welchen Wegen komme ich dem ersehnten Idealziel näher?

Das sind die entscheidenden, in die *Zukunft* gerichteten Fragen. Selbsterkenntnis verlangt also nicht, grüblerisch in der eigenen Vergangenheit zu kramen, um krampfhaft zu ergründen, welche Auslöser und Wechselwirkungen einst zur Umnebelung des freien Willens und zu unsichtbaren Fesseln führten. Seltsamerweise hat die Auffassung, die „Psyche" müsse unbedingt zergliedert werden, indem der analytische Finger auf verborgene Zusammenhänge deutet und in der Erinnerung ausgeknipste Ereignisse wieder neu beleuchtet, sich schon fast als Volksmeinung etabliert. Die wirklich bedeutenden Anstöße zum geistigen Neu- und Freiwerden liegen meines Erachtens jedoch genau in der anderen Richtung, nämlich in der Orientierung auf das Jetzt und auf die *Zukunft*.

Denn was bringt der Blick zurück? Im besten Fall, wenn man nicht von vornherein erbliche Anlagen als „letzte Erklärung" für ein bestimmtes Verhalten heranzieht, stößt man auf irgendwelche Ereignisse, die dann als Auslöser für das zu behandelnde Problem eingestuft werden. Aber weshalb geriet der Mensch *damals* in diese Situation? Welche Auslöser in der *Vor*vergangenheit führten zu dem Auslöser in der Vergangenheit?

Diese Frage läßt man in vielen therapeutischen Ansätzen – von der Psychoanalyse bis zur sogenannten Reinkarnationstherapie – gerne außer acht; man begnügt sich einfach damit, dem gefundenen „Schlüsselerlebnis" alle Aufmerksamkeit zu schenken. Das heißt aber: man behandelt (genau wie in der darob oft kritisierten Schulmedizin) etwas als Ursache, das eigentlich nur ein Symptom, eine Folge, eine Auswirkung ist; denn jede konkrete Lebenssituation, in die wir geraten (sind), ist im wesentlichen ein Ausdruck unserer inneren Gesamtbefindlichkeit, unserer Befähigungen, Wünsche, Stärken oder Schwächen. Diese machen uns bestimmten Erlebnissen und Ereignissen zugeneigt.

Wir sollten in Sachen Selbsterkenntnis den Blick zurück also nicht überbewerten – uns ihm aber andererseits auch nicht verschließen, wenn er sich aus dem Erkennen von Zusammenhängen in natürlicher Weise ergibt.

Vergessen wir gerade in schwierigen Lebensphasen nicht, daß wir alle nicht Opfer, sondern *Täter* der Umstände sind. Auch das gehört unbedingt zur Selbsterkenntnis, denn wer die Gründe für sein Ergehen anderswo als in sich selbst sucht, wird naturgemäß auch jede Änderung in seinem Leben von äußeren Ereignissen abhängig machen. Damit schlüpft er in das Kostüm des Ewig-Erleidenden und wählt für sich die Rolle des Unheilbaren. Denn er verschenkt den einzigen Schlüsselbund, der – auf Basis der Selbsterkenntnis – die Tore zum inneren Aufschwung öffnen kann: die

- *Arbeit an sich selbst!*

Natürlich kann es auch schon ein schönes Stück Arbeit sein, sich von der gesellschaftlichen Norm weg und hin zum Ideal des Menschentums zu orientieren. Denn man kann sich dann nicht mehr darauf berufen, daß „ja ohnehin alle anderen auch" diese oder jene fragwürdige Gewohnheit pflegen; es ist für die eigenen Entscheidungen nicht mehr von ausschlaggebender Bedeutung, welche Wege die Allgemeinheit geht.

Und wenn der Wille zur Änderung also ernsthaft Platz greift, werden auch die bisher vielleicht gar nicht so deutlich gespürten inneren Abhängigkeiten schmerzhafter zu Bewußtsein kommen. Dann ist es wichtig, besonders achtsam zu sein – und sich weder zu überfordern noch zu unterfordern.

Was stets zur Arbeit an sich selbst gehören wird, ist das Bemühen um Reinheit und Klarheit in den Gedanken. Denn eine Neuformung der Innenwelt bleibt unmöglich ohne diesen entscheidenden ersten Schritt, der allerdings immer wieder neu gegangen werden muß und für den das Wort „Aller Anfang ist schwer" vielleicht in besonderem Maße gilt.

In allen Bemühungen, ein neuer, besserer Mensch zu werden, sollte aber klar sein: Kein Ideal läßt sich von heute auf morgen verwirklichen. Es geht nicht darum, sich in fanatisch-radikaler Aussteigermanier ein „neues Leben" zu erzwingen, um möglichst schnell am Ziel zu sein. Das funktioniert mit Sicherheit nicht und bringt am Ende nur Enttäuschungen für alle Beteiligten.

Überhaupt wäre es ein grundlegender Irrtum, die Arbeit an sich selbst nur als verbissene, rastlose Aktivität aufzufassen. Wir können ja überhaupt nicht darüber bestimmen, was das Leben von uns erwartet, wann es uns vor Entscheidungen stellt oder welche Chancen es uns bietet. Also müssen wir auch den Mut zur „wachen Passivität" haben, zum ruhigen, vertrauensvollen Abwarten, zur Geduld – auch mit sich selbst! –, um im richtigen Moment die grundlegenden Weichenstellungen zu treffen, sich also dann, wenn die Gelegenheit da ist, für den neuen Weg hin zum angestrebten Ideal zu entscheiden.

Viele unliebsame Lebenssituationen, die sich auf Grund früherer Entschlüsse ergeben, werden wir auch nach dem geistigen Aufbruch noch durchleben müssen. Überall dort aber, wo der *Freiraum* besteht, etwas besser und richtiger zu machen, muß er auch genützt werden. Sonst setzt Unzufriedenheit ein, die mißmutig und auch ungerecht gegenüber anderen Menschen macht, weil man womöglich zur eigenen Beruhigung an ihnen *die* Fehler zu suchen beginnt, die man selbst nicht überwinden konnte.

An dieser Stelle beginnt nun freilich das Problem in jenen Bereichen, wo ein an sich gegebener Freiraum nicht mehr genutzt werden *kann*, weil eine innere Abhängigkeit besteht.

Unser junger „Swinger" beispielsweise würde sich vielleicht auch bei gegebener Selbsterkenntnis schwer damit tun, seinen Gewohnheiten im Ausleben des Geschlechtstriebes von heute auf morgen zu entsagen. Wenn der Genuß bereits zum Hang wurde, dann wird er sich

Es gibt kein wirksames Rezept gegen ein Suchtverhalten, das ohne die Zutat der „Selbstüberwindung" auskommt.

auch wider besseres Wissen mehr oder minder zwanghaft ins vertraute Milieu gezogen fühlen. Was also tun?

Es gibt kein nachhaltig wirksames Rezept, um ein Suchtverhalten abzulegen, das ohne die Zutaten „Selbstüberwindung" und „Entwöhnung" auskommt. Denn so lustvoll der Weg *zum* Venusberg ist, so leidvoll ist der Weg zurück. Selbstüberwindung bedeutet, sich selbst (also den Geist) über das genußorientierte Verstandeswollen zu „winden". Ein Klimmzug, der Kraft benötigt!

Genau die aber geht einem Menschen ab, der nicht mehr daran gewöhnt ist, seinen freien Willen zu betätigen. Und so endet das Bemühen um inneres Neuwerden oft in einer dumpfen Grübelei: der Kampf gegen die eigenen Hänge scheint nicht zu gewinnen, das angestrebte Ideal unerreichbar, das Böse übermächtig; düstere Wolken der Selbstvorwürfe durchziehen den Gedankenhimmel, nagen am Selbstwertgefühl und rauben Kräfte – wobei gleichzeitig der Hang nur noch größer zu werden scheint. Ein Teufelskreis ist in Gang gesetzt, der in einem tiefen seelischen „Loch" enden kann.

Aber muß das so sein? Kommt es zwangsläufig zu solchen Entwicklungen, wie sie von verzweifelten Menschen manchmal geschildert werden? Oder läuft etwas falsch?

Letzteres ist der Fall, und es läuft sogar *einiges* falsch, wenn es zu derartigen Abwärtsspiralen kommt, die zumeist auch noch von Schuld- und Angstgefühlen, manchmal sogar von bewußten oder unbewußten Selbstbestrafungen begleitet sind.

Im andauernden, bitteren Kampf mit sich selbst liegt ganz gewiß kein Weg, der zu mehr Licht und Freiheit führt. Ein großes Geheimnis der wirkungsvollen seelischen Entwicklungsarbeit liegt darin, den Blick auf das Ziel zu richten, und nicht auf die eigene Person und ihr Problem. Daraus läßt sich ein entscheidendes Lebensmotto ableiten:

- *Für etwas, nicht gegen etwas sein!*

Man stelle sich einen künstlich errichteten Flußlauf mit Stausee vor, der die Quellen eines Tales auffängt und dessen mächtiger Wasserstrom am Ende konzentriert zur Energiegewinnung verwendet wird. Nehmen wir nun an, der Mensch möchte diesen Eingriff in die Natur rückgängig machen, weil er ihn als falsch erkannt hat. Selbstverständlich würde es nun nicht nützen, den Staudamm einfach abzudichten, weil man die Wasserkraft nicht mehr zum Antrieb der Turbine nützen möchte. Unweigerlich würde er früher oder später unter dem Druck des stetig nachströmenden Wassers brechen müssen. Es ist unumgänglich, den gesamten Wasserhaushalt des Tales neu zu gestalten – am sinnvollsten im Einklang mit den natürlichen, ursprünglichen Gegebenheiten.

Das Gleichnis zu unserer Innenwelt liegt auf der Hand: Wenn jemand seine Sexualkraft, die im physischen Leben ja dem Energiehaushalt der gesamten „Naturlandschaft" des Körpers dienen soll, durch seine Gedankenbahnen mißbräuchlich so reguliert und fokussiert hat, daß sie dem permanenten Antrieb der „Turbine Geschlechtstrieb" dient, wird es auch nicht reichen, wenn er den Kraftstrom nun einfach unterbinden möchte. Auch er muß sich um eine Neugestaltung seiner *ganzen* „inneren Landschaft" kümmern und dafür sorgen, daß die Sexualkraft wieder in ihrer ursprünglichen Form strömen und mäandern kann. Dabei wird er um so erfolgreicher sein, je besser er sich an dem orientiert, was für seine individuelle Persönlichkeit *natürlich* ist: an seinen körperlichen Anlagen und vor allem auch an seinen seelisch-geistigen Fähigkeiten. –

Unser kleines Sinnbild konnte den Grundsatz für jedes harmonische Neuwerden sicher verdeutlichen: Man sollte seine Kräfte nicht darauf konzentrieren, das Alte, als falsch Erkannte zwanghaft zu unterbinden oder zu zerstören, sondern sie statt

146

dessen zum Aufbau des Neuen einsetzen – bis dieses so im Zentrum der Persönlichkeit steht, daß das Überlebte von selbst vergeht, weil es unnötig geworden ist. Es ist also gar nicht nötig, mühevoll gegen ein Problem anzutreten; durch die intensive gedankliche Beschäftigung würden ihm dadurch nur noch mehr Kräfte zufließen, die es weiter stärken. Statt dessen sollte man dem Problem mit größtmöglicher Gelassenheit begegnen und durchaus freudig am Umbau seiner Seelenwelt arbeiten.

Dieser Gleichmut gegenüber den noch bestehenden inneren Hürden sollte im übrigen kein schlechtes Gewissen verursachen. Wer im Hinblick auf seine wieder einmal durchbrechenden Schwächen und Hänge zur Grübelei neigt, ist vielleicht daran gewöhnt, sich in peinigenden Selbstvorwürfen zu ergehen. Aber damit blockiert er nur sein eigenes gutes Wollen. Dieses hemmende Verhalten darf getrost abgelegt werden. Auch wenn die Neugestaltung der Innenwelt erst am Anfang steht und der freie Wille noch weitgehend unterbunden ist, so daß er nicht das ganze Leben richtungweisend gestalten kann: dort, wo es möglich ist, soll der Aufbau jedenfalls erfolgen! Daß es andere Bereiche im Leben gibt, die noch im Unreinen sind, darf als eine Sache für sich betrachtet werden, die zu gegebener Zeit eine Lösung finden wird.

Und für diese Lösung ist, wie wir schon feststellen konnten, unumgänglich auch Selbstüberwindung nötig, der Willensakt des inneren Losreißens also. Wenn dazu jedoch die Kraft fehlt, dann steht eine Maßnahme natürlich im Vordergrund:

• *Nach Quellen der Kraft suchen!*
Wie kann man innerlich erstarken, wachsen, reifen? Wo die ersehnten „Quellen der Kraft" finden?

Um sie aufzuspüren, ist keine umfangreiche Expedition nötig, wir brauchen nämlich gar nicht außerhalb von uns zu suchen. Es genügt der nach innen gerichtete Blick: Die besagten Quellen durchfließen unsere Seelenlandschaft ohnehin – und zwar überall dort, wo *Anlagen und Fähigkeiten* liegen. In genau diesen Bereichen können wir sie anschlagen.

Tatsächlich sind die eigenen Anlagen und Fähigkeiten die allerwichtigsten Hilfsmittel für die bewußte Lebensführung. Sie bieten uns nicht nur Gestaltungsmöglichkeiten, sondern stellen gleichzeitig auch Verpflichtungen dar, denn was in uns angelegt ist, das drängt selbsttätig nach Verwirklichung und sollte bewußt gefördert werden. Es ist für uns sozusagen *Gesetz* – wobei dieser Begriff im Grunde das gleiche ausdrückt wie *Fähigkeit*:

„Streng genommen gibt es überhaupt keine eigentlichen Gesetze in der Schöpfung, sondern lediglich Fähigkeiten, die sich der jeweiligen Art entsprechend selbsttätig auswirken und dadurch, aber auch nur dadurch als unverbiegbare Gesetze erscheinen!

Lernt deshalb Eure eigenen Fähigkeiten kennen, wie auch die der anderen Schöpfungsteile, und Ihr kennt damit die Gesetze."[22]

Man kann den Rat der Gralsbotschaft, sich der eigenen Fähigkeiten zu bedienen, um dadurch Quellen der Kraft anzuschlagen und Hindernisse zu überwinden, nicht wichtig genug nehmen.

Wer sich darauf besinnt, was ihm wirklich liegt oder wonach es ihn schon immer gedrängt hat, wird brauchbare Ansatzpunkte für ein inneres Neuwerden finden können. Manchmal sind ja seelische Hänge nichts weiter als eine letztlich schwache Ersatzbefriedigung für irgendeinen wahren Wert, der als noch ungehobener Schatz im Menschen schlummert. Man sagt nicht von ungefähr, daß hinter der Sucht oft eine Sehnsucht steckt. Daher mag man sich die Frage stellen, was denn die *natürliche* Fließrichtung jener Kraft ist, die bisher zweckentfremdend kanalisiert wurde. –

Natürlich bedeutet die Besinnung auf eigene Fähigkeiten nicht zwangsläufig, daß jeder Mensch seinen Pfad ohne eine Hilfe von außen gehen soll oder muß. Im Gegenteil: Es kann eine wertvolle, vielleicht sogar unentbehrliche Unterstützung sein, einen Mitmenschen als Begleiter für den Weg des Neuwerdens gewinnen zu können – einmal ganz abgesehen davon, daß ein schweres Suchtverhalten eventuell auch den Einsatz entsprechender Medikamente rechtfertigt.

Jedenfalls können der vertraute Partner oder Lebensgefährte oder auch der geschulte Therapeut durch ihren „Blick von außen" besonders dann hilfreiche Anregungen einbringen, wenn die eigene „Betriebsblindheit" zu groß oder die Weltsicht zu grau geworden ist, um der entscheidenden Ausblicke noch gewahr werden zu können.

Die eigenen Anlagen und Fähigkeiten sind die wichtigsten Hilfsmittel für die bewußte Lebensführung.

Nicht zuletzt aber sollte, wenn wir uns nach einem hilfreichen Gegenüber sehnen, auch der Ursprung allen Seins nicht vergessen werden: der Schöpfer, Gott. Sich Ihm im Gebet zu nähern, in Dankbarkeit für das Geschenk des Lebens und eventuell auch in der Bitte um Kraft, kann eine besonders beglückende Erfahrung sein, vielleicht sogar die wichtigste aller Hilfen zum inneren Neuwerden.

Allerdings ist hier das Prinzip der „wachen Passivität", also des vertrauensvollen Abwartenkönnens, besonders wichtig. Wer sich „Hilfe von oben" ersehnt, sollte dabei nicht von vornherein einen bestimmten Weg einschlagen und dann auf die Hoffnung setzen, daß er durch „Gottes Allmacht" auf dieser selbstgewählten Bahn unterstützt wird, wenn die Gebete nur lang und inbrünstig genug sind. Das klappt nicht, denn der Schöpfer ist niemals der willfährige Helfer, den wir vielleicht gerne hätten.

„Hilfe von oben" zu erwarten, setzt unbedingt voraus, das Eigenwollen hintanzustellen und – im Sinne eines bedingungslosen Gelöbnisses „Dein Wille geschehe!" – sich ins Wirken und Weben der natürlichen Abläufe einzufügen. Von diesem Kraftstrom mitgetragen zu werden, erfrischt und belebt ungemein und führt mitunter zu ganz unerwarteten Aus- und Einblicken.

Wenn es also auch in erster Linie darum geht, sich auf die eigenen Anlagen und Fähigkeiten zu besinnen, so sollte stets klar sein: Kein Mensch in dieser Welt ist ganz auf sich allein gestellt;

Hilfen stehen ihm immer zur Verfügung. Aber es liegt auch hier an uns, diese Quellen anzuschlagen.

Durch das konsequente Benützen der eigenen Fähigkeiten und das Bemühen um größtmögliche Reinheit in den Gedanken vergrößern sich sodann nach und nach die inneren Freiräume wieder; man wird sicherer und spürt, daß jene Kräfte zu wachsen beginnen, die zur Selbstüberwindung nötig sind.

Und doch darf man nicht erwarten, daß diese Entwicklung immer „wie auf Schienen" läuft. Wahrscheinlich werden viele Um- und Nebenwege nötig sein. Ein weiterer wichtiger Grundsatz zur seelisch-geistigen Entwicklung lautet daher:

• *Das Ziel nicht außer acht lassen!*
Rückschläge sowie kleine oder größere Unfälle sollten nicht überraschen und noch weniger entmutigen. Wer von seinen „alten Schwächen" wieder eingeholt wird oder erneut in ein schon überwunden geglaubtes Verhaltensmuster verfällt, sollte das angestrebte Ziel deshalb nicht aufgeben oder in kräftezehrendes, sich selbst verurteilendes Grübeln verfallen.

Unter Umständen wird man auch die Erfahrung machen müssen, daß ein eingeschlagener Weg überhaupt nicht weiter führt, weil er vielleicht zu idealistisch, unrealistisch oder lebensfern war. Möglicherweise sind unbefriedigende Provisorien und Übergangslösungen nötig, um überhaupt voranzukommen. Daran ist nichts auszusetzen. Abd-ru-shin prägte diesbezüglich einmal – außerhalb seiner Gralsbotschaft – sehr treffende Worte:

> „*Unbeugsam ist in Wirklichkeit* der *Wille, der* zum Ziele *führt, auch wenn er seine Wege ändern muß, nicht aber der, der sich sein Ziel zerbrechen läßt an der eigenen Starrheit. Beharrlichkeit allein führt zu den Zielen, nicht die Starrheit. Starrheit ist* immer *falsch, weil unnatürlich und auch nicht im Einklang mit den Schöpfungsurgesetzen stehend, die Beweglichkeit bedingen. Ein jedes* starre *Festhalten ist Unbeholfenheit, die andere gangbare Wege nicht erkennt und deshalb auch das Vorwärtsstreben der Mitmenschen vermauert!*"

Wo also die eigenen Fehler eine vorerst noch unüberwindbare Mauer bilden, dort gilt es eben andere Wege zu erkennen, die zu gehen leichter fällt. Nur das *Ziel* muß im Auge behalten werden und die Bereitschaft bestehenbleiben, stets das Bestmögliche zu *tun*.

Doch auf dieses *Handeln* kommt es an! Es würde natürlich keinen Sinn machen, das angestrebte Ideal des „reinen Lebens" nur als eine Art Schauspiel zu pflegen: Man gibt sich anderen gegenüber so, wie man selbst gerne sein möchte, während aber die eigentliche Arbeit an sich ausbleibt. Leider ist derlei Heuchelei nicht so selten.

Jede idealstrebende Handlung ist Aktivität, ein *Geben*; eine Ursache, die dann auch jene *Wirkungen* nach sich ziehen kann, die der Mensch sich so sehr wünscht: „Willst du geliebt werden, so mußt du lieben", lautet ein treffendes Sprichwort aus dem Osten. Wer indes untätig darauf wartet, daß das Schicksal sich ihm zugeneigt zeigt oder wer sich in unverbindlicher Unentschlossenheit niemals zu einer Tat durchringt, wird damit leben müssen, daß der Boden unter ihm dünner wird. Es ist widernatürlich, ständig auf der Stelle zu treten. Zur seelischen Gesundheit gehört *Fortschritt*, und dieser zeigt sich unter anderem in einer steten

• *Erweiterung des Blickfeldes!*

Je mehr man darin fortschreitet, größere Sinnzusammenhänge zu erkennen, indem man neue Eindrücke und Erfahrungen zuläßt und sich in Liebe und Freude dem bislang Unbekannten öffnet – mit wacher Empfindung freilich, um unliebsame Überraschungen zu vermeiden –, desto leichter fällt es, unnatürliche Fixierungen zu lösen und Einseitigkeiten zu überwinden.

Geistiges Streben, das sich nicht vom vorselektierten Verstandeswollen beengen läßt, zeigt sich immer in einer umfassenden, uneingeschränkten Zuneigung zur Harmonie des Schöpfungsganzen. Es bringt die eigenen körperlichen und seelischen Fähigkeiten als wohlklingendes Orchesterkonzert zum Ausdruck, bei dem kein einzelnes Instrument zu schrill oder laut ertönt – auch nicht die „erste Geige" der Triebe und Gefühle.

Diese ermöglichen uns wunderschöne Erlebnisse, die wir zu unserem körperlichen und seelischen Wohl genießen können und sollen – daran besteht kein Zweifel. Doch in der Natur hat auch das Schönste immer seine Grenzen. Niemand würde ein ganzes Land überflutet sehen wollen, nur weil ihn der Anblick eines Sees so herrlich dünkt, denn mit der natürlichen Schönheit wäre es dann rasch vorbei. Sie ergibt sich erst aus der Begrenzung und aus der Einbindung des einzelnen in die Vielfalt des Lebens.

Vergleichbar ist es bei der Befriedigung des Geschlechtstriebs, dem infolge der Übersexualisierung unserer Gesellschaft durchweg ein viel zu hoher Stellenwert eingeräumt wird.

Wer Sexualität in aller Natürlichkeit genießen will, muß das dazugehörige Umfeld – Liebe, Harmonie, Scham – mit pflegen. Und er wird darüber hinaus auch erahnen, welch herrlicher Erlebnisreichtum uns abseits von Trieben und Gefühlen noch geboten ist, sofern man auf dem Lebensweg der Entwicklung des eigenen Geistes nicht müde wird und im Augenblick des einen Genusses auf „ewig" verweilen will.

Unentwegt treibt die Kraft der Welt voran, will uns reifen, erkennen und bewußter werden lassen, uns der Herrlichkeit des Lebens näher bringen. Tag für Tag sind jedem Menschen neue Gelegenheiten geboten, um seine Entwicklung voranzutreiben.

Wie es wohl unserem jungen „Swinger" geht, seit er seinen großen Auftritt im Fernsehen hatte? Wünschen wir ihm, daß er für den Venusberg nicht allzu viel Wegezoll bezahlt hat und sich aus dessen Bannkreis noch zu rechter Zeit befreien konnte. Hoffen wir, daß er seine fragwürdige „Bewußtseinsstufe" inzwischen ohne allzu großen Schaden überwunden hat und den Weg zurück zu geistigen Zielen wiederfinden konnte – Tannhäusers einsamen Pfad vom Sinnenrausch zur Lichtsehnsucht.

Anmerkungen und Literaturempfehlungen
zu Kapitel 3

1 Allein der bekannte Erotikartikel-Anbieter „Beate Uhse" macht einen Jahresumsatz in zweistelliger Millionenhöhe und betreut im deutschsprachigen Raum Hunderttausende Kunden.

2 Zitiert aus: Ernst Pöppel: „Lust und Schmerz – Über den Ursprung der Welt im Gehirn", Goldmann Verlag, Berlin, 1993

3 Zitiert aus: Abd-ru-shin: „Im Lichte der Wahrheit – Gralsbotschaft", Verlag der Stiftung Gralsbotschaft, Stuttgart, 1998 (Band 2, „Der Mensch und sein freier Wille")

4 Man denke in diesem Zusammenhang zum Beispiel an das Wort „geil", das in der heutigen Jugendsprache im Sinne von „großartig" verwendet wird, während es früher umgangssprachlich im Sinne von (penetranter) sexueller Lüsternheit benutzt wurde.

5 Man denke etwa an die Frage, wann das deutsche „Du" in einer zwischenmenschlichen Beziehung angebracht ist. Auch hier spielt ein gesundes Schamgefühl eine wichtige Rolle.

6 Die angesprochene Entwicklung des geistigen, sich-selbstbewußten Ichs wird im zweiten Band dieser Arbeit näher besprochen. Der geistige Kern des Menschen, von dem hier die Rede ist, sollte jedenfalls nicht mit dem oft stark dem Egoismus verpflichteten Tagbewußtsein gleichgesetzt werden.

7 Eine kurze Zusammenfassung der Sittengeschichte findet der interessierte Leser in „GEO Wissen – Sex, Geburt, Genetik" bei Franz Mechsner: „Trotz allem Lust und Liebe", Verlag Gruner + Jahr, Hamburg, 1992.

8 Forscher führen diesbezüglich ins Treffen, daß die Frau, würde der geschlechtliche Verkehr tatsächlich nur der Fortpflanzung dienen, keinerlei sexuelle Lust zu verspüren brauchte.

9 Von Jesus Christus sind keine Äußerungen überliefert, die die Vorzüge einer sexuellen Enthaltsamkeit preisen würden.

10 Zitiert aus Abd-ru-shin: „Im Lichte der Wahrheit – Gralsbotschaft", Verlag der Stiftung Gralsbotschaft, Stuttgart, 1998 (Band 2, „Ist geschlechtliche Enthaltsamkeit geistig fördernd?")

153

11 So lauten die letzten Abschiedsworte von Isolde in ihrem „Liebestod" (Richard Wagner, „Tristan und Isolde", Schluß 3. Akt).

12 Zu dem Thema Homosexualität und Transsexualität vgl. „Expedition Innenwelt", Band 2, Kapitel 3

13 Zitiert aus Abd-ru-shin: „Im Lichte der Wahrheit – Gralsbotschaft", Verlag der Stiftung Gralsbotschaft, Stuttgart, 1998 (Band 1, „Der erste Schritt")

14 Vgl. Kapitel 2

15 Die Psychosomatik beschäftigt sich mit den Wechselwirkungen zwischen Seele (Psyche) und Körper (Soma), vor allem mit den seelischen Einflüssen auf körperliches Geschehen bei der Entstehung von Krankheiten.

16 Dazu zählt man alle Körpermerkmale, die auf Jugendlichkeit hinweisen, symmetrische Gesichtszüge und natürlich die „eigentlichen Geschlechtssignale", wie etwa breite männliche Schultern und auch breite weibliche Hüften. (vgl.: D. Morris: „Mars und Venus – Das Liebesleben der Menschen", W. Heyne Verlag, München, 1997)

17 Der „Venusberg" ist ein „verbotener Ort" in Richard Wagners Oper „Tannhäuser", der in diesem Kapitel gleichnishaft verwendet wird.

18 Auf das große Thema „Schicksal" gehe ich im 2. Band dieses Buches näher ein.

19 Vgl. Abd-ru-shin: „Im Lichte der Wahrheit – Gralsbotschaft", Verlag der Stiftung Gralsbotschaft, Stuttgart, 1998 (Band 2, „Ich bin die Auferstehung und das Leben, niemand kommt zum Vater denn durch mich!")

20 Vgl. Abd-ru-shin: „Im Lichte der Wahrheit – Gralsbotschaft", Verlag der Stiftung Gralsbotschaft, Stuttgart, 1998 (Band 1, „Das Schweigen")

21 Der vollständige Titel lautet: Tannhäuser und der Sängerkrieg auf der Wartburg.

22 Zitiert aus Abd-ru-shin: „Im Lichte der Wahrheit – Gralsbotschaft", Verlag der Stiftung Gralsbotschaft, Stuttgart, 1998 (Band 3, „Der Kreislauf der Strahlungen")

ZWISCHEN
LEIB UND SEELE

Lesen Sie in diesem Kapitel:

▶ Das Blutgeheimnis

▶ Was ist die „Psyche"?

▶ Richtige Ernährung, richtige Atmung

▶ Die Brücke aus dem Transzendenten

▶ Was bedeutet „astral"?

▶ Gedanken zur Gestalt der Seele

» Wo liegen die Grenz- und Übergangsbereiche vom Körper zur Seele?

Welche Brücken vom Physischen hin zum Psychischen gibt es – und umgekehrt?

Was verbindet den „feinen" mit dem „groben" Stoff?

Auf welchen Kanälen gelangt das Lebendige in das Leblose? «

Kapitel 4

Zwischen Leib und Seele

Ein Bekannter erzählte mir einmal beiläufig, daß seine Familie es seit geraumer Zeit mit einer schwer depressiven Frau zu tun habe, um die man sich kümmern müsse. Aber, so meinte er, viel könne man ja ohnehin nicht tun, sie würde eben ihre Medikamente brauchen, und im übrigen sei das Problem wohl „karmisch" zu sehen; auch für seelische Krankheiten sei jeder Mensch ja letztlich selbst verantwortlich. Mein Bekannter war sicher, daß diese aus einer spirituellen Weltsicht geborene „Erkenntnis" das Problem schon ausreichend beleuchte, und im folgenden Gespräch war ich auch nur bedingt erfolgreich mit meinem Versuch, ihm darzulegen, daß die Milchmädchenrechnung „seelische Krankheit = Rückwirkung aus üblem Verhalten" wohl doch ein wenig zu undifferenziert ist – geschweige denn, daß man daraus irgendeine brauchbare Hilfe ableiten könnte.

Leider ist diese Tendenz öfter feststellbar: Auch Menschen, die ihre Begriffsbereitschaft auf nicht-physische Zusammenhänge erweitert haben, neigen bisweilen zu einem bedauerlich starren Schubladendenken. Sie stellen sich die Innenwelt äußerst eindimensional vor, teilen Menschen gerne in „entwickelt oder unterentwickelt", „reif oder unreif", „fortgeschritten oder zurückgeblieben" ein. Und sie sind eben auch recht schnell beim Finden – oder besser gesagt: unzulässigen Vereinfachen – von Zusammenhängen: Wem es schlecht geht, der ist selbst schlecht gewesen, Punkt! Wer leidet, hat selbst Leid verursacht – das Schicksal wird ihn schon reifen lassen! Mitunter wird das Argument, der andere

Der Begriff „Psyche", mit dem unsere Innenwelt üblicherweise umschrieben wird, blieb ein schwammiges Etwas.

brauche dies oder jenes, sogar als Rechtfertigung dafür mißbraucht, einem Mitmenschen nicht hilfreich unter die Arme zu greifen. Vielleicht ist es aber gar nicht so sehr die fehlende Menschlichkeit, die zu einer solchen lieblosen Lebenseinstellung führt, sondern vielmehr das nicht vorhandene Wissen über die Innenwelt, verbunden mit einer gewissen Denkfaulheit, die gar nicht mehr nach Zusammenhängen *suchen* läßt, weil der Betroffene glaubt, durch seine spirituellen Einsichten schon alles Nötige gefunden zu haben.

„Psyche" – ein schwammiger Begriff

Faktum ist, daß der Begriff „Psyche", mit dem unsere Innenwelt ja üblicherweise umschrieben wird, bis heute ein sehr schwammiges Etwas verblieb. Ich habe in einem voranstehenden Kapitel dieses Buches bereits kurz zusammengefaßt, welche unterschiedlichen Vorstellungen es zum Ich beziehungsweise dem Seelischen im Menschen gibt.

Die Unsicherheit dahingehend, womit wir es bei uns selbst eigentlich zu tun haben, durchzieht aber nicht nur die Natur- und Geisteswissenschaften, sondern auch viele esoterische Richtungen, in denen es zwar keine Scheu vor dem Transzendenten gibt, wo sich die Entflammbarkeit für das Außergewöhnliche jedoch mit gedanklicher Konsequenz und klarer Logik manchmal nicht gut vereinen läßt.

Auf das eingangs erwähnte Gespräch über die Depression werden wir im nächsten Kapitel nochmals zurückkommen. Jedenfalls aber läßt sich diese psychische Störung – wie auch manche andere – nicht im Handumdrehen zuordnen und beurteilen, weil dabei unterschiedliche Ebenen unserer Innenwelt mitspielen können. Viele Zusammenhänge *zwischen Leib und Seele* müssen berücksichtigt werden, und wenn wir uns vorgenommen haben, einen besseren Überblick und damit größere Klarheit in der Selbsterkenntnis zu erringen, so sollten wir an dieser Stelle vorerst kurz innehalten, um das bisher Beleuchtete zusammenzufassen, ehe wir dann weiter in die tieferen (beziehungsweise höheren) Regionen unseres Inneren vordringen:

1. Unser Menschsein erschöpft sich nicht im Körperlichen, also dem Zusammenwirken unserer fünf Sinne mit den so ungemein bedeutungsvoll eingeschätzten grauen Zellen in unserem Kopf. Das typisch Menschliche resultiert vielmehr aus nicht-physischen Befähigungen, wie der Möglichkeit zum bewußten *Erleben- und Empfindenkönnen*. Das Wesen der Seele beziehungsweise des Ichs ist nicht materieller Natur, es hat sich dem physischen Körper nur *angeschlossen*. Insofern vereinigt der Mensch zwei Welten in sich – die materielle Außenwelt und die immaterielle Innenwelt.

2. Als wichtigste „Schnittstelle" zwischen diesen Seinsebenen dient unser (durchaus nicht unproblematisch entwickeltes) *Gehirn* beziehungsweise der *Verstand* als dessen Produkt. Er ist das zentrale Erkenntnis- und Steuerungsorgan unseres Körpers, das Eindrücke aus der Außenwelt aufnimmt, verarbeitet und weiterleitet an die Seele, gleichzeitig aber auch Impulse aus unserer Innenwelt in Gedanken, Worten und Handlungen zum Ausdruck bringt. Der Verstand arbeitet in seiner Art naturgemäß körperbezogen. Er ist dem Gefühls- und Triebleben verpflichtet und spielt eine tragende Rolle bei der Entstehung unseres *Tagbewußtseins*.

3. Dieses Tagbewußtsein, also unsere Befähigung, Empfindungen, Gedanken und Gefühle im körperlich aktiven Wachzustand bewußt erleben zu können, darf jedoch nicht mit unserem eigentlichen Ich-Bewußtsein gleichgesetzt werden; dieses kann ganz gut auch ohne den physischen Körper und die Einflüsse des Verstandes leben. Bewußtsein resultiert nicht aus Gehirn- und Körperfunktionen, sondern es *be*dient sich der physischen Gegebenheiten. Insofern ist der Verstand nur ein Diener des menschlichen Ichs.

4. Ein wesentlicher „Bestandteil" unserer Innenwelt sind die *Gedanken.* Sie entstehen unter Mitwirkung des Verstandes, werden jedoch entscheidend geprägt, getrieben und durchglüht durch richtungweisende, formgebende Willens-Impulse aus dem Seelischen. Solcherart „belebte" Gedanken sind also nicht bloß Hirngespinste, sondern sich tatsächlich bildende *feinstoffliche Werke.* Gedankenformen bleiben mit ihren Erzeugern verbunden und schließen sich selbsttätig zu „Gleicharts-Zentralen" zusammen. Diese wiederum wirken machtvoll auf die grobstoffliche Welt zurück und drängen – sozusagen als „innere Vor-Bilder" – zur physischen Verwirklichung. Dabei beeinflussen sie machtvoll das Denken aller Menschen, die innerlich gleich oder ähnlich ausgerichtet sind.

5. Maßgeblichen Einfluß auf die feinstoffliche Welt der Gedankenformen haben *Triebe und Gefühle.* Sie sind zwar durchaus nötig für unsere Gesundheit und das körperliche Wohlergehen, können aber auch – in Verbindung mit Verstand und Phantasie – ein zunehmend unkontrollierbares Eigenleben führen. Um dies zu vermeiden, muß der Einfluß des Seelisch-Geistigen auf die Entstehung von Gedanken tonangebend bleiben. Denn lichtvolle, der Menschlichkeit verpflichtete, also *reine* Empfindungen sorgen selbsttätig dafür, daß unnötige Belastungen der Innenwelt durch übermächtige Triebe und Gefühle vermieden werden.

6. Zum Wesen des Menschseins gehört untrennbar ein *freier Wille,* mit dem wir die Richtung unseres Lebensweges bestimmen. Doch diese herausragende Fähigkeit zum freien Entschluß, die uns über alle Tiere hebt, aber auch eine besondere Verantwortung auferlegt, kann unterbunden werden, wenn sie nicht betätigt wird, wenn jemand sich also in geistesträger Passivität von seinen Wünschen, Trieben und Gefühlen mitreißen läßt oder einen natürlichen Genuß zum Hang großzieht – im Klartext: zur Sucht.

Eine solche innere Bindung an das Verstandeswollen kann einen wesentlichen Hintergrund für psychische Störungen bilden. –

Bislang haben wir uns vornehmlich mit Aspekten unseres Inneren beschäftigt, die der körperlichen, also physischen Welt eng verbunden sind: mit

Gedanken, Gefühle und Triebe sind dem Körper verbunden. Unsere Innenwelt umfaßt aber noch andere Dimensionen.

Gedanken, Gefühlen und Trieben. Immer wieder aber konnten wir dabei feststellen, daß diese „äußere Innenwelt" viele entscheidende Impulse aus tieferen, verborgeneren Bereichen erhält (oder erhalten soll). Wir haben vom geistigen Ich-Bewußtsein gesprochen, von der menschlichen Empfindungsfähigkeit und eben auch von unserem freien Willen zum Entschluß.

Wenn die *Psyche* demnach noch andere Dimensionen umfaßt, wollen wir diesen Begriff nun in zwei Schritten weiter konkretisieren: Dieses Kapitel dreht sich vorerst einmal um die Frage, wo denn die Grenz- und Übergangsbereiche vom Körper zur Seele liegen, welche *Brücken* es vom Physischen hin zum Psychischen gibt (und umgekehrt, welche vom Seelischen zum Körperlichen führen). Was also verbindet den „feinen" mit dem „groben" Stoff? Auf welchen Kanälen gelangt das Lebendige in das Leblose? Wodurch erfolgt der Zusammenhalt? Aus dem Wissen um diese Zusammenhänge ergeben sich einige Ansatzpunkte für psychische Probleme, aber auch Anregungen zur Verhaltensänderung etwa im Bereich der Ernährung oder des Körperbewußtseins.

In einem weiteren Schritt werden wir uns dann in die tieferen Bereiche unserer seelischen Innenwelt vorwagen und um eine endgültige Klärung des Begriffes *Psyche* bemüht sein. Damit wird unserer „Expedition Innenwelt" dann bereits ein erster „Gipfelsieg" gelungen sein, und wir werden seelischen Störungen wie Ängsten, Süchten oder Depressionen nicht mehr ganz so hilflos begegnen müssen. Diese können ihre Ursachen, wie festzustellen sein wird, sowohl im Stofflichen als auch im Nichtstofflichen oder auch in einem „Brückenbereich" haben – was zu unterschiedlichen therapeutischen Ansätzen führt.

Das Blutgeheimnis

Üblicherweise neigen wir heute aufgrund einer verbreiteten „materialistischen Kurzsichtigkeit" dazu, das Körperliche als unser eigentliches „Lebensfahrzeug" zu betrachten, die Seele indes nur als bequemes Beiwagerl, in welches man mit Vorliebe alles das packt, was somatisch allein nicht erklärbar ist. So befassen sich auch die meisten Lebenshilfe-Strategien vor allem damit, wie das Seelenleben auf den Körper wirkt. Hingegen spielt die eigentlich viel wichtigere Frage, durch welche (äußeren) Einflüsse denn die Innenwelt geprägt und geformt wird, im allgemeinen kaum eine Rolle.

Doch es besteht in der Natur eine klare Hierarchie, die hier ein Umdenken nahelegt: das „Grobe" ist dem „Feinen", das Materielle dem Immateriellen untergeordnet; es *dient* ihm – wie zum Beispiel der Verstand dem Geist. Daher bildet der Geist das Zentrum, um das sich alles (inklusive unserer Überlegungen) drehen muß. Die äußere Hülle ist nur Mittel zum Zweck. Durch den physischen Körper bieten sich dem belebenden Kern Wirkungs- und Entwicklungsmöglichkeiten.

Man kann gleichnishaft an ein Haus denken: Seine Bewohner erhalten durch das Bauwerk Abgrenzung, Schutz und einen „Ankergrund", von dem aus sie hinaus in die Welt wirken können. Und wie ein Wohnhaus, so ist auch die physische Körperhülle ein Heim für uns, das keinen Selbstzweck erfüllt, sondern einer höheren Sinnhaftigkeit dient.

Wenn wir uns in diesem Gebäude wohlfühlen möchten, wenn es unseren Bedürfnissen entsprechen und uns die bestmögliche Wirkungsbasis bieten soll, dann müssen wir es natürlich entsprechend ausstatten, pflegen, in Form bringen oder in Schuß halten. Es wäre ein Trugschluß, glaubte man, ein „rein geistiges" Leben ohne Rücksicht auf seine körperliche Ausstattung führen zu können.

Alle Aspekte unseres Menschseins wollen beachtet werden, denn auch in der Einheit von Körper, Seele und Geist arbeitet das Gröberstoffliche stets dem Feinerstofflichen zu.

Diese natürliche Hierarchie zeigt sich bereits im physischen Körper selbst. Dessen Organismus sorgt dafür, daß unser *Blut* die bestmögliche Qualität

Das Gröbere dient dem Feineren: Diese natürliche Hierarchie zeigt sich auch im Hinblick auf das Blut.

hat. Der Gedanke mag vorerst gewöhnungsbedürftig sein, aber tatsächlich dient nicht das Blut dem Körper, wie man im allgemeinen annimmt, sondern es ist umgekehrt: der Körper steht im Dienste des Blutes. In seinem Buch „Das Blutgeheimnis" führt der Genfer Heilpraktiker und Fachbuch-Autor Christopher Vasey dafür eine Reihe von Beobachtungen an, die eindeutig zu diesem Schluß führen – zum Beispiel in bezug auf die Dialyse:

„Bei dieser medizinischen Behandlung zieht man das arterielle Blut aus dem Körper heraus, um es über einen speziell entwickelten Apparat zu leiten, der dazu dient, es von seinen Schlacken zu reinigen (…) Diese künstliche Blutreinigung wird bei Kranken angewendet, deren Nieren zu stark geschädigt sind, als daß sie selbst die Blutreinigung durchführen könnten.

Es erweist sich nun, daß man während einer Dialyse von 24 Stunden 300 bis 400 Gramm Harnstoff herausfiltern kann, während doch bereits ein Verhältnis von 2 Gramm auf 1 Liter Blut als sehr gefährlich angesehen wird. Da unser Körper nicht mehr als ungefähr 7 Liter Blut besitzt, muß man fragen: Woher kommen dann die 300 bis 400 Gramm Harnstoff? Augenscheinlich waren sie nicht im Blut enthalten, da doch schon das Vorhandensein von einigen Gramm Harnstoff im Blut tödlich ist. Sie waren jedoch in den Körper zurückgedrängt, genauer gesagt, in die organischen Gewebe, und konnten nur dank der Dialyse wieder in den Kreislauf eingebracht werden.

Wenn nun der Körper auf diese Weise geopfert wird und ganz allein die ‚Kosten' der Vergiftung tragen muß, damit es

dem Blut möglich ist, eine stabile Zusammensetzung aufrecht-
zuerhalten, bedeutet das nicht, daß das Blut ,wertvoller' als
der Körper ist, und in diesem Fall, daß der Körper dem Blut zu
dienen hat?

Daß das Blut den ersten Rang einnimmt, wird ebenso in
der umgekehrten Situation offenbar, wenn die Gefahr, die
das Gleichgewicht des Blutes bedroht, nicht auf einen Über-
schuß an sonst harmlosen Stoffen zurückzuführen ist, wie in
dem vorausgegangenen Beispiel, sondern auf einen Mangel
an nützlichen Substanzen. Normalerweise enthält das Blut
eine gewisse Anzahl basischer Substanzen (Kalzium, Sodium,
Magnesium ...), die es zum Neutralisieren der Säure benut-
zen kann (Puffersystem), sobald das Gleichgewicht seines
pH-, das heißt seines Säurewertes bedroht ist. Wenn die Säu-
rezufuhr zu stark und regelmäßig ist, verbrauchen sich diese
basischen Mineralien, und ein anderes Verteidigungssystem
tritt in Kraft: Alkalische Mineralien werden vorläufig aus den
verschiedenen Körpergeweben abgezogen, so aus dem Ske-
lett, den Nägeln, der Haut oder den Haaren, um den passen-
den pH-Wert des Blutes wiederherzustellen. (...)

Hier erscheint wiederum die Vorrangigkeit des Blutes ganz
klar, denn man beobachtet, daß der Körper zu seinen Gunsten
regelrecht geopfert wird. Um eine ideale Zusammensetzung
des Blutes mit alkalischen Mineralien aufrechtzuerhalten, wer-
den Mineralien den Geweben und Organen entzogen, selbst
wenn diese dadurch ernstlich benachteiligt werden. (...)

Es ist übrigens eine in der Physiologie bekannte Tatsache,
daß der Organismus beständig arbeitet, damit das Blut eine
ideale Zusammensetzung hinsichtlich der Vitamine, Minera-
lien, Aminosäuren usw. hat, indem diese dem Verdauungsvor-
gang entnommen werden, und, wenn die Nahrung sie nicht
liefert, den Geweben. Der Körper kann also schwer erkranken,
einzig und allein, um das Blut zu retten."[1]

Aber warum ist das so? In bezug auf den Körper liegt die Antwort auf der Hand: dessen Gesundheit erfordert, daß die Qualität

des alles durchpulsenden „Lebenssaftes" möglichst hoch ist. Doch es gibt noch ein tiefergründiges Geheimnis um unser Blut, aus dem heraus sich

Es gibt ein Geheimnis um unser Blut, aus dem heraus sich dessen hoher Symbolwert erklärt.

dessen hoher Symbolwert erklärt – und auch das bekannte Goethe-Wort, wonach Blut „ein ganz besonderer Saft" sei: Es soll, so erläutert die Gralsbotschaft, *„die Brücke bilden für die Tätigkeit des Geistes auf der Erde"*[2].

Die Brücke aus dem Stofflichen

So, wie der Körper dem Blut „untertan" ist, steht dieses demnach im Dienste des Geistes beziehungsweise der Seele. Wenn die Volksweisheit das Blut mit dem Begriff *Leben* assoziiert, so erklärt sich das eben nicht nur daher, daß diesem besonderen „Elixier" im Organismus eine überragende Bedeutung zukommt; entscheidender ist, daß das Blut aus dem Stofflichen heraus die *Brücke für die Seele* bildet, also für das, was den Körper belebt. Wobei, genauer gesagt, nicht das Blut selbst diese Brücke abgibt, sondern dessen Ausstrahlung, denn:

> *„Der Geist, oder die ‚Seele' (…) vermag nicht unmittelbar durch das Blut nach außen irdisch zu wirken. Dazu ist der Unterschied zwischen den beiden Arten zu groß. Die Seele (…) ist in ihrer gröbsten Schicht noch viel zu fein dazu und vermag sich nur durch die* Ausstrahlung des Blutes *nach außen zu betätigen.*
> *Die Ausstrahlung des Blutes ist also in Wirklichkeit die eigentliche Brücke zur Betätigung der Seele, und auch nur dann, wenn dieses Blut jeweils eine ganz bestimmte,* für die betreffende Seele geeignete *Zusammensetzung hat."*[2]

Die Gralsbotschaft erklärt des weiteren, daß die Ausstrahlung des Blutes sich im Laufe eines Menschenlebens immer wieder ändert.

165

Damit in Zusammenhang steht beispielsweise die Sexualkraft, die ab einer bestimmten Phase in der körperlichen Entwicklung gebildet wird, wodurch …

> „… eine Zugbrücke für die bisher von der Außenwelt schützend abgetrennte Seele nach außen hin herabgelassen wird, die natürlich nicht nur die Seele nach außen wirken läßt, sondern Wirkungen von außen her auf dem gleichen Wege auch zu der Seele gelangen läßt. (…)
>
> Das Herablassen der Zugbrücke aber erfolgt selbsttätig durch nichts anderes als durch eine mit dem Heranreifen des Erdenkörpers und dem Drängen der Seele hervorgerufene Umbildung der Zusammensetzung des Blutes …"[2]

Auch unsere Gefühlswelt hängt wesentlich mit der Ausstrahlung des Blutes zusammen:

> „Der Volksmund spricht von leichtem Blute, von heißem Blute, von schwerem Blute, von leicht erregbarem Blute. Alle diese Bezeichnungen werden auf das Temperament bezogen, mit der ganz richtigen Empfindung, daß das Blut dabei die größte Rolle spielt. Es ist in Wirklichkeit eine bestimmte Ausstrahlung, die jeweils durch die Art der Zusammenstellung des Blutes sich entwickelt und in erster Linie dann in dem Gehirn eine entsprechende Auslösung hervorruft, die sich weiterhin in dem Gefühl des ganzen Körpers stark bemerkbar macht."[3]

Diese Darlegungen der Gralsbotschaft zum Blutgeheimnis haben weitreichende Konsequenzen für das Verständnis unserer Innenwelt. Bei früherer Gelegenheit war schon von Gehirnstörungen die Rede, die unter Umständen das Bewußtsein stark beeinträchtigen können, weil dadurch eine wichtige „Schnittstelle" im Körper defekt ist. Nun zeigt sich, daß das Blut beziehungsweise dessen Ausstrahlung eine weitere körperliche (Mit-)Ursache psychischer Probleme sein kann. Denn es ist klar: Wenn die Strahlungsbrücke nicht trägt, findet die Seele keinen richtigen Kontakt zum Körper. Die dabei auftretenden Störungen können von verminderter Lebensfreude und depressiven Verstimmungen bis hin zum völligen Verlust des Tagbewußtseins führen.

Für das reibungs-
lose Zusammenwir-
ken von Seele und
Körper ist beispiels-
weise der Blutzucker-
spiegel wichtig. Ist er
zu niedrig (der Richt-

Wenn die Strahlungsbrücke des Blutes nicht gut trägt, findet die Seele keinen richtigen Anschluß an den Körper.

wert liegt üblicherweise bei rund 95 mg Glukose auf 100 ml Blut),
meldet sich vorerst der Hunger (damit durch die Nahrung wieder
Zucker zugeführt wird), danach kommt es zu allgemeiner Mattig-
keit und eingeschränktem Denkvermögen, schließlich folgt –
wenn der Anschluß der Seele an den Körper bereits zu sehr beeinträchtigt ist – die Bewußtlosigkeit.

Abgesehen von der Glukose wirken sich auch Änderungen im
Gehalt an Vitaminen, Mineralsalzen, Sauerstoff und vielen anderen Faktoren auf die Qualität des Blutes und der Blutausstrahlung
aus. So weiß man beispielsweise durch entsprechende Versuche
mit Freiwilligen, daß ein Mangel von Vitamin B1 zu Reizbarkeit
und Depressionen führt. Zu wenig Magnesium im Blut verursacht
oder begünstigt unter anderem Ängstlichkeit und Aggressivität;
Lithium, ein anderes Mineralsalz, ist in der Psychiatrie wiederum
wichtig, um manisch-depressive Stimmungsschwankungen aus-
zugleichen – und so weiter.

Weil also die richtige Zusammensetzung des Blutes von so
großer Wichtigkeit für die Harmonie im Innenleben und die op-
timale Wirkungsmöglichkeit der Seele ist, kommen wir im Sinne
der inneren Reife nicht umhin, den Körper angemessen zu pflegen. Es ist daher auch keine Verirrung, wenn wir auf unserer „Expedition Innenwelt" nun in der Außenwelt gelandet sind und uns
kurz mit körperlichen Aspekten befassen. Um so weniger, als es
dabei ja um etwas ganz Entscheidendes für den praktischen Alltag geht: um unser Wohlbefinden, unsere Energie und Tatkraft.

Grundsätzlich ist es auch gar nicht schwer, das Richtige zugunsten einer idealen Verbindung von Körper und Seele zu tun:
Alle *natürlichen* Maßnahmen, die der körperlichen Gesundheit

Frische Luft, Bewegung, gute Ernährung – diese natürlichen Maßnahmen fördern auch eine gesunde Blutausstrahlung.

dienen, kommen in der Folge auch der Blutqualität zugute, verbessern die Blutausstrahlung und ebnen dem Wirken der Seele den Weg. Mit „natürlich" ist hier freilich nicht der Routine-Griff zur täglichen Medikamentenration angesprochen. Vielmehr geht es um alle *ursprünglichen* Einflußmöglichkeiten wie frische Luft, Bewegung und vor allem *gesunde Ernährung*. Maßnahmen in diesen Bereichen sind auch garantiert frei von unerwünschten Nebenwirkungen, und niemand braucht sorgenvoll einen kleingedruckten Verpackungstext zu lesen.

Ernährung und Psyche

Eine heute wegen ihrer Einfältigkeit mitunter belächelte Weisheit des Volksmundes lautet: „Essen und trinken hält Leib und Seele zusammen" – doch in diesem kecken Gasthaus-Spruch steckt bei näherer Betrachtung mehr als nur eine populärphilosophisch verbrämte Rechtfertigung für kulinarischen Genuß. Durch ein größeres Bewußtsein in der Wahl von Speise und Trank läßt sich der Zusammenhalt von physischem Körper und Seelenkörper nämlich ganz entscheidend beeinflussen.

Doch was ist gesunde Ernährung? Wer sich die breite Palette der heute angepriesenen Reform-Diäten betrachtet – von der makrobiotischen Reiskost[4] bis zur „Speck-weg-Wunderalge" – wird wohl bald ein wenig hilflos vor den vielen „guten Ratschlägen" und „perfekten" Ernährungsrichtlinien stehen. Denn leider widersprechen die Empfehlungen einander nur zu oft. Vielleicht sollte man hier also weniger der inneren Logik abgegrenzter Lehren trauen als vielmehr dem eigenen Hausverstand. Bekanntlich können ja auch die atemberaubendsten Lehrgebäude im Rahmen ihrer „Systemgrenzen" recht glaubwürdig und schlüssig erschei-

168

nen – aber wehe, es kommt ein „unerlaubtes" Argument von außen, das plötzlich alles in Frage stellt …

Sucht man sich an der Natur zu orientieren, lassen sich indes einige Regeln formulieren, nach denen jeder Mensch im Normalfall ganz gut fahren wird:

• Wie auch jede Pflanze zum Gedeihen ihren idealen Boden hat, so wird auch der menschliche Körper am besten durch die Kräfte jener Scholle Erde gefördert, der er selbst entstammt. Konkret: *Alle Lebensmittel sollten vorrangig aus der klimatischen Zone der eigenen Heimat stammen.* Und noch konkreter: Südfrüchte oder andere exotische Reize brauchen beispielsweise in den Küchen unserer Breiten nicht exzessiv eingesetzt zu werden.

• Die Erfahrung, daß *Abwechslung* gut tut, gilt auch für die Ernährung. Spezielle Diäten sind eine Zeitlang natürlich sinnvoll, vor allem, wenn es darum geht, Krankheitsverläufe günstig zu beeinflussen (und mit der Ernährung kann man bei fast allen Krankheiten ansetzen, wenn man für sich selbst etwas tun will). Auf Dauer aber ist eine *gesunde Mischkost* ohne einseitige Einschränkungen gewiß das Richtige – was natürlich nicht bedeutet, daß die heute übliche Schlemmerei als „gesunde Mischkost" bezeichnet werden darf. Im Gegenteil:

• Die „Mischkost" von heute – industriell vorgefertigte, mit allerlei Ingredienzen geschmacklich „verfeinerte" *Nahrungs*mittel (von *Lebens*mittel zu sprechen wäre wohl verfehlt) – dient zweifelsfrei weniger der Gesundheit als vor allem dem Genuß. Und natürlich freut sich der flinke Hausmann in der „schnellen Küche" des 21. Jahrhunderts über den Zeitgewinn durch 30-Sekunden-Fertigsuppen und mikrowellentaugliche Tiefkühlkost. Aber wer der geschickt beworbenen „Fast food"-Verlockung erliegt – und die auf den schnellen kulinarischen „Kick" ausgerichtete „McDonald's-Gesellschaft" ist gewöhnt daran, die Grenzen des guten Geschmacks auszureizen –, der verlernt es schnell, das unaufdringliche Aroma der Natur zu erleben: reines Wasser, würziges Gemüse, saftiges Obst, bittere Kräuter, süße Beeren, herbes Getreide. Allerdings kann man diese geschmackliche Mitte recht leicht wiederfinden – man verzichte einfach für ein paar Tage oder Wochen auf alle extremen Süßungsmittel und Gewürze. Die Zeit, in der alles nur „gesund" schmeckt, weil die Natur eben nicht auf die Förderung der Eßgier abzielt, geht rasch vorbei! Also: *Zurück zu echten Lebensmitteln!*

• Dabei baut eine für uns Menschen wirklich gesunde Mischkost in der Hauptsache auf *naturbelassener pflanzlicher* Kost auf, denn ausgeprägte Fleischfresser sind wir bestenfalls von unserer kulinarischen, nicht aber von der biologischen Veranlagung her. Wer will, kann sich die Gestaltung des menschlichen Gebisses zum Vorbild für die richtige Nahrungsmischung nehmen: Von unseren 32 Zähnen erscheinen vier als „Reißwerkzeuge", die anderen 28 dienen dem Schneiden und Mahlen von Getreide, Gemüse, Obst und Hülsenfrüchten. Das Verhältnis von 7 : 1 bietet sich jedenfalls als ein taugliches Maß an zur Mischung von pflanzlichen und tierischen Lebensmittelanteilen.

• Wiewohl man heute – vor allem im städtischen Leben – viel Energie verschwendet, um die Natur auszusperren und unliebsame Unregelmäßigkeiten auf Grund von Jahreszeit, Wind und Wetter durch Klimaanlagen vergessen zu machen, tut das der Gesundheit nichts Gutes; der Mensch verkümmert dadurch leicht zum Treibhauspflänzchen ohne Widerstandskraft. Dabei sollten die körperlichen Anpassungsmechanismen gefördert und die Temperamente der Natur in ihrer erfrischenden Abwechslung aktiv miterlebt werden. Für die Ernährung bedeutet das zum Beispiel, daß immer die *der Jahreszeit entsprechenden Naturprodukte* den Speiseplan dominieren sollten – beziehungsweise kann man schließen, daß zum ganzjährigen (= regelmäßigen) Verzehr vor allem das geeignet ist, was auch eine natürliche ganzjährige (also gefrierschrankunabhängige) Lagerfähigkeit besitzt: Getreide.

• Jeder Mensch kann nun die harmonische *Anpassung der Ernährung an die Rhythmen der Natur* und des eigenen Lebens beliebig verfeinern. So mag man erkennen, daß heiße Tage besonders nach kühlender Nahrung verlangen (gefragt sind dann Rohkost, Salate etc.) oder daß anstrengende körperliche Aktivität sich mit bodenständiger Kost besser verträgt als etwa das muskelschonende Bearbeiten einer Computertastatur (weshalb der Autor dieser Zeilen heute abend sicher kein saftiges Steak mehr benötigen wird).

> **Wenn man sich an der Natur orientiert, lassen sich einfache Regeln für eine gesunde Ernährung finden.**

• Das führt uns zu einem letzten, dem vielleicht wichtigsten Punkt im Hinblick auf die Ernährung: Es ist notwendig, ein *gesundes Gespür* für den eigenen Körper zu entwickeln, dessen Bedürfnisse, aber auch dessen Grenzen zu beachten. Sonst bleibt man abhängig von seinen (schlechten) Gewohnheiten und folgt letztlich nur dem Lustprinzip (= so gut + so viel wie möglich), anstatt dem Körper durch eine angemessene Wahl von Speise und Trank die ideale Kräftigung zu gönnen.

Abgesehen von diesen allgemeinen Regeln tut man im Hinblick auf unsere heutige gesellschaftliche Situation gut daran, noch einige spezielle Ratschläge zu befolgen, die ebenfalls für fast jeden Menschen hilfreich sein werden, weil sie langfristig dazu beitragen, die Blutausstrahlung zu verbessern:
• Wer nicht nur gern, sondern auch schnell ißt, gibt sich selbst vielleicht gar keine Gelegenheit zu spüren, wann er satt ist. Unter anderem aus diesem Grund wird heute durchweg zu viel gegessen. Manche Menschen haben es auch verlernt, bewußt zwischen Hunger- und Durstgefühlen zu unterscheiden – sie genießen so manche „leichte Mahlzeit zwischendurch", obwohl ihr Körper eigentlich nur Wasser brauchen würde. Doch jedes Zuviel belastet unnötig und bereitet Probleme vor. Es ist daher für wohlstandsgefährdete Zeitgenossen durchaus sinnvoll, hin und wieder gezielt zu *fasten*, also keine feste Nahrung, sondern nur Flüssigkeiten (natürliche Tees und Gemüsesäfte) zu sich zu nehmen. Wenn keine spezielle Krankheit dagegen spricht und die allgemeine Körperkonstitution nicht allzu schwach ist, kann praktisch jeder

Wer sich um einen gesunden Körper bemüht, verbessert damit auch seine eigenen geistigen Wirkungsmöglichkeiten.

Mensch – allenfalls unter ärztlicher Aufsicht – einen oder mehrere Tage lang „heilfasten". Dies führt zu einer ordentlichen Entschlackung und trägt in vielen Fällen auch unmittelbar zu einer Klärung der gedanklichen Innenwelt bei.

• Bestärkt durch einschlägige Werbeslogans neigen wir heute zu absolut übertriebenem *Konsum von Milch und Milchprodukten*. Doch der Wohlgeschmack und das Reformflair, wie es durch vitaminreiche Joghurts, rechtsdrehende Buttermilch-Kreationen oder lecker-leichte Sahnedesserts verbreitet wird, sollte unser Bewußtsein dafür nicht trüben, daß Milch überall in der Natur erstens ein Nahrungsmittel zur Säuglingsaufzucht ist und daß zweitens kein Tier von sich aus artfremde Milch trinkt, weil jede Art ihre eigene Milch in ganz spezieller Zusammensetzung hat. Nun kann man dem Menschen getrost einen größeren Freiraum auch in der Wahl seiner Speisen und Getränke zugestehen. Doch eine naturnahe Lebensweise verlangt, daß wir unsere körperlichen Wurzeln nie außer acht lassen. Milch und Milchprodukte – die ja längst als Mitursache für die ständig zunehmende Allergiebereitschaft entlarvt sind – würden sich im Speiseplan als „Tüpfelchen auf dem i" jedenfalls besser eignen denn als Hauptnahrungsmittel.

• Ein anderes leidiges Problem stellt heute der übertriebene *Zuckerkonsum* dar, für dessen Verarbeitung dem Körper wertvolle Mineralstoffe entzogen werden müssen. Das Dilemma dabei ist, daß es nicht nur offensichtliche, sondern auch viele versteckte Zuckerquellen gibt, an die man im ersten Moment gar nicht denkt – zum Beispiel Frucht- oder Colagetränke. Daher sei in diesem Zusammenhang auf einen allgemeinen Grundsatz zu gesunder Ernährung verwiesen: Man verwende möglichst naturbelassene, von der Nahrungsmittelindustrie unangetastete, also zum Beispiel nicht standardisierte, sterilisierte, chemisch aufbereitete Produkte.

Und was die Getränkewahl anbelangt, wenn man einmal nicht beim Wasser bleiben mag: ein Glas guter Wein oder ein kühles Bier sind der Gesundheit meist zuträglicher als der klebrig-süße Multivitamin-Cocktail aus dem Supermarkt.

Mit diesen – zugegeben recht allgemein gehaltenen – Anregungen will ich unseren Kurzausflug in die Diätetik beenden. Es ging für dieses Buch ja nur darum, zwischen psychischem Wohlergehen und Ernährungsgewohnheiten einen oft vernachlässigten Zusammenhang aufzuzeigen, der sich in der Blutausstrahlung gründet. Das Prinzip dabei ist höchst einfach: Wer sich um einen gesunden Körper bemüht, verbessert damit auch seine eigenen seelisch-geistigen Wirkungsmöglichkeiten!

Aber es ist wie überall im Leben: ohne Fleiß kein Preis! Wenn man erkannt hat, daß bei einem etwas „unrund" läuft und man seine Gewohnheiten ändern will, kommt man auch in der Ernährung nicht umhin, einigen Aufwand in Kauf zu nehmen. Naturnah zu kochen erfordert mehr Zeit, und vor allem ist es nötig, einer Sache, die üblicherweise „nebenher läuft", nun ein höheres Maß an Aufmerksamkeit zu schenken. Die Alltagsroutine muß durchbrochen, ein vernünftiger neuer Weg gefunden werden.

Dabei bringt das Prinzip der kleinen Schritte übrigens den nachhaltigsten Erfolg; man stelle seine Ernährung am besten stufenweise um. Zum Beispiel kann der Schwerpunkt im Fleischkonsum vorerst auf Fisch und Geflügel verlagert werden; raffinierter Weißzucker läßt sich in vielen Fällen durch Getreidemalzprodukte oder Honig ersetzen, weißes Auszugsmehl durch Vollkornmehl und so weiter.

Eine grundlegende Neuausrichtung in der Ernährung ändert im übrigen nicht nur die Blutausstrahlung, sondern beeinflußt natürlich auch die vom Körper ausgehenden Kräfte wie Sexualkraft und Geschlechtstrieb. So ist diesbezüglich bekannt, daß Personen, die sich überwiegend vegetarisch ernähren, einen weniger stark ausgeprägten Trieb erleben – was im Hinblick auf die Geistigkeit des Menschen ohne weiteres als Veredelung gewertet werden darf.

Allerdings kann einseitige Pflanzenkost manchmal auch zu einer allgemeinen Verminderung der Sexualkraft führen, was sich bei den betroffenen Personen als leichte Entrücktheit bemerkbar macht: Sie bewegen sich übertrieben langsam und sanft, zeigen auffallende Blässe und erfreuen sich ihres weltabgewandten Ergehens in der Meinung, darin liege geistiger Fortschritt. Doch weist diese Befindlichkeit auf eine andere Ursache hin: Wenn die Sexualkraft nicht richtig flutet, ist der Geist in seinem Wirken gehemmt und kann sich eben *nicht* richtig entfalten beziehungsweise ent-wickeln.

Auch ein hohes Ernährungsbewußtsein sollte indes nie in Dogmatismus oder Fanatismus ausarten. Wessen Gedanken *nur noch* um gesunde Reformkost oder Körperentschlackung kreisen, der bindet damit seine inneren Energien und tritt womöglich in seiner eigentlichen geistigen Entwicklung auf der Stelle. Und vielleicht schadet er auch anderen: Die Mutter, die ihrem Kind strikt jede kleine Süßigkeit verbietet, jedes Stück Schokolade und jedes Bonbon verwehrt, um es so vom süßen Übel der Welt fernzuhalten, richtet damit langfristig unter Umständen mehr Schaden als Nutzen an. Denn „Inselstrategien", also das Bemühen um völlige Abschottung von allen gesellschaftlichen Gegebenheiten, haben längerfristig keine Aussicht auf Erfolg.

Auch darf Konsequenz nicht mit Starrheit verwechselt werden. Ein konsequenter Mensch verliert sein *Ziel* nie aus den Augen, aber er hat keine Probleme damit, seine Wege den äußeren Notwendigkeiten anzupassen, also beispielsweise die Zügel auch einmal locker zu lassen und Geschwindigkeit oder Richtung zu ändern, wenn dies angebracht ist.

Was hier über das Ernährungsbewußtsein gesagt ist, gilt sinngemäß natürlich auch generell für das Körperbewußtsein. Es gibt heute viele bemerkenswerte Diagnosemöglichkeiten, die versteckte physische Ursachen für vermeintlich rein seelische Probleme offenlegen. Zum Beispiel konnte man eine schleichende Quecksilber-Vergiftung des Körpers durch Amalgam-Zahnfüllungen nachweisen, die unter anderem zu depressiven Verstimmungen führt und Allergien verstärkt.[5] Auch viele andere Alltagsgifte, Lärm oder Elektrosmog können unser inneres Wohlergehen über die Beeinträchtigung der Blutausstrahlung merkbar verschlechtern.[6]

> Wenn wir uns fest im Bann irgendwelcher krankmachender Einflüsse glauben, dann kann gerade dieser Glaube eine Heilung verhindern.

Es ist gewiß gut und förderlich, sich dem Wissen um solche Zusammenhänge zu öffnen – aber auch hier gilt es eben, Dogmatismus und Fanatismus zu vermeiden. Wenn wir uns fest im Bann irgendwelcher krankmachender Einflüsse glauben, dann kann gerade dieser Glaube das größte Hemmnis für eine Heilung sein.

Krankheitsbild Schizophrenie

Wie wichtig die Brücke aus dem Stofflichen ist, die der Seele durch die Blutausstrahlung geboten wird, zeigt sich auch anhand von Erfahrungen mit der sogenannten *Schizophrenie*. Damit bezeichnet man psychiatrisch sehr schwer (oder auch gar nicht) behandelbare Persönlichkeitsstörungen, also psychische Probleme, bei denen die Identifikation mit dem eigenen Ich verlorengeht. Die Betroffenen erleben dabei eine eigenartige, für sie selbst kaum ertragbare Verwischung der Grenze zwischen ihrer Persönlichkeit und der Außenwelt; ihr Bezug zum Ich, zur eigenen Identität, geht (zum Teil) verloren, und es kann sogar vorkommen, daß jemand behauptet, er sei vor einem gewissen Zeitpunkt nicht er selbst, sondern jemand anderer gewesen. Auch real nicht existierende Menschen oder Ereignisse kann der von Schizophrenie Betroffene „hautnah" erleben.

Die heutige Hirnforschung schreibt diese schweren Depersonalisierungserscheinungen, wie sie typisch für das Krankheitsbild der Schizophrenie sind (aber etwa auch bei schweren Depressionen auftreten), einem „ganz besonderen Teil unserer Psyche"[7] zu;

man vermutet ja, daß die Identität des Menschen, also sein Ich, aus bestimmten Gehirnfunktionen resultiert.

Wir haben schon gesehen, daß dem nicht so ist. Unser ursprüngliches *Ich-Bewußtsein* ist nicht körperlicher Natur. Es wird daher von körperlichen Störungen zwar erlebnismäßig berührt, aber nicht in seinem eigenen Heil-Sein gefährdet.

Gestört ist bei einem Krankheitsbild wie der Schizophrenie dagegen das *Tagbewußtsein*, in welchem alle Einflüsse aus der Außenwelt (Sinneseindrücke), dem Verstand (Triebe, Gefühle, Gedächtnisinhalte) und der geistigen Innenwelt (Empfindungen, Gewissensregungen, sehnsüchtiges Idealstreben, Sinnorientierung) zusammenfließen. Durch diese Störung ist es der Seele nicht möglich, mit dem Erlebnis Außenwelt richtig umzugehen.

Aus ganzheitlicher Sicht – also auf der Grundlage des Wissens um die Geist-Seele-Körper-Einheit des Menschen – sind Persönlichkeitsstörungen immer darin begründet, daß die Seele von ihrem physischen Körper nicht richtig Besitz ergreifen und dadurch auch das Tagbewußtsein nicht machtvoll durchweben kann. Dieser traurige Zustand wird durch innere Schwächen oder die Beeinträchtigung des freien Willens begünstigt, wobei immer die Blutausstrahlung mit in Betracht zu ziehen ist, denn auch Schizophrenie kann mit einer Schädigung dieser Brücke zwischen Körper und Seele zusammenhängen.

Nicht zufällig zeigen sich leichte Persönlichkeitsstörungen oft genau in jenen Lebensabschnitten, in denen sich die Blutausstrahlung von Natur aus ändert. Vor allem in der sogenannten *Pubertätskrise*, in der Zeit, wenn die Seele durch die Sexualkraft endgültig Besitz vom Körper ergreift, kann die Kontinuität im tagbewußten Erleben des eigenen Ichs unterbrochen werden; der Mensch gewinnt einen eigenartigen Abstand zum kindhaften Verhalten und erlebt sich selbst plötzlich anders.

Doch dieser Zustand, nicht mehr die vertraute eigene Persönlichkeit zu sein, kann durch eine Beeinträchtigung der Blutausstrahlung eben auch in krankhafter Ausprägung von Erwachsenen erfahren werden. Das Tagbewußtsein verliert dabei seine

Führung durch die Seele, und Eindrücke aus der Außenwelt werden nicht mehr (ausreichend) auf das Ich bezogen – oder sie vermischen sich mit nichtstofflichen, „unrealen" Bildern und Erlebnissen.

Wenn die Seele nicht mehr in der Lage ist, den Körper über die Brücke der Blutausstrahlung zu führen, dann kann es sogar vorkommen, daß das entstandene „Vakuum" von einer anderen Seele ausgenutzt wird, was den klassischen, indes ganz und gar unmystischen Zustand der *Besessenheit* beschreibt: Ein nicht-körperliches Ich-Bewußtsein ergreift zeitweise von dem Körper Besitz.[8] Dadurch freilich wird das Tagbewußtsein, dieser Schmelztiegel aller Einflüsse aus Außen- und Innenwelt, noch mehr verwirrt: eine klare menschliche Identität kann immer schwerer erfahren werden.

Da die dem Körper eigentlich zugehörige Seele in diesem Zustand durch die gestörte Brücke praktisch nicht ansprechbar ist, wird eine Therapie vor allem auf der physischen Ebene ansetzen müssen. Daher sind natürlich alle Bemühungen der medizinischen Forschung um die Entwicklung zielgenau einsetzbarer Medikamente zu begrüßen. Heilpraktiker berichten aber auch von Fällen, in denen eine radikale Umstellung der Ernährung zur Verbesserung des Zustandes beitragen konnte.[9] Und auch allgemeine Maßnahmen zur körperlichen Gesundheit können sich günstig auf die Blutausstrahlung auswirken; zum Beispiel bewußtes *Atmen*.

Atmung und Psyche

So, wie es zwischen Ernährung und Blutausstrahlung einen wichtigen Zusammenhang gibt, der zur Linderung psychischer Störungen oder allgemein zur seelisch-geistigen Entwicklung genützt werden kann, so besteht auch zwischen Atmung und Blutausstrahlung eine wesentliche Verbindung, derer man sich bewußt sein sollte.

Die Wurzel des Begriffes „Atem" weist auf tiefgründige Zusammenhänge hin: Die Seele wird damit angesprochen.

Wie „Speis und Trank" ist auch die Luft ein für uns unverzichtbares Lebenselixier aus der physischen Welt. Nicht von ungefähr weist die Wurzel des Begriffes „Atem" auf tiefgründige Zusammenhänge hin: Im Altindischen bedeutet „àtmán" Seele oder Hauch; im Althochdeutschen findet man die Wörter „atoneian" (= erlösen, befreien) und „wiho àtum" (= der Heilige Geist).[10] Und der lautverwandte biblische Name *Adam*, ein Wort aus dem Sanskrit, hat eine Bedeutung, in der sich das zentrale Geheimnis des richtigen Atmens widerspiegelt. Er drückt aus: „*Ich gebe*" – und darin findet man auch schon den Schlüssel zur Förderung der Blutausstrahlung. Er liegt im richtigen *Ausatmen!* Abd-ru-shin, Verfasser der Gralsbotschaft, beschrieb die wichtigsten Grundlagen zum Thema Atmen im Rahmen einer Fragenbeantwortung als Gleichnis:

> „*Nur wer richtig ausatmet, kann und wird selbsttätig auch das gesunde und vervollkommnete Einatmen vollziehen, ja, er ist durch rechtes Ausatmen dazu veranlaßt und gezwungen. Das gibt dem Körper Gesundheit und Kraft.*
>
> *Im Ausatmen gibt der Mensch! Er gibt etwas her, was in der Schöpfung von Nutzen ist, es sei hierbei nur der Kohlenstoff genannt, der zur Ernährung der Pflanze gebraucht wird. Rückwirkend oder nachwirkend ist der Mensch, der Sorgfalt auf das Ausatmen verwendet, in die Lage versetzt, tief und mit Behagen wieder einzuatmen, wodurch ihm große Kraft zuströmt, ganz anders als bei oberflächlicher Atmung.*
>
> *Umgekehrt ist dies jedoch nicht der Fall. Der Mensch kann tief und genießerisch einatmen, ohne deshalb selbsttätig gezwungen zu sein, auch gründlich auszuatmen; denn die meisten Menschen vollziehen gerade das Ausatmen oberflächlich.*

Sie suchen wohl genießerisch zu nehmen, doch sie denken nicht daran, daß sie auch etwas geben sollen.

Und aus dem Unterlassen des richtigen Gebens, also des vollkommenen Ausatmens, folgert mancherlei: Erstens kann der Mensch dadurch nie zu dem rechten Genießen des Einatmens kommen, und zweitens wird nicht alles das ausgestoßen oder fortgeschafft, was für den Körper schädlich oder unverbrauchbar ist und diesen belasten oder im gesunden Schwingen hemmen muß, wodurch mit der Zeit vielerlei Krankhaftes erstehen kann. Ein aufmerksamer Beobachter wird auch hierin das unaufdringlich wirkende Gesetz erkennen. (...)

Und wie es mit den körperlichen Dingen ist, so ist es auch mit den geistigen Vorgängen. Will ein Geist schöpfen, also empfangen, so muß er das Empfangene gewandelt weitergeben. Das Wandeln oder Formen vor der Weitergabe stärkt und stählt den Geist, der in dieser Erstarkung immer mehr und immer Wertvolleres aufzunehmen fähig wird, nachdem er Raum dazu geschaffen hat durch Weitergabe, sei es in Wort oder Schrift oder sonstiger Tat."[11]

Aber wie läßt sich die richtige Atmung nun pflegen, damit die körperliche Gesundheit und zugleich die Wirkungsmöglichkeit der Seele gefördert wird?

Susanne Barknowitz, erfahrene Atempädagogin und Autorin, weist in ihrem Buch „Atmen – ein lebendiges Geschehen" auf zahlreiche Möglichkeiten hin, über den Atem die Blutausstrahlung zu fördern:

„Es ist ein Ziel der Atemarbeit, den Körper wieder richtig zu bewohnen, in ihm zu leben. Durch den Atem beziehungsweise die natürlichen Kräfte, die mit ihm wirken, vermag sich die Strahlungsverbindung zwischen Körper und Geist zu stärken, die gegenseitige Anziehung kräftigt sich, und damit auch die Betätigungsfähigkeit beider.

Das geschieht nicht, indem ich mir vornehme, den Atem bewußt in einen Körperteil zu schicken, vielmehr, indem ich körperlich und seelisch die Möglichkeiten dazu schaffe, zum

Beispiel durch Lösen von Verkrampfungen und Blockierun-
gen, so daß sich der Atem ausbreiten kann und der Körper
Gefäß wird für die Atembewegung. Für die geübte Hand
des Behandelnden ist es möglich zu spüren, ob zwischen Kör-
per und Geist eine relativ lockere, ungesunde oder eine sta-
bile, gesunde Verbindung besteht, und zwar an der Qualität
des Atems."[12]

Es kann durchaus gewinnbringend sein, sich unter der Anleitung eines fachkundigen Therapeuten bewußt mit dem eigenen Atem zu beschäftigen. Aber wie bei der Ernährung liegt auch hier das Heil nicht in einseitig-dogmatischen Techniken, sondern in der Beachtung natürlicher Gegebenheiten:

• Viele Menschen sind – ob es ihnen schmerzlich bewußt ist oder nicht – verspannt und verkrampft. Dazu führen nicht nur körperliche, sondern vornehmlich seelische Ursachen: zwischenmenschliche Probleme, Überforderung durch Streß und ähnliches. Das alles geht natürlich einher mit einer unharmonischen Atmung, und die Aufgabe besteht darin, diesem ungesunden Zustand gezielt entgegenzuwirken. Ein Schlüssel zur Entspannung ist die *innere Sammlung:* Man nehme ein wenig Zeit für sich selbst, lege sich gemütlich auf den Rücken und spüre einmal bewußt in den Körper „hinein", erlebe also mit ungeteilter Aufmerksamkeit nacheinander die einzelnen Körperteile und ihr Getragensein. Wer das öfter übt, lernt Entspannung, und zugleich wird der Atem freier und gelöster; auch die Gedanken ordnen sich, und die Gesamtstimmung hellt auf.

• Das bewußte Erleben und die Entspannung des eigenen Körpers kann durch weitere, eventuell gezielt auf einzelne Regionen abgestimmte Übungen gefördert werden. Es soll dies aber nie in einen meditativen Zustand münden, der zu einer *Lockerung* der Strahlungsverbindung zwischen Körper und Seele führt oder zu einer inneren Entfernung vom Physischen; angestrebt soll hier im Gegenteil ein *ausgeprägteres* Körperbewußtsein werden.

• Dazu gehört auch die Wahrnehmung und Erfahrung der natürlichen *Atemräume*. Oft ist unsere Atmung ja viel zu flach. Eine freie Atembewegung, das heißt Zwerchfellschwingung, ist aber für die Gesunderhaltung des gesamten Organismus von zentraler Bedeutung. Bei entspannter (nicht erschlaffter) Muskulatur und lockeren Gelenken setzt sie sich fort bis in die Füße und Hände und über die Halswirbelsäule hinauf bis in den Kopf.

• Daher verlangt der freie Atem nach einer richtigen *Körperhaltung*. Für das Stehen bedeutet das zum Beispiel: die Füße in Hüftbreite parallel nebeneinander, die Knie gelöst, also nicht ganz durchgedrückt, das Gewicht nicht auf den Fersen, sondern verteilt auf dem ganzen Fuß. Auch beim Sitzen sollten sich die Füße parallel und in Hüftbreite am Boden befinden, während Ober- und Unterschenkel einen rechten Winkel bilden: das Becken ist aufgerichtet, die Sitzknochen sind deutlich zu spüren; man soll sich dabei aber nicht aus dem Becken herausziehen, sondern sich im Gegenteil in diese Basis hineinlassen. Der Schultergürtel braucht zum entspannten Sitzen natürlich nicht hochgezogen zu werden. Sehr wichtig im Hinblick auf die Körperhaltung können auch Übungen für die Wirbelsäule sein, denn viele Menschen haben gerade mit dem Bewegungs- und Stützapparat Probleme.

• Im natürlichen *Atemrhythmus* Ausatmen – Atemruhe – Einatmen soll das Bewußtsein vor allem auf dem gebenden Takt ruhen. Das *Ausatmen* ist die zentrale Betätigung, in ihm zeigt sich das nach außen gerichtete Geben, Handeln. Danach ein Moment der Ruhe, die Erwartung des Neuen, dem schließlich ein empfangsbereites Sichöffnen folgt. Dieser Rhythmus braucht aber nicht durch eine „Kunstpause" zwischen dem Einatmen und dem Ausatmen gestört werden.

Insgesamt dürften die – im Hinblick auf unser Hauptthema notwendigerweise knappen – Ausführungen zu Ernährung und Atmung verdeutlicht haben, wie unerläßlich es ist, auch die physische Gesundheit nach Kräften zu fördern, wenn man eine seelisch-geistige Entwicklung anstrebt. Denn *die Brücke für die Seele wird aus dem Stofflichen heraus durch die Blutausstrahlung gebildet.*

Die Brücke aus dem Transzendenten

Wollte man in einem Satz zusammenfassen, wodurch sich die körperliche Gesundheit und damit auch die Blutausstrahlung verbessern lassen, so kann man getrost die alte Erkenntnis strapazieren, daß nichts über eine naturverbundene, harmonische Lebensweise geht! Wer sich um gesunde Ernährung und natürliche Atmung bemüht, wer erkennt, daß ein erfülltes Leben nicht nur aus wuseliger Aktivität besteht, sondern unbedingt auch gemütvolle Mußestunden braucht, und wer seine Gedanken und Triebe *bewußt* für sich nützt, hat irgendwelche speziellen Taktiken und Tricks nicht nötig.

Verstandestätigkeit, Sexualkraft und Blutausstrahlung sind zwar Angelegenheiten des physischen Körpers, aber sie prägen unser tagbewußtes Erleben in hohem Maße mit; sie färben also kräftig auf unser Bewußtsein ab, sobald dieses der grobstofflichen Hülle verbunden ist. Alle Möglichkeiten, durch die Veredelung der Physis quasi „von außen nach innen" zu wirken, wollen daher genützt sein!

Aber natürlich gibt es im Zusammenwirken von Körper und Seele keine Einbahnstraße. Der Weg „von innen nach außen" ist in den verflochtenen psychosomatischen Wechselbeziehungen ebenso wichtig, denn freilich beeinflußt auch unsere Seelentätigkeit maßgeblich das körperliche Blut und dessen Ausstrahlung. Doch nicht nur das: Unser *gesamtes* Wohlergehen wird entscheidend von seelischen Impulsen geprägt.

Damit dieses Zusammenspiel zwischen der physischen und der metaphysischen Welt perfekt verläuft, ist eine Brücke oder Übergangsebene nötig, deren Ursprung allerdings nicht mehr in der Welt des wissenschaftlich Meß- und Analysierbaren liegt, sondern im Transzendenten: angesprochen ist das sogenannte *Astrale*.

Diese blumige Bezeichnung für etwas „Selbstleuchtendes" (das Wort „astral" kommt aus der lateinischen Bezeichnung für Stern) wird vor allem in esoterischen Kreisen gerne verwendet, ohne daß man über die Bedeutung dieses Begriffes genau Bescheid wüßte. Entstanden ist er wohl aus der Beobachtung hellsichtiger Menschen,

Jeder lebendige Körper ist einem „strahlenden Schatten" verbunden: Der „Astralkörper" verbindet Leib und Seele.

daß jeder lebendige Körper einer Art strahlendem „Schatten" verbunden ist, wobei zumeist vermutet wird, daß sich dieser „Astralkörper" irgendwie aus dem Physischen heraus bildet.

Das aber ist ein Trugschluß, der einmal mehr unserer lieben Gewohnheit folgt, immer das Materielle im Mittelpunkt zu sehen. Zwar stimmt es, daß das Astrale in einer gewissen Abhängigkeit vom Physischen steht, doch damit ist das Entscheidende nicht getroffen: Der Astralkörper ist das unentbehrliche „Bindeglied" zwischen Leib und Seele.

An dieser Stelle ist es des besseren Überblicks wegen angebracht, einen kurzen Einblick in die Schilderung des Schöpfungsaufbaus zu geben, wie er in der Gralsbotschaft dargestellt ist: Demnach gibt es zwischen der *schweren Grobstofflichkeit*, der unser physischer Körper angehört, und der *feinen Grobstofflichkeit*, der unsere Seelenhülle entstammt, eine weitere Schöpfungsebene *mittlerer Grobstofflichkeit* – wobei angemerkt werden muß, daß keine dieser Stofflichkeitsarten in eine andere übergehen kann, wiewohl alle mit- und ineinander wirken. Der Astralkörper gehört zur mittleren Grobstofflichkeit. Und in dieser Ebene entsteht das *Vorbild* zur Formung und Entwicklung jedes physischen Körpers.

Aber wie das? Bestimmen nicht ausschließlich die vielgerühmten Gene über die Körperform? Nein, nur zum Teil! Es ist zwar richtig, daß sich aus den Genen eine „Liste" aller Baumaterialien ablesen läßt – aber ein solches Verzeichnis allein macht bekanntlich noch kein fertiges Haus. Wie also werden diese Vorgaben sinnvoll umgesetzt? Wie *entsteht* die eigentliche Körperform?

Astrale Modelle

Um zu erklären, warum zum Beispiel die Arme und Beine eines Menschen unterschiedlich geformt sind, obwohl sie ja alle die gleichen Gene und Proteine enthalten, also aus den gleichen Baustoffen gemacht sind, benützt man in der Entwicklungsbiologie mitunter den Begriff des „morphogenetischen Feldes"[13]. Man nimmt an, daß es *außerhalb* des Organismus etwas gibt, das die Organisation der einzelnen materiellen Bestandteile regelt und das als Modell schon vor der physischen Formwerdung besteht. Manche Forscher gehen auch davon aus, daß diese Felder durch eine „morphische Resonanz" miteinander in Beziehung stehen. Das Problem ist nur: Kein Wissenschaftler kann beschreiben, was ein morphogenetisches Feld ist, wie es wirkt, wodurch es beeinflußt wird.

Jedoch lassen sich die Vorstellungen über solche Felder gut mit den Beschreibungen der Gralsbotschaft in Einklang bringen, die von einer (astralen) „Ebene der Modelle" spricht.

Aus den diesbezüglichen Erklärungen kann man folgendes schließen: Die von den genetischen Informationen ausgehenden Impulse einerseits und die aus dem Seelenkörper stammenden Anregungen zur Formbildung andererseits werden im dazwischen liegenden Bereich mittlerer Grobstofflichkeit aufgenommen und dort von den Kräften der Natur zu einem Modell geformt – zum Astralkörper. Dieser zieht dann durch die bekannten chemischen und physikalischen Prozesse das Wachstum eines jeden Körpers in der gröbsten Stofflichkeit nach sich, weist also den Baustoffen ihren Platz zu und prägt zugleich die weitere genetische Veranlagung.

Für die Entwicklung der Erbmerkmale, die von Generation zu Generation weitergegeben werden, spielen demnach nicht nur körperliche, sondern ebenso seelische Impulse eine Rolle.

Auch kann man vermuten, daß eben dieses Hineinwirken des Astralen – und nicht nur der sogenannte Zufall – Anlaß zu „Mutationen", also Veränderungen im Erbmaterial gibt.

Der Astralkörper stellt aber nicht nur das unentbehrliche Modell für den physischen Körper dar, sondern er bildet eben auch die Brücke für die Seele:

> *„Die Seele wird mit* dem Astralkörper *verbunden und wirkt* durch diesen *auf den schweren Erdenkörper. Und auch der Erdenkörper kann in seiner dazu notwendigen Ausstrahlung die Seele nur durch den Astralkörper als den Vermittler wirklich an sich binden. Die Strahlungen der (…) schweren Grobstofflichkeit müssen erst durch die mittlere Grobstofflichkeit des Astralkörpers dringen, da sie sonst sich mit den Strahlungen der Seele, deren äußerste Hülle dann schon von feinster Grobstofflichkeit ist, nicht aneinanderschließen können."*[14]

Aus den Darlegungen der Gralsbotschaft verdeutlicht sich auch hier die natürliche Hierarchie, derzufolge das Gröbere im Dienste des Feineren steht. So, wie der grobstoffliche Körper seinem astralen Vorbild folgen muß, ist dieses seinerseits von der feinerstofflichen Seele abhängig:

> *„Der Astralkörper ist der in erster Linie* von der Seele *abhängige Mittler zu dem Erdenkörper. Was dem Astralkörper geschieht, darunter leidet auch der Erdenkörper unbedingt. Die Leiden des Erdenkörpers aber berühren den Astralkörper viel schwächer, trotzdem er mit ihm eng verbunden ist."*[14]

Der gute Zustand des Astralkörpers ist demnach eine wesentliche Voraussetzung für die körperliche Gesundheit und unser Wohlergehen. Und wenngleich für diesen Körper vor allem die *seelische* Ausrichtung maßgeblich ist, sollte man doch auch die Möglichkeit in Betracht ziehen, von der physischen Ebene aus unterstützend auf die astrale einzuwirken.

Man konnte zum Beispiel die Erfahrung machen, daß bestimmte homöopathische Arzneimittel oder die bekannten Bach-Blütenessenzen[15] auf die mittlere Grobstofflichkeit einwirken, wodurch über die astrale Ebene gezielt seelische Befindlichkeiten angesprochen und harmonisiert werden können. Die innere Neuausrichtung wird somit von außen her unterstützt.

Es gibt hilfreiche Möglichkeiten, über den Astralkörper auf psychische Verstimmungen einzuwirken.

Auch sind therapeutische Ansätze bekannt, die über die „Schiene" *Astralkörper – Nervensystem – Wirbelsäule* in wunderbarer Weise das körperliche und seelische Wohlergehen fördern.[16]

Das Wissen um die Brücke aus dem Transzendenten[17], den Astralkörper, dient also nicht nur dem besseren Verständnis von Zusammenhängen; es bietet auch hilfreiche Möglichkeiten, auf psychische Verstimmungen einzuwirken.

Zwar mag es ein recht abenteuerliches Unternehmen sein, den Dschungel ungewöhnlicher Heilmethoden zu durchforsten, wie er sich zum Beispiel im Rahmen einschlägiger „Esoterik- und Bewußtseinsmessen" auftut – zu viel atemberaubend Übersinnliches tummelt sich da zwischen würzigem Räucherstäbchenduft und schamanischen Trommelrhythmen. Aber die Möglichkeit, feinere Schwingungen zur Wirkung kommen zu lassen, ist gegeben, und viele Menschen mit besonderen Fähigkeiten haben es sich zur Aufgabe gemacht, Hilfen zu bieten, die in nicht-stofflichen Bereichen ansetzen.

Aber was ist Psyche?

Die Existenz solcher Bereiche jenseits des Sichtbaren, sinnlich Wahrnehmbaren wurde in den bisherigen Ausführungen für den Geschmack mancher Leser vielleicht etwas zu selbstverständlich vorausgesetzt. Doch wie wir gesehen haben, läßt schon allein die Existenz unserer Innenwelt und unseres körperunabhängigen Bewußtseins keinen anderen Schluß zu als den, daß die grobe Materie nicht der einzige „Stoff" ist, aus dem die Schöpfung sich formt. Allein: dies zu wissen ist nicht genug!

Wenn wir tatsächlich Klarheit über unser Inneres gewinnen wollen, dann müssen wir uns um eine wesentlich differenziertere

Betrachtung bemühen. Denn auch nachdem wir uns mit Gedanken und Gefühlen sowie mit den Brücken beschäftigt haben, die Körper und Seele verbinden, blieb die große Frage: „Aber *was* ist Psyche?" bislang immer noch unbeantwortet.

Bei dieser Schlüsselfrage helfen uns die Definitions-, Erklärungs- und Beschreibungsversuche der Wissenschaft nicht mehr weiter. Auch die Psychoanalyse – zu deutsch: „Seelen-Zergliederung" – versagt bei der Frage nach dem *Wesen* dessen, womit sie sich beschäftigt. Die Psychoanalytiker mußten erkennen, daß ihr ursprünglicher Anspruch, das „Räderwerk" der menschlichen Innenwelt wie eine Maschine zerlegen, im Bedarfsfall reparieren und wieder zusammensetzen zu können, überzogen war. Man begnügt sich denn auch damit, *Auswirkungen* des Seelenlebens zu beschreiben und zu behandeln, ist im allgemeinen aber nicht dazu bereit, die Existenz nichtstofflicher Ebenen des Seins mit in Betracht zu ziehen. Nur darin findet sich jedoch das Wesen unserer Innenwelt und eine Antwort auf die Frage, was die „Psyche" eigentlich ist.

Es gilt also auf unserem Erkenntnisweg einen kleinen, aber bedeutenden Schritt für die Menschheit zu tun: *Neuland* zu betreten – nicht außerirdisches, sondern *über*irdisches.

Feinere Stofflichkeiten

Wir werden uns in unseren Betrachtungen nun langsam von der materiellen Welt und auch von dem ihr verbundenen Bereich des Astralen entfernen, um die eigentliche feinstoffliche Seelenwelt zu durchstreifen. Freilich nicht, ohne von hier aus – wie ein Mondfahrer, der zurück zur Erde blickt – immer wieder die physische Ebene mit in Betracht zu ziehen und Verbindungen zu beleuchten, die das Feinstoffliche mit dem Grobstofflichen verknüpfen.

Die Grundlage für unsere weitere Expedition ist durch die bisher geschilderten Zusammenhänge gebaut: *Unsere Innenwelt ist weder Illusion noch Imagination, sondern es handelt sich dabei um eine tatsächlich bestehende, feinerstoffliche Wirklichkeit!*

Unsere Innenwelt ist weder Illusion noch Imagination, sondern eine wirklich bestehende, jedoch feinstoffliche Welt.

Im Hinblick auf die Gedankenformen wurde bereits angedeutet, daß die „feine Stofflichkeit" – bleiben wir bei dieser Bezeichnung, nachdem die materielle Welt als *schwere* und die Astralebene als *mittlere Grobstofflichkeit* definiert worden ist – ein eigenes „Universum" darstellt, in das wir durch unser Denken und Wollen gestalterisch eingreifen.

Vielleicht aber sollte das Gesamtbild an dieser Stelle nochmals nachgezeichnet und ergänzt werden:

• Unserem menschlichen Ich-Bewußtsein wohnt die *Kraft des Wollens* inne. Wir prägen und gestalten also durch unsere Willensäußerungen die Welt, in der wir leben. In der schweren Grobstofflichkeit geschieht dies durch körperlichen Einsatz: Mit Hilfe von Verstand und Muskelkraft bauen wir unser Umfeld gemäß der persönlichen Eigenart, formen somit also die physische Welt.

• Zugleich aber gestalten wir auch die feinstoffliche Welt – mit unseren Gedanken. Durch die Tätigkeit des Denkens raffen wir feineren Stoff zusammen, um auch hier unserem Wollen Ausdruck zu verleihen. So entstehen *Gedankenformen*, die wir bildhaft in uns erleben können, weil sie uns – wenigstens zum Teil – durch unser Tagbewußtsein vermittelt werden.

• Der *Prozeß des Denkens* ist nur dann reine Gehirntätigkeit, wenn damit – wie etwa bei einer mathematischen Routineaddition – kein besonderer Willensakt verbunden ist. Sobald aber unsere Gedanken durchglüht werden von bewußten Wünschen und Empfindungen, kommt neben dem grobstofflichen Verstand durch unser Wollen auch ein feinstofflicher Formungsprozeß in Gang.

• Die daraus resultierende Welt der Gedankenformen, die das Innenleben jedes Menschen entscheidend prägt, kann man auch als *Seelenwelt* bezeichnen. Das Seelische ist also weder ein Teil des Körpers oder des Gehirns, noch entsteht es aus physischen Prozessen. Vielmehr handelt es sich um eine feinstoffliche Wirklichkeit, der wir als Menschen ebenso angehören wie der äußeren, grobstofflichen Welt.

Aus diesen Zusammenhängen wird klar, daß Lebenshilfe im seelischen Bereich immer *Gedankenformungsarbeit* bedeutet. Denn es geht darum, die tatsächlich bestehende feinstoffliche Innenwelt eines Menschen bearbeiten zu helfen, sie vielleicht „freizuschaufeln", „hemmende Mauern abzutragen", in ihr „neue Ausblicke zu eröffnen". Nicht zufällig verwendet unsere Sprache für alle Bemühungen oder Zustandsbeschreibungen im Seelischen sehr handfeste Ausdrücke. Wir sind hier ja tatsächlich tätig und formen uns eine Wirklichkeit, die wir als beglückend oder belastend – und somit als himmlisch oder höllisch erleben können.

Gedanken zur Gestalt der Seele

Wenn man sich mit dem Gedanken angefreundet hat, daß es nicht nur das sichtbare Weltall gibt – wiewohl uns dieses mit seinen Milliarden Galaxien schon unbegreiflich genug erscheint –, sondern zudem noch eine übersinnliche, feinstoffliche Wirklichkeit, die in ihrer Art ebenso real ist wie die physische Welt, dann liegt die Lösung für unsere Frage „Aber was ist Psyche?" nicht mehr allzu fern: Die Seele, die wir ja auch als Sitz des menschlichen Ich-Bewußtseins bezeichnen können, ist nichts anderes als ein *Körper aus feiner Stofflichkeit*. Es kann ihm gut gehen oder er kann verletzt werden, und der Seelenkörper bringt – wie die physische Hülle auch – unser geistiges Wollen zur Auswirkung.

Aber wie kann man sich den Seelenkörper nun vorstellen? Als ungeformtes, schleierhaftes Etwas – oder doch viel konkreter gestaltet?

Die Grundlage zur Beantwortung dieser Frage liegt meines Erachtens in dem Gedanken, daß jede *Bewußtseinsform* auch eine entsprechende *äußere Form* nach sich zieht. Was sich äußerlich zeigt, ist demnach der „Aus-Druck" eines bestimmten Bewußtseinsgrades mit bestimmten Betätigungsbedürfnissen. Jeder Tierkörper entspricht in seiner Gestaltung und seinen Bewegungsmöglichkeiten genau dem seelischen Bewußtseinsgrad des diesen Körper belebenden Wesens. Ebenso entspricht die menschliche Körperform den feineren Ausdrucks- und Betätigungsbedürfnissen des Geistes. Man kann sagen: Das Geistige *bedingt* die Menschenform. Daher liegt der Gedanke nahe, daß auch unser Seelenkörper *Menschenform* haben muß.

Wobei hier am Rande angemerkt sei, daß es der Gralsbotschaft zufolge *mehrere* Körper aus unterschiedlich gearteten feineren Stofflichkeiten gibt. Deren Zusammenwirken mit der physischen Hülle kann man sich vorstellen wie bei einem ausziehbaren Fernrohr: die einzelnen Teile haben eine eigenständige Form, passen aber perfekt ineinander (wobei sie jeweils durch Strahlungsbrücken miteinander verbunden sind).

Das sogenannte Unbewußte

Unser Bewußtsein erfährt nun durch jede dieser Hüllen eine bestimmte „Färbung". Das heißt, wir erleben die eigene Person inmitten vielfältiger Einflüsse aus den unterschiedlichen Stofflichkeitsarten und müssen uns dabei als „Ich" behaupten.

Eine solche Färbung wurde bereits beschrieben: das *Tagbewußtsein*. Dieses erleben wir unter den Bedingungen unserer Verbindung mit einem physischen Körper als Normalzustand.

Würden wir keine Hülle schwerer Grobstofflichkeit tragen, sondern nur die feinerstofflichen Körper, dann ergäbe sich daraus eine andere Färbung, nämlich das *seelische Bewußtsein*. Und wie das Tagbewußtsein entscheidend geprägt wird durch die Wahrnehmungen aus der äußeren Welt, so steht das seelische Bewußtsein in Abhängigkeit von der Realität seiner Ebene.

Durch das verstandesgebundene Tagbewußtsein wird uns die momentane Situation des Seelenkörpers naturgemäß nur teilweise bewußt. Wir leben zwar unentrinnbar in den von uns selbst geprägten feinerstofflichen Gedankenwelten, die ihrerseits auch

190

maßgeblich alle unsere Entscheidungen (und damit die künftige Lebensausrichtung) mit beeinflussen können, doch sind wir gleichzeitig vielen weiteren

Die Seele, der Sitz des menschlichen Bewußtseins, ist nichts anderes als ein Körper aus feiner Stofflichkeit.

Einflüssen aus der physischen Welt ausgesetzt. Einem Menschen, dem es innerlich schon sehr schlecht geht, dessen Seelenkörper vielleicht Hilfe bitter nötig hätte, kann es eine Zeitlang ganz gut gelingen, sein inneres Tief durch äußere Ablenkungen zu überspielen. Doch er bewegt sich damit auf sehr dünnem Eis, und es kann ihm passieren, daß das von ihm ins Unbewußte Verdrängte plötzlich machtvoll durchbricht.

Denn was wir als „unbewußt" bezeichnen, ist – sofern damit nicht der noch unreife und in *diesem* Sinne also unbewußte Zustand unseres inneren Kerns beschrieben wird – nur unserem *Tagbewußtsein* nicht zugänglich. Im seelischen Hintergrund ist uns das Unbewußte aber sehr wohl gegenwärtig.

Wer seelische Gesundheit erstrebt, kommt daher nicht umhin, auch auf der feinerstofflichen Ebene Ordnung zu schaffen – und zwar so gründlich, daß es nichts zu verdrängen gibt und jederzeit ein harmonisches In-sich-selbst-Ruhen möglich ist.

Diesen Idealzustand zu erreichen kann allerdings eine bedeutende Lebensaufgabe sein. Denn so manche Hürde mag den Weg erschweren, und viel Wissen und Erfahrung sind nötig, damit wirkungsvoll ins seelische Geschehen eingegriffen werden kann, um etwa Ängste, Depressionen oder Abhängigkeiten verschiedenster Art zu überwinden.

Einige Grundlagen für das Verständnis innerer Probleme haben wir uns bereits erarbeitet. Doch auf unserer Innenwelt-Expedition, die in der Folge tiefer in die Wirklichkeit jenseitiger Welten hineinführen wird, erwarten uns noch viele spannende und ebenso wertvolle Erkenntnisse; Erfahrungen, die nicht nur konkrete Lebenshilfen bieten können, sondern auch allzu pauschalisierenden Aussagen – wie sie als Einstimmung auf dieses Kapitel beispielhaft erwähnt wurden – Anstöße zu weiterer Vertiefung geben mögen …

Anmerkungen und Literaturempfehlungen
zu Kapitel 4

1 Zitiert aus Christopher Vasey: „Das Blutgeheimnis – Ernährung und geistige Entwicklung", Verlag der Stiftung Gralsbotschaft, Stuttgart, 1993

2 Zitiert aus Abd-ru-shin: „Im Lichte der Wahrheit – Gralsbotschaft", Verlag der Stiftung Gralsbotschaft, Stuttgart, 1998 (Band 3, „Das Blutgeheimnis")

3 Zitiert aus Abd-ru-shin: „Im Lichte der Wahrheit – Gralsbotschaft", Verlag der Stiftung Gralsbotschaft, Stuttgart, 1998 (Band 3, „Das Temperament")

4 Der Begriff *Makrobiotik* (= „großes Leben") geht auf Christoph W. Hufeland (1762–1836), einen Freund und Arzt Goethes zurück. Er beschrieb damit „die Kunst, sein Leben zu verlängern". Heute versteht man unter Makrobiotik meist eine auf fernöstlichen Grundlagen beruhende und durch Georges Oshawa im 20. Jahrhundert in den Westen gebrachte Ernährungsform, die auf dem Dualitätsprinzip von Yin und Yang aufbaut und eine auf den Einzelmenschen und dessen Bedürfnisse abgestimmte Ernährung auf pflanzlicher Basis postuliert. (Da die diesbezüglichen Gesetzmäßigkeiten von vielen Anhängern aber sehr eng und dogmatisch interpretiert werden, sprechen Spötter oft von „Mikrobiotik".)

5 Mehr zum Thema *Amalgam* findet der interessierte Leser in meinem Beitrag „Zeitbombe im Körper", erschienen in der Zeitschrift „GralsWelt", Heft 35/2005, Verlag der Stiftung Gralsbotschaft, Stuttgart.

6 Mehr zum Thema *Alltagsgifte* findet der interessierte Leser im Themenheft 18/2006 der Zeitschrift „GralsWelt": „Müll – Die weitreichenden Folgen einer gedanklichen Fehlhaltung". Mit dem Thema *Elektrosmog* befaßte sich Dr. Gerd Harms in der Zeitschrift „GralsWelt", Heft 37/2005, Verlag der Stiftung Gralsbotschaft, Stuttgart.

7 Vgl. Ernst Pöppel: „Lust und Schmerz – Über den Ursprung der Welt im Gehirn", Wilhelm Goldmann Verlag, München, 1995

8 Diese Zusammenhänge mag der skeptische Leser vorerst als Hypothese gelten lassen, sie werden sich durch die Erklärungen im 2. Band dieses Buches verdeutlichen.

9 Vgl. Christopher Vasey: „Das Blutgeheimnis – Ernährung und geistige Entwicklung", Verlag der Stiftung Gralsbotschaft, Stuttgart, 1993

10 Vgl. Susanne Barknowitz: „Atmen – Ein lebendiges Geschehen", Gralsverlag, Hart-Purgstall, 2004

11 Abd-ru-shin formulierte diese Erklärungen im Rahmen einer Fragenbeantwortung zum Thema „Geben und empfangen".

12 Zitiert aus Susanne Barknowitz: „Atmen – Ein lebendiges Geschehen", Gralsverlag, Hart-Purgstall, 2004. Dieses illustrierte Buch enthält auch eine Reihe praktischer Ratschläge, auf die ich in meinem Text zurückgegriffen habe.

13 Vgl. Rupert Sheldrake: „Sieben Experimente, die die Welt verändern könnten – Anstiftung zur Revolutionierung des wissenschaftlichen Denkens", Goldmann-Verlag, München, 1997

14 Zitiert aus Abd-ru-shin: „Im Lichte der Wahrheit – Gralsbotschaft", Verlag der Stiftung Gralsbotschaft, Stuttgart, 1998 (Band 3, „In der grobstofflichen Werkstatt der Wesenhaften")

15 Der Waliser Arzt Dr. Edward Bach (1886–1936) begründete 1930 eine Therapie, die auf der Diagnose disharmonischer seelischer Zustände aufbaut, die dann mit Hilfe entsprechender Blütenessenzen von einem „blockierten" in einen „transformierten" Zustand übergeführt werden. Mehr darüber findet der interessierte Leser bei Mechthild Scheffer: „Die Bach Blütentherapie – Theorie und Praxis", Heinrich Hugendubel Verlag, München, 1981.

16 Eine für mich überzeugende derartige Therapieform ist das „Somatic Balancing" des amerikanischen Arztes Michael McBride. Unter dem Titel „Notruf der Wirbelsäule" habe ich darüber berichtet: Zeitschrift „GralsWelt", Heft 43/2007, Verlag der Stiftung Gralsbotschaft, Stuttgart.

17 Der Begriff „Brücke aus dem Transzendenten" umfaßt auch die sogenannte *Silberne Schnur*. Sie wird im 2. Band dieses Buches angesprochen.

Kapitel 5

DER RUF
NACH UNS SELBST

Lesen Sie in diesem Kapitel:

▶ *Wege aus der Depression*

▶ *Die geistige Dimension des Menschen*

▶ *Wie man Ängste überwinden kann*

▶ *Die Macht des Lachens*

▶ *Wege aus der Gewohnheit*

▶ *Wer oder was ist das „Ich"?*

» Unser Menschsein zeichnet sich durch eine ganz besondere Fähigkeit aus: Wir sind in der Lage, ein Ich-Bewußtsein zu entwickeln, wodurch der einzelne sich als Subjekt erlebt, als eigenständige Persönlichkeit. Aber nicht nur das. Es ist uns auch gegeben, der Umwelt gegenüber aus freiem Entschluß heraus zu agieren.

Es liegt letztlich an uns, wie wir das Leben erleben. «

Kapitel 5

Der Ruf nach uns selbst

Einsam und in sich gekehrt stand die Frau am Grabe ihres Mannes. Nun war er gestorben, fortgegangen für immer, ihr vom Schicksal kalt und rücksichtslos genommen. Nie wieder würde es so sein wie in den letzten Jahrzehnten ihres Lebens – ihres erfüllten gemeinsamen Lebens. Sie hatte ihn aus ganzem Herzen treu geliebt, war immer für ihn dagewesen, hatte ihren Willen in den seinen gelegt, war ihm überallhin und ohne eigene Ansprüche gefolgt. Und doch war sie machtlos gewesen gegen die heimtückische Krankheit, die sein Erdenleben beendet und ihr eigenes mit Bitterkeit erfüllt hatte. Welchen Sinn sollte ihr Dasein jetzt noch haben? Wie könnte sie jemals wieder Freude empfinden? Jene ausgelassene Heiterkeit erfahren, die die vielen Jahre ihrer Ehe durchwoben hatte? Ja, was hätte sie darum gegeben, wenigstens die Stunden des gemeinsamen Zitterns und Bangens nochmals teilen zu dürfen! Jetzt spürte sie nicht einmal mehr Schmerz, sondern nur eine drückende, übermächtige innere Leere. Was hatte sie vom Leben nun noch zu erwarten?

Monate lebte die Witwe mit dieser Frage, und die vielen, die kamen und ihr Mitleid ausdrückten, die sie trösten und schonen wollten, brachten ihr keine wirklich ermunternden Gedanken. Und noch weniger zu sagen wußten sie über das große „Warum?", das sich in ihr Herz eingegraben hatte.

Erst die sanften Anregungen aus dem Schoß der Zeit, der die ganze Vielfalt des Lebens birgt, lehrten sie – Lektion für Lektion –, daß das Überschreiten einer Schwelle nicht das Ende ist. Ja, sie empfand es immer deutlicher als Schwelle. Das, was sie nun in sich selbst überwinden mußte, war eine Hürde, ein Berg, der ihr die Sicht verstellt und den zu erklimmen sie nie angestrebt hatte! Das Leben in trauter Zweisamkeit war wunderbar gewesen, und immer noch hätte sie es sich sehnlich zurückgewünscht – aber hatte sie jetzt nicht die Gelegenheit, neue Ziele anzustreben, in Eigenständigkeit und Selbstverantwortung?

Zu Beginn erschienen ihr solche Gedanken wie ein Verrat an ihrem geliebten Mann, doch bald erkannte die Frau, daß solche Gedanken sinnlos waren. Denn im Maße, wie sie Mut faßte, ihren Blick in die Zukunft richtete, durchlichtete sich ihre Verbitterung. Ganz gewiß könnte auch er ihr nichts Schöneres wünschen, als daß die Freude wieder Einzug halte in ihrem Haus.

Und es kam der Tag, an dem sie kein Schwarz mehr trug, weil die Schwelle überwunden war, weil der Berg, den sie erklommen hatte, ganz neue Ausblicke gewährte. Sie hatte sich getäuscht. Sie hatte die falsche Frage gestellt. Es war niemals darum gegangen, was sie selbst noch vom Leben zu erwarten hatte. Indes ging und geht es immer darum, was das Leben von uns Menschen erwartet. Nicht wir haben die Fragen zu stellen, sondern wir haben Antwort zu geben – auf alle Fragen, die das Leben *an uns* richtet. Jede schicksalhafte Situation bietet uns die Gelegenheit zu reagieren, und jede Schwelle eignet sich als Stufe für den inneren Aufstieg.

Es gibt viele Schwellen auf unserem Lebensweg, höhere und weniger hohe. Sie beschließen alte Entwicklungsspannen und eröffnen uns neue. Im Zwang, immer wieder Abschied nehmen zu müssen, liegt Gnade.

Dies im eigenen Erleben erfahren zu haben, betrachtete die Frau nun als Geschenk. Und jenseits des Berges ging sie ihres Weges – mit mehr Demut und Gottvertrauen im Herzen als je zuvor. –

Zum Seelischen Stellung nehmen

Unser Menschsein zeichnet sich durch eine ganz besondere Fähigkeit aus: Wir sind in der Lage, ein Ich-Bewußtsein zu entwickkeln, durch das der einzelne sich selbst als Subjekt erlebt, als eigenständige Persönlichkeit. Aber nicht nur das. Es ist uns auch gegeben, der Umwelt gegenüber aus freiem Entschluß heraus zu agieren.

Wir sind – wenigstens von unserer ursprünglichen Veranlagung her – Souverän über die äußeren Wege, die wir einschlagen wollen, ebenso aber auch über unsere innere, seelische Ausrichtung. Und das sollte die einleitende kurze Geschichte in erster Linie verdeutlichen: Es liegt letztlich an uns, wie wir das Leben erleben – ob als Belastung oder als ein Geschenk, ob als unerträgliche Zumutung oder große Gnade. Die entscheidende Tatsache ist, daß es etwas in uns gibt, eine letzte/tiefste/höchste menschliche Instanz, die dazu befähigt ist, nicht nur zu äußeren Ereignissen, sondern auch zur eigenen seelischen Verfassung aktiv Stellung zu nehmen, die also „über den Dingen" steht, wiewohl sie von diesen unentwegt berührt, gefordert und gefördert wird.

Aber wer oder was ist dieser eigentliche Wesenskern des Menschen, das „Ich", von dem bereits wiederholt die Rede war?

Diese Frage und das vorliegende Kapitel wollen auf die zweite Phase unserer Innenwelt-Expedition vorbereiten: Während wir uns bisher vor allem mit körpernahen Dimensionen beschäftigt haben, wird es nun darum gehen, das wahre Wesen des Menschseins zu ergründen. Wir müssen klar unterscheiden lernen zwischen dem, was wir *sind* – nämlich Geist – und dem, was wir *haben* – nämlich eine Anzahl von Umhüllungen, zu denen grobstoffliche und feinstoffliche Körper gehören.

In unserer Kurzgeschichte überwand die trauernde Witwe mit ihrem Trennungsschmerz eine innere Schwelle, was mit einer grundlegenden Änderung ihrer Einstellung einherging. Sie erfuhr, daß ihre seelische Befindlichkeit letztlich unabhängig von den äußeren

Die befreiende Befähigung,
den Blickwinkel ändern zu können,
ist ein Ausweis unseres
geistigen Persönlichkeits-Kerns.

Umständen ist. Diese so großartige Befähigung, den Blickwinkel ändern zu *können*, ist jedem von uns geschenkt, sie ist ein Ausweis unseres geistigen Persönlichkeits-Kerns. Und je bewußter uns diese eigene Geistigkeit, diese herrliche innere Freiheit wird, um so leichter lassen sich auch viele der heute so verbreiteten seelischen Krisen überwinden.

Ich möchte im folgenden anhand der Problemkreise Depressionen – Ängste – Süchte[1] aufzeigen und auch am Beispiel anderer unsichtbarer Fesseln, die aus allzu gewohnten Gewohnheiten oder aus belastenden Vorstellungen resultieren, darlegen, wie entscheidend die Erkenntnis der geistigen Dimension in uns ist.

Wege aus der Depression

Depression – viele Menschen leiden unter mehr oder weniger ausgeprägten, kürzer oder länger anhaltenden Seelen-Tiefs, fallen dabei innerlich in ein Loch, verlieren ihre Freude und Antriebskraft, können manchmal selbst den Schmerz nicht mehr lebensnah erfahren. Alles Denken und Entscheiden, Lernen und Erinnern, Fühlen und Sprechen fällt bleiern schwer, das Leben erscheint nicht mehr lebenswert, ein mächtiger grauer Schleier hat sich zwischen die innere und die äußere Wirklichkeit geschoben, einer diffusen Angst verbunden, zu überhaupt nichts mehr fähig zu sein. Und wie beklemmend fremd ist man sich selbst geworden!

Depressive Verstimmungen und auch echte Depressionen[2] – weshalb ist unsere Gesellschaft damit so sehr belastet, wo uns im allgemeinen doch keine Existenzängste plagen?

Wie bereits festgestellt wurde, können die Ursachen für das, was man gemeinhin in den Eintopf der „psychischen Störungen" wirft, auf verschiedenen Ebenen liegen. Körperliche Faktoren wie zum Beispiel die Belastung durch Schwermetalle oder andere Gifte oder Probleme im Nervensystem können innere Schwierigkeiten ebenso fördern wie die Gestaltung der gedanklichen, feinstofflichen Innenwelt, die ja unmittelbar auf unseren Seelenkörper wirkt.

All diese Dinge spielen zweifellos auch für das Krankheitsbild der Depression eine Rolle – und doch ist dabei noch mehr im Spiel!

In der Psychiatrie unterschied man lange Zeit zwischen zwei Arten der Depression, der *endogenen* und der *exogenen* Form. Dieser Differenzierung lag die Meinung zugrunde, daß in manchen Fällen eine körperliche Veranlagung (= endogen) bestimmend für das Seelentief ist, in anderen dagegen nicht.

Man geht davon aus, daß die endogene Depression durch chemische Störungen im Zentralnervensystem verursacht wird, wobei ein Mangel an bestimmten „Neurotransmittern" im Gehirn hauptausschlaggebend sein dürfte. Neurotransmitter sorgen dafür, daß Informationen von einer Zelle zur anderen transportiert werden. Die Produktion dieser Botenstoffe ist lichtabhängig und läuft daher erst tagsüber so richtig an, weshalb sich die endogene Depression auch in einem für sie typischen „Morgentief" zeigt. Es ist erwiesen, daß die körperlichen Anlagen zu dieser Störung vererbbar sind, und daß durch angemessene Therapien, die auf der richtigen – also der *physischen* – Ebene ansetzen, auch bedeutende Besserungen erzielbar sind. Als angemessen dürfen dabei auch spezielle Antidepressiva betrachtet werden, also Medikamente, die auf die persönliche Situation des Patienten möglichst exakt abgestimmt sind und – entgegen einer verbreiteten Meinung – nicht automatisch süchtig machen. Lichtbehandlungen oder Schlafentzugstherapien können bei endogenen Formen ebenfalls angezeigt sein.

Anders bei exogenen (oder „reaktiven") Depressionen, die keine körperliche Ursache, sondern einen schicksalsbedingten Grund haben, zum Beispiel – denken wir an die Geschichte der trauernden Witwe – den Verlust eines geliebten Mitmenschen. Solche Ereignisse führen natürlich zu einer entsprechenden Reaktion, sie erschüttern den Seelenkörper und mit ihm die feinerstoffliche Gedankenwelt. In diesen Fällen ist also in erster Linie die seelische Ebene angesprochen, weshalb hier (die ja nur auf den Körper einwirkenden) Psychopharmaka nicht sinnvoll erscheinen. Vielmehr geht es darum, den Hintergründen nachzuspüren, weshalb ein Mensch vor seinem Schicksal resigniert, den Lebenskampf – und sich selbst – aufgibt, keine Zukunft mehr sieht, keine Kraft mehr spürt.

Man kann im verflochtenen Wurzelwerk, das exogenen Depressionen zugrunde liegt, wichtige Hauptstränge ausmachen, bei denen sich therapeutisch gut ansetzen läßt. Da mag es im Seelenleben zum Beispiel Personen oder Dinge geben, die einen zu großen Raum einnehmen, also regelrecht vergötzt werden – „Ohne dich kann ich nicht sein!" – und die, sobald sie abhanden kommen, einen Leerraum hinterlassen, in dem sich dann die Depression ausbreiten kann. Diese Gefahr ist besonders groß, wenn ein Mensch sich nur an das „Eine" klammert – an sein „geliebtes" Auto, den „unersetzlichen" Arbeitsplatz oder den Ehepartner, der sein „Ein-und-Alles" ist. Mit einer solchen Einstellung geht unbemerkt oft das Urvertrauen ins Leben verloren, mit dem wir Menschen ausgestattet sind, also die Gewißheit – oder wenigstens das Erahnen –, in Gottes großer Schöpfung doch unter allen Lebensumständen geborgen zu sein.

Die klassische Unterscheidung zwischen endogenen und exogenen Depressionen gilt inzwischen allerdings als überholt, denn sehr oft sind sowohl körperliche Anlagen als auch seelische Gründe festzustellen. Außerdem erklärt die traditionelle Differenzierung nicht die dramatische Zunahme von Depressionen, wie sie heute beobachtbar ist. Diese erscheint vorerst aus zweierlei Gründen rätselhaft: Zum einen ist bekannt, daß von endogenen Depressionen durch die Generationen immer ein etwa gleichbleibender Prozentsatz der Bevölkerung betroffen ist. Die vererbbaren

körperlichen Ursa-
chen wirken unab-
hängig von äußeren
Ereignissen, sie zei-
gen sich in seelisch
besonders belasten-
den Kriegsjahren eben-

Die Analyse der Stimmung, die zu Depressionen führt, zeigt eine passiv-resignative Grundtendenz.

so häufig wie in Friedenszeiten. Zum anderen gibt es aber auch keine Hinweise für einen bemerkenswerten Anstieg von exogenen, also seelisch bedingten Depressionen.

Man könnte diesbezüglich zwar ins Treffen führen, daß die Verwöhnung, die der Wohlstandsmensch des 20. und 21. Jahrhunderts genießt, also seine Abhängigkeit von materiellen Dingen, auch die Gefahr depressiver Verstimmungen vergrößert. Gleichzeitig aber muß man doch annehmen, daß die allgemein immer besseren Lebensbedingungen, das engmaschige materielle und soziale Sicherheitsnetz, in das der einzelne heute eingebettet ist, zu einem Rückgang von Depressionen führen. Unter dem statistischen Strich sollten sich beide Faktoren in etwa ausgleichen – was aber nicht der Fall ist. Warum also werden depressive Symptome immer häufiger?

Die geistige Dimension

Dieses Rätsel läßt sich nur dann schlüssig lösen, wenn man im Menschsein mehr erkennt als nur ein vermeintlich selbsttätiges Zusammenwirken von Körper und Seele. Es ist nötig, in die Betrachtungen eine weitere Dimension miteinzubeziehen, die allen psychosomatischen Wechselwirkungen übergeordnet ist: das *Geistige*. –

Wenn man die Stimmungen analysiert, die den heute so stark zunehmenden Depressionen zugrunde liegen, stößt man auf eine passiv-resignative Gesamttendenz. Schon bei Jugendlichen machen sich häufig Gefühle der Sinn- und Ausweglosigkeit breit, und oft paaren sich düstere Zukunftsängste mit Mutlosigkeit oder Überdrüssigkeit. Alle diese Stimmungen aber lassen sich in das herkömmliche Schema endogen/exogen, also körperlich/seelisch nicht einfügen. Sie haben nichts mit der physischen Zellgrundlage eines Menschenkörpers zu tun, sind aber zweifellos auch nicht als seelische Reaktionen zu verstehen. Denn was könnte einen in Wohlstand und Sicherheit lebenden (jungen) Menschen dazu veranlassen, mit Hoffnungslosigkeit und Zukunftsangst zu *reagieren*?

Es sind keine körperlichen oder seelischen Ursachen, die zu solchen Befindlichkeiten führen, es muß eine tiefer liegende Wurzel geben. Und diese läßt sich tatsächlich finden, sobald wir uns über die eigentliche menschliche Wesensart klar geworden sind.

Bisher haben wir einiges über unseren Verstand und die feinerstoffliche Gedankenwelt gehört; wir haben uns mit Trieben und Gefühlen und auch mit der Strahlungsbrücke zwischen Leib und Seele beschäftigt. Dabei konnten wir sehen, daß alles Körperliche letztlich dem Seelischen dient, während dieses bestimmend und richtungweisend auf die physische Welt einwirkt. Doch damit waren wir immer noch nicht zum Kern des Menschseins vorgedrungen. Denn, wie schon angedeutet: unser eigentliches Ich ist dazu in der Lage, seelische Zustände *willentlich* zu beeinflussen. Wir mögen uns in einem düsteren gedanklich-feinstofflichen Umfeld verstrickt haben, uns bedrückt, niedergeschlagen, „am Boden zerstört" fühlen – doch in unserem tiefsten Inneren steckt das Potential, jeder seelischen Verfassung eine neue Richtung zu geben. Letztlich liegt es am Kranken selbst, ob er sich seinem Leid in Hoffnungslosigkeit ergibt oder ob er etwa nach neuen Chancen und Aufgaben Ausschau hält, die ihm *gerade* durch seinen Krankheitszustand geboten sind. Man denke zum Beispiel an den durch einen Schicksalsschlag plötzlich behinderten Familienvater, der seinen Kindern nun etwas ganz Neues und ungemein Wertvolles schenken kann: Zeit!

Um die Dimension des Geistigen vielleicht noch klarer zu beschreiben: Unser physischer Körper *reagiert* – auf äußere Einflüsse und auch auf Impulse aus dem Inneren. Unsere nichtphysische Seele *reagiert* ebenfalls auf Ereignisse der Außen- wie der Innenwelt. Der

Körper und Seele reagieren auf Ereignisse der Außen- wie der Innenwelt. Der Geist aber agiert!

innerste Wesenskern des Menschen jedoch, der Geist, *agiert*; er entscheidet und gibt die Richtung vor. Von ihm gehen die eigentlichen Willensimpulse aus, er ist das Belebende im Zusammenwirken von Körper und Seele. Oder anders betrachtet: Alles, was wir *haben*, reagiert auf das, was wir *sind*.

Das Wort „haben" trifft die Sachlage durchaus gut. Denn es ist ja tatsächlich ein Besitzverhältnis, wenn jemand von „*seinem* Körper" und „*seiner* Seele" spricht. Der menschliche Wesenskern selbst, das geistige Ich-Bewußtsein steht über diesen Hüllen – und auch hier greift die natürliche Hierarchie, derzufolge das Gröbere stets dem Feineren dient. Körper und Seele erfüllen keinen Selbstzweck, sondern deren Sein und Wirken hat einen tiefen Sinn: dem Geist als Werkzeug zu Diensten zu stehen, dessen Bewußtseinsentwicklung zu fördern.

Mit diesem Prozeß werden wir uns später noch eingehend befassen. Vorerst wollen wir uns mit einer vereinfachten, grundlegenden Darstellung begnügen: Der Menschengeist durchschreitet einen weitreichenden Entwicklungsweg, und dieser läßt sich naturgemäß nur durch die Aneinanderreihung vieler Einzelschritte zurücklegen. Wobei man das hier gezeichnete Bild nicht abstrakt auffassen sollte; es geht dabei um ganz konkrete Angelegenheiten des Alltags. Jedes kleine Lebensziel, das wir erreichen, jede sinnvolle Aufgabe, die wir erfüllen, bringt uns dem großen geistigen Entwicklungsziel ein Stückchen näher. Doch es liegt immer an uns, offenen Herzens zu erfassen, was das Leben gerade für Gelegenheiten zu einer geistfördernden Betätigung bietet. Als „Aufgabenfindungsorgan" dient dabei weniger der Verstand als vielmehr das *Gewissen*, das tiefe Wissen aus dem Geistigen, die innere Stimme. Sie weist darauf hin, was gerade richtig und sinnvoll ist. Die bekannte Psychologin und Logotherapeutin Dr. Elisabeth Lukas[3] formulierte diesbezüglich einmal:

> *„Sinnvoll ist nur etwas, was die Gesamtsituation verbessert, in der der Mensch steht. Sinnvoll ist immer das, was mir und auch allen anderen guttut, die in die Situation hineinverflochten sind. Was sinnvoll ist, deckt immer auch irgendeinen Bedarf draußen in der Welt ab. Es geht also niemals nur um die Bedürfnisse eines einzelnen, sondern immer auch um die Bedürftigkeit in der Welt. "[4]*

Wichtig sei es für viele Menschen, die heute so weit verbreitete Konsumentenhaltung zu überwinden und nicht immer nur das eigene Wohlergehen zu suchen:

> *„Glück ist nicht, wenn ein Mensch sagen kann: ‚Mir geht es gut', sondern es kommt aus dem Bewußtsein ‚Ich bin für etwas gut!'"[4]*

Diese Zielorientierung, die stete Suche nach (zu) erfüllenden Aufgaben, das Nützlich-sein-Wollen in der Schöpfung gehört untrennbar zum Wesen des Menschengeistes. Wir brauchen etwas, dem wir dienen können, das unserem Sein Sinn gibt. Ja, man könnte sogar formulieren: Unser Ich-Bewußtsein kann sich *nur* im Hinblick auf höhere Ziele entwickeln und entfalten. Wer keine Aufgabe, keinen Sinn mehr sieht, dem fehlt das Nötigste zum Überleben.

Wird darin nicht ein wunderbares Gesamtbild erkennbar? Der Körper dient der Seele, diese ihrerseits dem Geist – und der Menschengeist als solcher steht im Dienst der gesamten Schöpfungsentwicklung. Daraus ergibt sich doch eine ganz neue Betrachtung unseres Menschseins!

Wir haben konkrete Aufgaben, wir sind nicht einfach biologische Maschinen, die sich ziellos irgendwohin bewegen, sofern sie ausreichend mit Energie gefüttert sind. Den unfreien, allein durch Kindheitserlebnisse, Triebe, Traumata oder vom Willen zur Macht bestimmten Menschen, wie er in der Psychoanalyse oft dargestellt wird, gibt es nicht. Derlei Beschreibungen zeigen lediglich etwas von der äußeren Innenwelt, dem Körperlich-Seelischen. Doch das Wichtigste

Unser Ich-Bewußtsein kann sich nur im Hinblick auf bestimmte Ziele entfalten. Wer keine Aufgabe hat, dem fehlt das Wichtigste.

bleibt ausgeklammert, nämlich die Dimension des Geistigen. Dr. Elisabeth Lukas wies auf deren Bedeutung in einem feinen „inneren Dialog" hin:

> „Wie frei bin ich?" fragte der Mensch seinen Schöpfer. „Ich kann meinen Körper nicht ablegen, ich kann meine Herkunft nicht verleugnen, ich kann meiner Umwelt nicht entfliehen, ich kann meiner Zeit nicht entrinnen." – „Du bist nicht frei von deinen Bedingungen", antwortete Er, „allein, du bist frei, Stellung zu nehmen zu deiner Bedingtheit. Und dies ist mehr, als ich jemals gewährte."5

Mit der uns gewährten inneren Freiheit und den Fähigkeiten, die uns Menschen geschenkt wurden, gehen allerdings auch Verpflichtungen einher. Unsere Veranlagung, einem Ziel zuzustreben und sinnvoll, also in aufbauendem, gutem Sinne in der Schöpfung zu wirken, verpflichtet uns dazu, dies auch zu tun.

Wenn dieses aufgabenorientierte Geistesstreben nun aber infolge einer falschen Ausrichtung blockiert wird, dann kann sich diese Unterdrückung als Depression – im wahrsten Wortsinn – zeigen. Die im Normalfall den Körper und die Seele durchglühende Lebendigkeit des Geistes bleibt gehemmt, und oft enden die Versuche, diese selbstentfremdete Situation gedanklich zu überwinden, nur in noch bedrückenderer Grübelei.

Während also der natürliche Zusammenklang von Körper, Seele und Geist im Falle endogener Depression vorrangig durch Blockaden auf der *physischen* Ebene gestört ist und bei exogenen Formen seelische Schwierigkeiten ausschlaggebend sind, müßte man daneben von einer wichtigen *dritten* Art von Depressionen spre-

Viele Gesellschaftsphänomene unserer Zeit zeigen, daß der Bezug zu wirklich sinnvollen Aufgaben verlorengegangen ist.

chen, die hinein ins Geistige weist. Denn viele typische Gesellschaftsphänomene unserer Zeit – von der Flucht Jugendlicher in Alkohol, Drogen oder auch Sekten bis hin zum verbreiteten Freizeitfrust – zeigen, daß der Bezug zu wirklich sinnvollen Aufgaben verlorengegangen ist, daß wir im allgemeinen also einen Lebensstil pflegen, der der Zielorientierung unseres Geistes zuwiderläuft. Unser unterdrückter Wesenskern kann nicht mehr seiner Art gemäß wirken.

Viktor Frankl (1905–1997)[6], dem berühmten Wiener Seelenarzt und Begründer der sogenannten „Logotherapie"[7], ist es zu danken, daß das Wissen um die Geistigkeit des Menschen, jener übergeordneten *„Instanz, die zu Körperlichkeit und Befindlichkeit ihrerseits nochmals Stellung nimmt und das eigentliche personale Ich eines Menschen ausmacht"[8]* – auch in der psychotherapeutischen Fachwelt langsam Fuß faßt. Frankl sprach von der sogenannten „noogenen Depression" (deren Ursache also mit dem Nous = Geist zu tun hat). Diese geht *„auf eine geistige Frustration zurück, sie entsteht durch Sinnverlust."[9]*

Und eben dafür ist der Boden in unserer modernen Gesellschaft bestens bereitet: *„Der Traditionsbruch um die Mitte des 20. Jahrhunderts, die rasche technische Entwicklung bei gleichzeitigem Rückgang ‚humaner' Lebensbedingungen, und nicht zuletzt die Beziehungslosigkeit des modernen Menschen, der in seiner Egozentrizität vereinsamt, das alles sind Entwurzelungsvorgänge, die nicht ohne geistigen Nachhall geblieben sind"*, meint Frankls Schülerin Elisabeth Lukas. Im Klartext: Unsere Lebensweise schafft ein besonders günstiges Klima für tiefgreifende existentielle Frustrationen. Und wenn diese gesellschaftlichen Rahmenbedingungen beim Einzelmenschen auf bestimmte seelische Defizite treffen, wie etwa eine Neigung zur Sucht, erhöhte Angstbereitschaft oder allgemeine Ichschwäche, dann kann die Sinnkrise sich sehr leicht zur handfesten *noogenen Depression* entwickeln – was nicht selten der Fall ist: Etwa 20 Prozent aller Depressionen lassen sich als Folge einer geistigen Trägheit beschreiben, die durch unsere wertabgewandte, orientierungslose Lebensweise im allgemeinen sehr begünstigt und gefördert wird.

Darin liegt die Ursache für die deutliche Zunahme dieser Krankheiten in jüngster Zeit!

In Kenntnis all dieser Zusammenhänge werden nun auch Wege zum Umgang mit Depressionen beschreibbar – und zwar sowohl für den Betroffenen als auch für seine Mitmenschen.

Grundsätzlich gilt dabei, daß Pauschalurteile – etwa in der Art der Ansichten meines Bekannten, die ich eingangs des vierten Kapitels schilderte – jedenfalls fehl am Platz sind. Depressive Verstimmungen zwingen zum sehr genauen Hinsehen, denn es ist wichtig zu wissen, wodurch das Geistige im Patienten in erster Linie unterdrückt wird. So wird man bei endogenen Symptomen in der Therapie nicht umhinkommen, auch auf der körperlichen Ebene anzusetzen; in jedem Fall aber ist die gezielte *Förderung des Geistigen* wichtig für den Behandlungserfolg.

Aber wie fördert man?

Ein grobes Unverständnis wäre es zu meinen, daß in einer plumpen Forderung („Reiß Dich doch zusammen!") unbedingt auch eine Förderung liegt. Der Betroffene *kann* sich in einem depressiven Schub nicht zusammenreißen, weil die dazu nötige Geisteskraft eben gehemmt ist.

Auch der unbeholfene Hinweis auf seelische Zusammenhänge („Du mußt die wahren Ursachen für Dein Leid erkennen!") bringt den im Depressionsloch steckenden Menschen nicht weiter. Ganz im Gegenteil: solche Aussagen hemmen, weil dadurch unbegründete Schuldgefühle, wie sie typisch für Depressionen sind, weiter gesteigert werden.

Die Unterdrückung des Geistigen führt ja zwangsläufig zu einer Werte-Blindheit, zu einem verzerrten, entgleisten Urteilsvermögen auch in bezug auf die eigene Person: alles Schuldhaf-

Die Unterdrückung des Geistigen führt zu einer Werte-Blindheit: Schlechtes steht im Vordergrund, Chancen werden übersehen.

te, Schlechte, Zerstörerische steht zentral im Mittelpunkt der Selbsteinschätzung; Fähigkeiten, Chancen und Möglichkeiten, die vielen aufbauenden, hilfreichen Aspekte also, werden dagegen übersehen.

Es mag für jemanden, der ernste Depressionen aus dem eigenen Erleben nicht kennt, schwer sein, sich in die Leidenssituation eines Erkrankten, die bis zum Suizid führen kann, hineinzuversetzen. Doch es gibt Grundlegendes, das im Umgang mit solchen Menschen beachtet werden sollte:

• Wie für jede sogenannte psychische Störung gilt auch für Depressionen: Nicht der Geist, also der Mensch selbst, ist erkrankt oder „gestört", sondern er ist – durch welche Ursachen auch immer – in seinem natürlichen Wirkvermögen gehemmt, behindert. Die depressiven Symptome gehören also zur Krankheit, nicht aber zur Persönlichkeit des Patienten. *Das Menschliche im Menschen steht*, wie es die Logotherapie sehr treffend ausdrückt, *über dem Kranken im Menschen*. Es erkrankt das, was wir haben, nicht das, was wir sind. Daraus läßt sich für Betroffene ein grundlegendes Motto ableiten: *Sich von der Krankheit distanzieren, statt sich mit ihr identifizieren!*

• Da Depressionen zumeist in Schüben verlaufen und der Kranke innerhalb einer depressiven Phase praktisch nicht erreichbar ist, gilt es, die *gesunden* Zeitspannen aktiv zu nützen – etwa zum Aufbau von Vertrauen oder auch zur Verarbeitung der Krankheit. Hierbei kann es darum gehen, dem Betroffenen klarzumachen, daß jeder Mensch krank sein *darf*, daß er seine Depression nicht zu ernst nehmen soll (Distanz von der Krankheit!) und vor allem, daß depressive Phasen wie Wolken sind, über denen immer die Sonne scheint: sie ziehen vorüber, und das wärmende Licht wird wieder sichtbar werden.[10] Für den Kranken geht es darum, ohne Selbstbeurteilung (die in solchen Situationen nur falsch sein kann) unter diesen Wolken tapfer auszuharren – im Bewußtsein, daß *das Licht* einst wieder strahlen wird. *„Es nicht zu sehen und nicht zu fühlen"*, schrieb Elisabeth Lukas in einem ihrer Bücher, *„es im dumpfen Schmerz nirgends zu ertasten und dennoch es mit geistigen Antennen im Wissen zu bewahren, ist eine Kunst – wahrscheinlich die höchste Leistung, die ein Mensch erbringen kann. Eine Leistung, die höher zählt als jede berufliche oder familiäre Leistung, wie sie dem Depressiven vorübergehend aus der Hand genommen ist. Diese Leistung ist sein persönlicher Triumph, seine Versöhnung mit dem Schicksal."*[8]

• Depressive Menschen benötigen meist besondere Schonung und viel Verständnis, denn sie können durch die Krankheit ihren Mitmenschen gegenüber nicht so reagieren, wie sie das selbst gerne möchten. Vorwürfe gilt es zu vermeiden; sie sind fehl am Platz, wenn man helfen will. Im Gesamtbild einer Depression ist es nämlich oft so, daß ein unvermeidbarer endogener Schub durch den Schmerz über das Durchlittene, durch die Angst, daß solche Zustände immer wiederkehren, durch Selbstvorwürfe zur eigenen Unfähigkeit oder durch Verzweiflung über die Verzweiflung künstlich verlängert und vertieft wird. Man spricht dabei von einer „reaktiven Pfropfdepression": die Reaktion auf die Depression führt zu einer unnötigen, „aufgepfropften" weiteren Depression, die vermieden werden kann und soll.

Diesen allgemeinen Regeln müssen sich natürlich Maßnahmen anschließen, die exakt auf die persönliche Situation des Erkrankten und dessen geistige Förderung abgestimmt sind. Häufig verlangen Depressionen nach fachkundiger therapeutischer Betreuung, wenn dramatische Entwicklungen vermieden werden sollen. Immer aber ist größtmögliche menschliche Zuwendung angesagt – im Wissen um und im Vertrauen auf die Macht der geistigen Dimension des Menschseins.

Dies gilt ebenso für den Umgang mit einer anderen zunehmend verbreiteten psychischen Störung, der Angst. Auch hier sollte es im Anlaßfall gelingen, über das Seelische hinaus den Geist anzusprechen und zu aktivieren.

Wege aus der Angst

Selina ist ein kleines Mädchen. Sie schließt Freundschaft mit einem Mäuserich namens Pumpernickel, der eines Tages durch ein Loch in der Wand zu ihr ins Zimmer schlüpft. Die beiden verstehen sich prächtig, vertrauen sich so manches an und erzählen einander Geschichten. Eines Tages erscheint die Katze Flora und will den Mäuserich fangen. Selina verteidigt Pumpernickel und verscheucht die Katze. Doch Flora läßt nicht locker und bekommt die Maus am nächsten Tag zu fassen. Selina gelingt es, ihr den Mäuserich in letzter Minute zu entreißen. So zornig war Flora noch nie. Fauchend springt sie auf Selina zu.

„Noch nie hatte Selina eine solch wilde Katze gesehen. Sie bekam Angst, so große Angst, daß sie schnell aus dem Zimmer rannte, die Treppe hinunter auf die Straße. Flora aber folgte ihr dicht auf den Fersen. Da fürchtete sich Selina noch mehr. Und je größer ihre Angst wurde, desto größer wurde auch die Katze hinter ihr."

Selina läuft und läuft, und die Katze wird größer und größer, reicht bald bis an die Dächer der Häuser. Schließlich kann Selina nicht mehr, sie muß stehenbleiben. Hinter ihr wird es still. Verzweifelt ruft Selina, was sie nur tun soll. Und die Maus in ihrer Tasche antwortet: „,Du mußt Flora wieder klein machen!' ,Wie denn?' rief Selina verzweifelt, ,ich habe doch solche Angst!' – ,Eben, Du denkst immer nur an Deine Angst', piepste Pumpernickel naseweis, ,und rennst davon. Nur Deine Angst macht Flora so groß! Du mußt gegen sie laufen und ihr fest in die Augen sehen!' – ,Das schaffe ich nie', stammelte Selina, ,dazu fehlt mir der Mut!' – ,Ach was, Mut hast Du. Du mußt es nur versuchen!' piepste Pumpernickel und verschwand augenblicklich in der Schürzentasche, denn Flora fauchte jetzt ganz laut: ,Gib mir endlich den Mäuserich!' – Selina zitterte, aber sie wußte, daß sie sofort etwas tun mußte. Sie hielt den Atem an und machte einen Schritt auf die Riesenkatze zu. Dabei sah sie ihr fest in die Augen. Damit hatte Flora nicht gerechnet. Überrascht wich sie zurück."

*Das gibt Selina Mut, sie geht ihr entgegen, die Katze weicht
zurück, und Selinas Mut wächst. Die Katze wird kleiner, immer kleiner, bis zu ihrer Normalgröße. Zum Schluß begreift die
Katze, daß sie diese Maus nicht bekommen wird.[11]*

Die hier kurz zusammengefaßte Geschichte der Kinderbuchau-
torin Susi Bohdal trifft natürlich nicht nur auf kleine Mädchen,
die von großen Katzen verfolgt werden, zu, sondern sie ist eine
Metapher, die alle Erwachsenen anspricht. Denn Angst berührt
jeden Menschen. Sie gehört untrennbar zu unserem Dasein, setzt
in der Gefahr rettende Kräfte frei, mobilisiert unsere Reaktions-
mechanismen.

Man darf also durchaus Angst haben und sich getrost zu ihr
bekennen – als Frau, aber auch als Mann. Selbst wenn das vorder-
gründige gesellschaftliche Ideal (angeblich wollen die meisten
Frauen in ihren Männern ja wenigstens einen Hauch von Helden-
tum erblicken) Gestalten der Marke Siegfried favorisiert: jemanden, der „das Fürchten nie erfuhr"[12], gibt es abseits des Theater-
bodens glücklicherweise nicht. Es wäre ein Un-Mensch.

Und doch kann gerade die Angst, sobald sie das natürliche Maß
übersteigt und sich von ihrer eigentlichen Funktion „abkoppelt",
zum überwältigenden seelischen Problem anwachsen. Wer wider
Willen von Herzrasen, Schweißausbrüchen, Zittern und unruhiger
Atmung überwältigt wird, während das Gesicht errötet, die Knie
zu schlottern beginnen und die Konzentration schwindet, wer dieses scheinbar ohnmächtige Gefangensein in Enge und Erstarrung
kennt, der weiß um die Macht des großen „Katzenschattens".

Aber es ist eben nur ein *Schatten*! Er entsteht und wächst, weil
etwas – der Anlaß – von einem verzerrten, unnatürlicheren Blickwinkel heraus beleuchtet wird. Ein Beispiel aus der therapeutischen Praxis, das Susanne Barknowitz einmal beschrieb, verdeutlicht das:

*„Eine junge Frau hat folgendes Erlebnis: Sie fühlt sich nicht
besonders wohl, ist abgespannt, hat viel Kaffee getrunken, um
wachzubleiben, und befindet sich auf einer Busfahrt von der*

Arbeit nach Hause. Plötzlich bemerkt sie ein starkes Engegefühl in der Brust, der Mund wird trocken, sie möchte schlucken, aber das geht nicht mehr. Sie spürt, daß sie kaum noch atmet und ringt nach Luft, der Schweiß bricht ihr aus, und sie bekommt heftiges Herzklopfen. Sie ist sicher, daß sie jeden Moment ohnmächtig werden wird, vielleicht sogar sterben muß. Mit letzter Kraft steht sie auf und verläßt den Bus bei der nächsten Haltestelle. An der frischen Luft geht es ihr langsam besser, sie hält sich noch ein Weilchen am Laternenpfahl fest, dann geht sie mit weichen Knien nach Hause. Am nächsten Morgen ruft sie einen Arbeitskollegen an, ob er sie mitnehmen könne zur Arbeit. Abends bestellt sie ein Taxi. Sie fürchtet sich davor, daß ihr im Bus dasselbe noch einmal passieren könnte, und sie vermeidet die Situation. Dadurch verschwindet die Angst aber nicht, sie wird vielmehr stärker. Als sie nach einigen Wochen doch einmal wieder mit dem Bus fahren muß, fürchtet sie sich sosehr, daß sie allein durch ihre Angst die zuvor erlebten Symptome auslöst. Von nun an gibt sie sehr viel Geld fürs Taxifahren aus, sie hat seitdem keinen Bus mehr bestiegen."[13]

Auslöser gibt es unzählige. Es kann sich – wie im geschilderten Fall – um eine bestimmte Situation handeln, vor oder in der man sich ängstigt: Menschenansammlungen zum Beispiel oder geschlossene Räume (Lifte, Geschäfte, Konzertsäle usw.), des weiteren die Dunkelheit oder Reisen im Flugzeug. Zur Entwicklung von Ängsten und Panikattacken genügt im Grunde irgend etwas, das man mit einem Gefühl der Enge („Angst" hat denselben Wortstamm wie „Enge"!), des Ausgeliefertseins, der Hilflosigkeit, des Willensentzugs und/oder des Unbedingtmüssens assoziieren kann. Auch bestimmte „unkontrollierbare" Tiere – Schlangen, Spinnen oder Mäuse beispielsweise – lösen oft Panik aus. Ebenso kann man sich davor ängstigen, von anderen Menschen kritisch beobachtet, lächerlich gemacht und „abgeurteilt" zu werden usw.

Alle diese Angstauslöser haben also irgendwo zwar einen mehr oder weniger wirklichen Gefahren-Hintergrund – so, wie auch die Katze in unserer Geschichte eine „reale Gestalt" war –, doch nicht dieses Gefahrenpotential selbst wird zum Problem, sondern der *Schatten*, den es wirft. Dieser aber entsteht durch *uns*. Das Licht unserer eigenen Wahrnehmung ist es, das – aus einem verzerrten Blickwinkel ausgesendet – den Schatten übergroß erscheinen und womöglich ins Unermeßliche wachsen läßt.

Zur Entwicklung von Ängsten genügt irgend etwas, das man mit einem Gefühl der Enge oder des Ausgeliefertseins assoziiert.

Aber was hilft dieses Wissen? Den Menschen, die vor irgend etwas „davonlaufen", ist in der Regel ja klar, daß ihre Ängste unbegründet sind, doch dieser Gedanke verblaßt vor den Ausnahme-Erlebnissen, die ihnen bis in alle Finger- und Zehenspitzen spürbar wurden und in der Erinnerung nur allzu intensiv weiterbestehen. Aus dieser Tatsache folgt die typische Angst vor der Angst, ein sogenannter *Angstzirkel*, der viele Gedanken nur noch darum kreisen läßt, wie sich die gefürchteten Situationen am besten vermeiden lassen – ohne dabei viel Aufsehen zu erregen. Denn Ängste möchte man ja vor anderen versteckt halten; wer will schon gern als Schwächling gelten?

Wie also läßt sich der Teufelskreis durchbrechen, welche Wege führen aus der Angst?

Unsere Geschichte von der kleinen Selina und der großen Katze Flora zeigte einen wichtigen Punkt schon auf: Weglaufen hilft nicht, sondern verschlimmert das Problem nur. Statt dessen muß man *sich* überwinden, um die Angst zu überwinden: stehenbleiben, ihr standhalten, ihr entgegentreten! Das sagt sich nun freilich leicht – aber wie geht das?

Vorerst ist bei allen unnatürlichen Angstzuständen – ganz ähnlich wie bei depressiven Verstimmungen – eine genaue Analyse notwendig, zumal dann, wenn sie bereits länger andauern. Denn auch hier können Ursachen im körperlichen Bereich zu finden sein. Hormonstörungen, Schilddrüsenüberfunktionen oder Kreislaufprobleme begünstigen „Enge-Erlebnisse", wodurch entsprechende Medikamente zur Hemmung der Angst angezeigt sein können.

Anders liegt der Fall bei den sogenannten „Angst-Neurosen", die aus dem Seelischen kommen und bei denen pharmazeutische Produkte unter Umständen unangebracht sind, weil das Medikament vielleicht genau jene Kräfte blockiert, die nötig wären, um die Angst aus dem Geistigen heraus, durch das eigene Wollen, zu überwinden.

Impulse aus dem Wesenskern

Um das Geistige, um die Impulse aus unserem Wesenskern, geht es auch in der folgenden Angst-Strategie (die hier aber nur skizziert wird und therapeutische Hilfe nicht ersetzen, sondern allenfalls unterstützen will):

• Am Beginn muß die Erfahrung gewonnen werden: Ich *habe* zwar Angst, aber ich *bin* nicht diese Angst; sie ist nicht untrennbar eins mit mir, sondern ich kann mich von ihr distanzieren, ihr etwas entgegensetzen. Ich habe die Wahl, davonzulaufen und alle Angstauslöser zu meiden – oder ich kann mich eben diesen Situationen stellen, auf die Flucht verzichten. Und eben das ist angezeigt. Denn jede Angst hat immer nur genau die Macht, die wir ihr geben. Wir stärken sie durch angstvolle Gedanken und wir schwächen sie durch das Gegenteil: nämlich durch unseren Mut und unser Vertrauen in die eigenen Fähigkeiten (im Wort „Vertrauen" steckt ja ein „Sich-Trauen"). Der panikgeplagten Dame von vorhin wäre also zu raten, aller Angst zum Trotz doch wieder einmal eine kurze Strecke mit dem Bus zu fahren – vielleicht unter fachkundiger Begleitung. Denn im Trotzdem-Tun läßt sich ein Stück Selbstvertrauen wieder zurückgewinnen, ein wenig Freiheit neu erobern.

• Das freilich wird unter Umständen nicht so einfach sein, weil die Erinnerung an das angstvolle Ausnahme-Erlebnis die notwendige Selbstdistanzierung von dem Problem erschwert. Allerdings gibt es eine hilfreiche logotherapeutische Methode, um „angstneurotische Zirkel" zu durchbrechen und die lähmende Angst vor der Angst auszuschalten: Der Patient wird dazu angehalten, sich gerade das, wovor er sich fürchtet, herbeizuwünschen. Man nennt das im Fachjargon „paradoxe Intention".

Soll unsere Dame sich also Schweißausbrüche und Atemnot im vollbesetzten Bus *wünschen*?

Ja, genau das will der begleitende Therapeut vorgeführt bekommen!

Und wenn die Panikattacke gar zum Tod führen sollte?

Darauf muß die Welt natürlich vorbereitet werden – also: Testament aufsetzen, Geldangelegenheiten regeln, den Hund versorgen …

Was hier provokant und unangemessen erscheinen mag, zeigt in der Praxis in manchen Fällen durchaus Wirkung. Denn wenn der so gefürchtete Angstanfall vom Patienten wirklich mit allen Konsequenzen vorbereitet und gewünscht wird, bleiben die erwarteten Symptome in der Regel aus. Die Angst vor der Angst wird durch die paradoxe Intention quasi im Keim erstickt – und in der Folge nicht mehr ernst genommen.

• Was in diesem Beispiel schon anklang und uns in der Folge noch näher beschäftigen wird, ist der *Humor*. Er erweist sich (nicht nur) bei Angstzuständen als außerordentlich wirksames Heilmittel. Sich selbst und seine Leiden nicht ganz so fürchterlich ernst zu nehmen – darin liegt ein hervorragender Weg zur Entkrampfung und Selbstdistanzierung.

Wer dazu stehen kann, im Falle eines Falles auch eine „Lachnummer" abzugeben, wird zum Beispiel weniger Angst haben, an das ungeliebte Rednerpult zu treten. Denn wenn noch so viel von der Ansprache abhängen mag – weder geht die Welt unter, wenn der Vortrag nicht gelingt, noch werden an einem Mißgeschick wertvolle menschliche Kontakte zerbrechen. Schlimmstenfalls wird man, so der Vortragende tatsächlich einen Kreislaufzusammenbruch erleidet oder in die Ohnmacht abgleitet, einen Notarzt bemühen müssen – für den ein Routinefall, nicht weiter tragisch ...

• Aus gemäßem Abstand auf seine eigene seelische Befindlichkeit schauen, sich also innerlich von seinen Ängsten und Nöten distanzieren – das heißt aber nichts anderes, als sich seiner *Geistigkeit* zu besinnen, auf das, was man – jenseits aller psychischen Probleme – eigentlich *ist*. Genau diesen Blickwinkel kann jemand, der in seiner Angst feststeckt, aber nicht so leicht einnehmen. Susanne Barknowitz formulierte diesbezüglich in einer Arbeit zum Thema:

> „*Für den ängstlichen Menschen ist es bezeichnend, daß er gedanklich ständig um seine Probleme, Befürchtungen und Sorgen kreist. Ja, ich möchte sogar behaupten, daß übertriebene, irrationale Angst mit dem Verstand erzeugt wird, daß sie also in erster Linie ein gedankliches Problem ist. Der Angstgeplagte steht neben sich und beobachtet sich. Er schaut auf sich, anstatt auf etwas beziehungsweise auf jemanden hinzuschauen.*"[14]

Diese „Hyperreflexion"[15], also die punktfixierte Konzentration auf körperliche oder seelische Prozesse, kann zu vielfältigen psychosomatischen Störungen oder Blockaden führen. Um dem entgegenzuwirken, bietet sich neben der erwähnten „paradoxen Intention" das Prinzip der „Dereflexion" an – ein heilsames Ignorieren der Sorgen und Ängste.

Aber wie geht das? Soll sich unsere busgeschädigte Dame einfach blauäugig einreden, daß sie gar keine Panikattacken hat? Sich die Beklemmung wegdenken?

Soll jemand, der aufgrund seiner Ängste nachts hellwach im Bett liegt, sich gedanklich zum Einschlafen zwingen? Es ist klar, daß so etwas nicht funktionieren, sondern das Gegenteil bewirken würde. Der Vorsatz „Ich darf keine Angst haben!" begünstigt zwangsläufig die Angst vor der Angst. Mit *Dereflexion* ist indes etwas anderes gemeint: nämlich die Ausrichtung auf eine sinnvolle Aufgabe, das gezielte Abziehen gedanklicher Kräfte von der Angst. Da kann es zum Beispiel darum gehen, die schlaflose Zeit sinnvoll zu nützen, sich bewußt anderen Menschen und deren Problemen zuzuwenden oder gemeinsam mit Freunden etwas Erbauliches, Gemüt-

Das heilsame Ignorieren der eigenen Ängste und Sorgen gelingt, indem man sich den Problemen anderer zuwendet.

volles zu unternehmen. Vieles kann dazu dienen, die gedankliche Fixierung auf die eigenen Probleme zu lockern.

• Aufbauenden Ereignissen im Leben Raum zu geben, den Blick für das Gute zu schärfen und zugleich auf das Problematisieren oder Kritisieren bewußt zu verzichten – eine solche Lebenseinstellung lockert nicht nur die innere Enge (die ja immer auch eine Mitursache für Ängste ist) und weitet den Horizont, sondern sie vermag auch eine Tür zu öffnen, durch die etwas Entscheidendes wieder in unsere Seele fluten kann, dem wir uns selbst verschlossen haben: *Urvertrauen.*

Wer – der heutigen Zeitströmung folgend – mit einem mehr oder weniger ausgeprägten Anspruchsdenken durchs Leben geht, dem kann dabei das abhanden kommen, was zur Geistigkeit des Menschseins gehört: die natürliche Dankbarkeit für das Geschenk des Lebendürfens; der Bezug zum Schöpfer und zu dem, was Er denn erwartet; die Bereitschaft, ein sinnerfülltes, also im Dienste der Mitmenschen und der Schöpfungsentwicklung stehendes Leben zu führen – als Ausgleich dafür, selbst sein zu dürfen.

Der Konsummensch des 21. Jahrhunderts bezahlt sein bequemes, oft selbstgefälliges Leben mit dem Verlust des Bewußtseins, als Kreatur in Gottes Schöpfung *geborgen* zu sein. Und mit diesem Urvertrauen verliert er auch den Bezug zu Hilfen, die – etwa auf der Basis eines tief empfundenen Gebetes – einsetzen könnten.

Der Ausweg aus diesem Dilemma liegt im gezielten Fördern des Guten; im Zulassen der Sehnsucht nach dem Aufbauenden; im Bemühen, etwas auch für andere Sinnvolles zu tun und dafür die eigenen Probleme nicht so wichtig zu nehmen.

Der Überwindung von Ängsten und Panikattacken dient die Besinnung auf die geistige Dimension des Menschseins.

Der Überwindung von Ängsten und Panikattacken dient also – ähnlich wie bei den Depressionen – der Besinnung auf das Geistige.

Dies gilt auch für eine weitere Problematik, die bereits dramatische Ausmaße angenommen hat, von der aber noch mehr im Verborgenen blüht, von der Gesellschaft schöngeredet, verdrängt oder tabuisiert: die vielfältigen Ausprägungen von Sucht.

Wege aus der Sucht

Vor einigen Jahren erzählte mir ein junger Mann aus Luzern (Schweiz) von einer erfolgreichen Initiative, die in dem Unternehmen gestartet worden war, in dem er gerade seine Ausbildung erhielt: Jedem, der bei der Prüfung nachweisen konnte, zuvor zwei Monate lang drogen- und rauschmittelfrei gewesen zu sein, wurde von der Firma ein Städteflug finanziert. Mein Gesprächspartner, der auf diese Art in den Genuß eines London-Aufenthalts gekommen war, berichtete sodann noch einiges von den gut durchdachten Rahmenbedingungen dieses Programms, und daß die jungen Leute dabei in großer Aufrichtigkeit mitmachten.

Aber ist es nicht ein besorgniserregendes Zeitzeichen, daß es überhaupt solcher Initiativen bedarf? Man wundert sich darüber jedenfalls nicht mehr, wenn man die (geschätzten) Zahlen zur Suchtproblematik betrachtet. So gibt es allein in Deutschland rund 2,5 Millionen Alkoholsüchtige, wobei das Einstiegsalter ständig sinkt. Zitat aus einer Broschüre des Gesundheitsministeriums:

„Zehn- und elfjährige Alkoholabhängige sind keine Ausnahmeerscheinung mehr. Mit einer ‚Mutprobe‘ in der Clique fängt es oft an. Oder mit einem allzu leichten Zugang zur Hausbar. Oder mit einer Cola mit Rum im Kiosk um die Ecke während der Schulpause.“[16]

Die Zahl der Alkoholgefährdeten wird in Deutschland auf vier Millionen geschätzt. Des weiteren geht man von 2,5 Millionen Medikamentensüchtigen und elf Millionen Rauchern aus. Wobei viele Arten der Sucht, vor allem solche, die keine unmittelbaren körperlichen Schäden zur Folge haben, keinen Eingang in die Statistiken finden: Spielsucht, Arbeitssucht oder die meist überhaupt tabuisierte Sexualsucht[17] – ganz zu schweigen von den zahllosen „lieben Lebensgewohnheiten", die manchmal ebenfalls in eine ausgeprägte Abhängigkeit münden.

Das Problem berührt also eigentlich fast schon jeden Menschen mehr oder minder. Wer von einer Sache nicht mehr lassen kann, obwohl er weiß, daß sie ihm (und anderen) schadet, verkörpert den „klassischen" Süchtigen.[18] Doch darüber hinaus sehen viele auch gar keinen Anlaß dafür, sich von einengenden Verhaltensweisen zu lösen, weil sie ihren eigenen Zustand mangels eines Idealbildes gar nicht so jämmerlich sehen.

Gemeinsam ist beiden Personengruppen, daß sie ihren freien Willen bis zu einem gewissen Grad gebunden, abhängig gemacht haben. Wodurch just das in Mitleidenschaft gezogen wurde, was wesentlich zum Menschsein gehört, zu unserer Geistigkeit. Und deshalb muß einmal mehr auf *dieser* Ebene angesetzt werden, um einen Ausweg zu finden.

Keine Sucht entwickelt sich aus heiterem Himmel. Am Anfang steht immer eine Verführung, der vom Betroffenen nachgegeben wird. Aber *warum* gibt man ihr nach? Weshalb läßt sich der zehnjährige Junge zur alkoholischen Mutprobe überreden? Wieso schleicht sich der brave Ehemann erstmals in die „Peep Show"? Was läßt das junge Mädchen herzklopfend den verbotenen Joint probieren?

Eine allgemeine Antwort findet sich gewiß in der umfassenden geistigen Orientierungslosigkeit, wie sie unsere Spaßgesellschaft nach sich zieht. Viele, allzu viele Gelegenheiten locken, und das, was sich uns in Überfülle darbietet (und womit andererseits auch die Wirtschaft weiter angekurbelt wird), spricht nicht den Geist an, sondern es zielt durchweg auf Verstand, Gefühl und Phantasie ab. Und mit Erfolg, denn in einem (feinstofflich) überhitzten Klima, das jeden, der sich darin sonnt, machtvoll zum Maximal-Genuß drängt, ist jeglicher Verzicht verpönt. „Nehmen, was sich ohne Mühe nehmen läßt", lautet das Credo, um dem Leben den nötigen „Kick" zu verpassen. Die „vorgestrige" Weisheit, daß jedem Nehmen immer ein entsprechendes Geben vorausgehen muß, wird dabei verachtet.

Das Prinzip des Ausgleichs

Doch genau in diesem Gesetz des Ausgleichs liegt der Schlüssel für das Suchtproblem. Normalerweise stellen sich Hochgefühle, Glücksempfindungen oder beflügelnde Lebensfreude als *Folgen* unseres Seins und Handelns ein. Wer dem greisen Mitmenschen unter die Arme greift, selbstlos eine sinnvolle Aufgabe erfüllt, also in irgendeiner Art und Weise *gibt*, dem wird wechselwirkend das befriedigende Bewußtsein erblühen, als Mensch wertvoll zu sein, gebraucht zu werden, seinen Platz im Leben zu erfüllen, was eben auch ein entsprechendes Hochgefühl nach sich zieht.

Doch während *dieses* Gefühl eine gesunde Basis im Sein und Handeln hat, fehlt eine solche ganz, sobald jemand nur dem Prinzip des Nehmens folgt. Wer möglichst ohne Aufwand, ohne die Mühe einer Gegenleistung nur den „Kick" erfahren will, ist mit einem Suchtmittel natürlich bestens bedient – bietet es doch Gefühlsgipfel, die weit über das Alltagsniveau hinausreichen. Aber, ach! Leider erweist sich die Annahme, dem Gesetz des Ausgleichs damit trickreich zu entkommen, sehr bald als Illusion. Auch für den „großen Kick" muß bezahlt werden – und der Preis ist gar nicht gering. Er liegt in der Bindung des freien Willens oder, mit einem geläufigen Wort ausgedrückt, in der *Abhängigkeit*.

Während das seelische Hoch durch ein entsprechendes Leben im Idealfall zu einem gesunden Dauererleben werden kann, haben es Suchtmittel so an sich, daß sie nur kurzfristig wirken. Was aber ein Mensch einmal als herausragend angenehm erlebt hat, das will er natürlich wieder erleben. Ist der „Gefühlskick" also vorbei, so setzt sich das Räderwerk des Verstandes schnell in Bewegung, um eine Situation herbeizuführen, die es erlaubt, möglichst bald den nächsten zu erleben. Nach sinnvollen Aufgaben und förderlichen Betätigungsmöglichkeiten wird in diesem Zustand nicht mehr gesucht. Die Suche nach dem Wahren, Echten erstarrt zur Sucht, der Schein (des Gefühls) ersetzt das Sein.

Nun meldet sich anfänglich noch so etwas wie Vernunft, eine innere Stimme, die den Suchtgefährdeten davor warnt, seine Gesundheit, seine Beziehung, ja, sein Leben einem kurzfristigen Genuß, also einem bestimmten Gefühlserleben zu opfern. Die Stimme des Geistes warnt deshalb so deutlich, weil etwas Zentrales auf dem Spiel steht, ohne das unser Wesenskern sich nicht entwickeln kann: der freie Wille. Und je öfter die Stimme des Gewissens überhört, mißachtet, argumentativ zugeschüttet wird, desto gefährlicher wird es. Denn im Grunde ereignet sich mit der Hingabe an das Suchtmittel eine geschickte Selbstfesselung, eine gefährliche Bindung der Willensfreiheit, die flugs zu einer umfassenden Ich-Schwäche und Abhängigkeit führen kann. Und die trotzige Abwehrphase („Ich habe ja gar kein Problem!"), die oft den Beginn einer Sucht kennzeichnet, geht rasch in die Rechtfertigungsphase („Ja, ich habe ein Problem, aber ich habe auch gute Gründe dafür!") und in die bekannte Bestechungsphase („Nur du allein kannst mir bei meinem Problem helfen!") über, in der sich der Kranke in seiner Hilflosigkeit gern an andere klammert.

Am Ende aber steht der abhängige Mensch nur allzu oft allein da. Seine Angehörigen, sofern sie in die Problematik miteinbezogen wurden, haben es aufgegeben, ihm helfen zu wollen, und ziehen sich zurück; die Kapitulation bereitet sich vor: Krankheit, Selbstaufgabe, oft sogar Suizidversuch. –

Wie kann man eine solche Entwicklung verhindern?

Auch hier bietet sich als Lösung ein Vorgehen an, das auf der Geistigkeit des Menschen aufbaut.

• „Selbsterkenntnis ist der erste Schritt zur Besserung", lautet ein bekanntes Sprichwort, das auch für die Suchtproblematik gilt.

Einsichtsunfähigkeit macht unheilbar. Erst im Wissen und im Wollen zeigt sich das Geistige, unser Wesenskern.

Wo keine Einsicht vorhanden ist, besteht keine Motivation zur Änderung und damit auch keine Aussicht darauf, daß der betroffene Mensch innerlich wieder frei und unabhängig wird. Einsichtsunfähigkeit macht unheilbar. Erst im Wissen und Wollen zeigt sich das Geistige, unser Wesenskern. Nun kann Einsicht aber bekanntlich nicht verordnet werden, und die Gefahr ist groß, daß jeder Hinweis auf den „Soll-Zustand", jeder Fingerzeig auf die Kluft zwischen Anspruch und Sein, mit dem der Suchtgefährdete konfrontiert ist, durch eine handfeste Reaktanz beantwortet wird. Der Widerstand gegen Beeinflussung läßt nicht nur Jugendliche die Ratschläge ihrer Eltern mißachten, sondern auch Erwachsene gegen so manchen gutgemeinten Wink ankämpfen, der fordernd von außen kommt. Folglich muß es darum gehen, ein Klima zu schaffen, das der Selbsterkenntnis förderlich ist, das also dazu ermuntert, den gesunden Idealzustand anzuerkennen und ihm zuzustreben.

• Ein Zauberwort, mit dem bis zu den allertiefsten Wurzeln der Suchtproblematik vorgedrungen werden kann, lautet: *Vertrauen*. Wenn wir beispielsweise wissen, daß die Abhängigkeit oft mit einer Mutprobe beginnt und sich dann im Überhören der warnenden Stimmen (ob diese nun von innen oder auch von außen kommen mögen) weiter ausbreitet, dann setzt das natürlich einen Charakter voraus, der sich selbst (und anderen) erst *beweisen* muß, daß er Mut hat – eben, weil er in Wirklichkeit mutlos und verzagt ist. Anders gesagt: Es fehlt dem Menschen das Vertrauen in sich selbst oder in die Führung, die das Leben bietet. Und es zeigt sich für *jedermann* eine Führung – schon durch die Stimme seines Gewissens. Das Vertrauen, die Empfindung des Eingebundenseins in ein sinnerfülltes Ganzes, müßte also wiedererweckt und schon in der Erziehung gefördert werden. Wenn ein Kind in seinen eigenen Fähigkeiten auch

224

den eigenen Wert und die eigenen Lebensaufgaben erkennt, so braucht es keinen Irrweg, der über verbotene Suchtmittel zur Selbstbestätigung (ver)führen will. Das gleiche gilt natürlich für Erwachsene: Das Streben nach dem gefühlsmäßigen Ausnahmezustand erübrigt sich, sobald bedeutendere Ziele erkennbar werden.

• Daher sind konkrete Aufgaben, die ein Sich-Geben für andere Menschen, ein Sich-Einbringen in die Gemeinschaft erfordern, sehr hilfreich, um das Streben nach dem Suchtmittel durch edlere Ziele zu ersetzen. Denn der Wille zum Sinn, also unser tiefes Bedürfnis, eine dem Gemeinwohl dienliche Aufgabe und überhaupt unseren Daseinszweck zu erfüllen, steht, wie Viktor Frankl es auf den Punkt gebracht hat, über dem Willen zur Lust. Wenn also auf der Lustebene heutzutage noch so intensiv Bedürfnisse geschürt werden – man denke an einschlägige Werbeslogans wie „Ich rauche gern.", „Für echte Genießer", „Warum verzichten?" etc. –, so wird das einen Menschen, der friedvoll in sich selbst ruht, seine Aufgaben kennt und erfüllt, zu überhaupt nichts anregen können.

• Mit dem Vertrauen steht noch etwas in engem Zusammenhang, nämlich die Bereitschaft zum Verzicht. Wer sich für das Geschenk des Lebendürfens nicht mit einer doch völlig unangebrachten Erwartungshaltung bedankt („Wann und wie erlebe ich den ultimativen Sinnenrausch?"), sondern sein Augenmerk statt dessen auf die Notwendigkeiten des Alltags richtet; wer vom großen Sinn in allem Geschehen überzeugt und bereit ist, mit allen Kräften für etwas einzutreten, das er liebt, in dem er Werte erkennt, an das er glaubt, der sollte im allgemeinen keine Probleme damit haben, in Erfüllung des Postens, den er im Leben einnimmt, auch Verzicht zu leisten. Dr. Elisabeth Lukas formulierte:

> „Verzichten setzt etwas ‚in sich' voraus, etwas, das nicht identisch ist mit den wechselnden Triebgefühlen und Gemütsverfassungen des Selbst, sondern davon abrücken, dazu auf Distanz gehen, notfalls sogar nein dazu sagen kann, weil es ‚in sich' unberührbar und heil ist."[19]

Wiederum ergeht also der Ruf nach uns selbst, an unsere Geistigkeit, die immer sinn- und werteorientiert leben und handeln will. Denn nur wer keine Werte anerkennt, „an nichts glaubt" und nach einer inneren Orientierung auch gar nicht sucht, wird die Notwendigkeit des Verzichtes ablehnen. Er bleibt im Lustprinzip stecken – und das ist, wie wir gesehen haben, ein idealer Nährboden für das Suchtverhalten.

• Wer indes zur Einsicht seiner mißlichen Lage gekommen ist und hemmende Bindungen überwinden, seinen eigenen Willen also wieder freiringen will, tut gut daran, sich dafür einen persönlichen „Fahrplan" zu erarbeiten. Wer „irgendwann" damit beginnen will, auf den Glimmstengel, den Besuch der Peep Show oder auf die nächtliche 6er-Packung Bier zu verzichten, der wird nie damit beginnen. Ein Ziel erreicht man immer nur, wenn man erstens den ersten Schritt wagt und zweitens konsequent weitere Schritte folgen läßt. Mit „Schritten" sind konkrete Maßnahmen gemeint, und zwar auf allen Ebenen des Seins, auf der physischen – durch entsprechende Handlungen (beziehungsweise den Verzicht auf Handlungen) –, auf der gedanklichen und vor allem auch auf der geistigen Ebene.

Letzteres ist dabei besonders entscheidend. Denn alle Strategien zur Überwindung von Süchten sind gefährdet, solange als Ziel *nur* die Überwindung der Sucht im Raum steht. Es muß um mehr als diesen Selbstzweck gehen: um die Aufgaben, die sich uns durch unser Menschsein stellen, um konkrete, menschenwürdige Lebensziele. Die Suchtfreiheit ist dann nur die notwendige Basis für solche Ziele.

Eine schwangere Frau, die erkannt hat, daß sie durch das Rauchen ihr Baby gefährdet, wird sich im Hinblick auf ihre Aufgabe als Mutter leichter tun, nikotinabstinent zu werden. Und ein Ehemann, der den Wunsch hat, seiner Frau zuliebe ihr auch in Gedanken treu zu sein, wird naturgemäß keine voyeuristischen Rotlicht-Reize suchen. In ihrem Buch „Lebensbesinnung" fand Dr. Elisabeth Lukas beeindruckende Worte für diese Zusammenhänge:

„Die Vision von Lebenszielen, die des Menschen würdig sind, scheint die Bedingung der Bereitschaft zu sein, Abstinenz anzupeilen. Von daher sollte im therapeutischen Prozeß von Anbeginn an über Lebensziele verhandelt werden, die von so etwas wie Abstinenz, Mäßigung und Selbstkontrolle bedingt, wenn auch nicht bewirkt sind. Bewirkt sind sie von einer Größe anderer Art: von dem Schöpfungsfunken im Menschen[20], der da glimmt, selbst noch unter der Asche der Krankheit, und der hineinsprüht in die Welt, den Sinn einer menschlichen Existenz mit dem Sinn des Ganzen verbindend.“[21]

Auch in der Suchtproblematik ertönt also, wie wir gesehen haben, der Ruf nach uns selbst. Die Dimension des *Geistigen* ist angesprochen, unser eigentlicher Wesenskern, das, was wir *sind* – um das wieder in Ordnung zu bringen, was wir *haben* – Körper und Seele.

Und ein großes Geheimnis zur Aktivierung unseres geistigen Kerns liegt darin, ihm „freie Bahn“ zu lassen – indem wir sinnvolle Aufgaben finden und erfüllen.

Nicht von ungefähr sprach Jesus Christus so oft von der Bedeutung der Nächstenliebe. Denn jeder Menschengeist ist naturgemäß weltzugewandt, strebt nach hohen Zielen, die *außerhalb* der eigenen Persönlichkeit liegen, die also niemals durch das gedankliche Kreisen um sich selbst (und die eigenen Probleme) zu erreichen sind. Selbstanklagende Grübelei führt keinen Suchtkranken weiter – „Wer sich verachtet, beachtet sich!“ –, wohl aber der natürliche Weg des Geistes: Selbstlosigkeit und Hingabe.

Nichts ist unserer geistigen Entwicklung und Befreiung so gegenläufig wie innere Hänge, festgemachte Gewohnheiten, Süchte. Wenn jedoch im Leben wieder ein Sinn, eine Aufgabe, ein menschenwürdiges Ziel gefunden wird, dann kann der Schein des Gefühlsgipfels wieder dem gesunden, wahren Sein Platz machen – und zwar nicht nur kurzfristig, sondern nachhaltig. Ein ehemals Alkoholkranker schrieb:

„Ich bin alkoholabhängig, lebe aber seit über einem Jahr abstinent. Der entscheidende Anlaß, etwas gegen die Sucht zu tun, kam nicht aus den verschiedenen Therapien, die ich mitgemacht habe, sondern aus dem Leben. Meiner Frau, die mich u. a. wegen meines Alkoholmißbrauchs verlassen hatte, ging es schlecht, und ich wollte meinen Arbeitsplatz erhalten, um sie und unsere Tochter unterstützen zu können. So bin ich abstinent geworden. Die Therapeuten haben mir immer einen ‚gesunden Egoismus‘ einreden wollen, aber damit konnte ich nichts anfangen. Wozu sollte ich dem Alkohol entsagen? Um meinen Egoismus auszuleben? Ich verachtete mich sowieso wegen meiner verdammten Schwäche. Als dann aber das mit meiner Frau passierte, sah ich plötzlich einen Sinn darin, gesund zu werden. Das hat mir bis heute Kraft gegeben. Jetzt kann ich die Schuld abtragen, die ich auf mich geladen habe. Ich bin ein anderer Mensch geworden."[22]

Wege aus der Gewohnheit

Was für „handfeste Süchte" gilt, also für Abhängigkeiten, die unmittelbar körperliche Folgen nach sich ziehen, das stimmt natürlich auch für versteckte Hänge, Schwächen oder „liebe Gewohnheiten", die, weil die äußeren Umstände günstig sind, vielleicht überwiegend im Verborgenen gedeihen. Auch hier sind das Wissen um und das Streben nach dem Ideal entscheidende Grundbedingungen zur Selbsterkenntnis, und auch hier gilt das „Schritt um Schritt"-Prinzip, um einem neuen Anspruch, den man an sich selbst stellt, tatsächlich näher zu kommen.

Wir brauchen uns nicht in die Frage zu vertiefen, ab welchem Grad der Abhängigkeit man von einer tatsächlichen Sucht sprechen muß und bis zu welcher Grenze andere Bezeichnungen angebracht sind. Dies hätte kaum praktischen Wert, denn im Grunde müßte doch *jeder* Mensch nach Wegen suchen, seine Willensfähigkeit aus möglichen Bindungen loszulösen und ein größeres Maß an innerer Freiheit zu erreichen. Denn wir alle neigen ja zu „lieben Gewohnheiten", die den Alltag prägen – und manchmal so „lieb" werden, daß sie uns in Wirklichkeit unfrei machen und einengen.

> Wir alle neigen zu „lieben Gewohnheiten", die den Alltag prägen – und oft so „lieb" werden, daß sie unfrei machen.

Diese Tatsache erscheint zum Teil sogar biologisch bedingt: Unser Gehirn erfüllt ja – als Diener des Geistes – viele Funktionen selbsttätig, also ohne Zutun unseres Tagbewußtseins. Es koordiniert und steuert die Körperfunktionen, vom Herzschlag über die Atmung bis zur Verdauung, und prägt zum Beispiel auch Gedanken und Gefühle, die aus den körperlichen Trieben resultieren: Hunger, Durst, Drang nach sexueller Betätigung usw. Diese „biologische Selbständigkeit" zeigt sich überall im Körper. Unser Organismus besteht daher aus zwei getrennten Nervenleitungen, einerseits für die willentlich klar gesteuerten Bewegungen, die über die sogenannte Pyramidenbahn laufen, und andererseits für die automatischen Bewegungen, die über eigene Bahnen (die „extrapyramidal-motorischen Nervenbahnen") gesteuert werden. Wenn jemand zum Beispiel sein Musikinstrument wirklich „im Griff" hat, so daß alle Bewegungsabläufe ohne nachzudenken „selbstverständlich" geworden sind, dann erfolgt die nervliche Steuerung eben nicht mehr über die Pyramidenbahn.

Auf der körperlichen Ebene geschieht also vieles automatisch; es wird uns erst bewußt, wenn wir über diese Vorgänge nachdenken – oder … wenn Probleme auftreten. Dann ruft der Körper – über das Informationssystem Schmerz – nach der höheren, geistigen Instanz, nach dem „Hausherrn" (oder der „Hausdame"), weil korrigierend eingegriffen werden soll.

Die Automatismen unseres Körpers prägen den überwiegenden Teil des physischen Lebens. Sogar das, was unserem bewußten Willen obliegt, verläuft bei näherer Betrachtung ernüchternd unbewußt. Unser Alltag besteht aus einer Aneinanderreihung unzähliger kleiner Gewohnheiten, Routinen oder, wie man auch sagt, „Habits"[23]. Aber jede mehr oder minder unbewußte Gewohnheits*handlung* – von der morgendlichen Kopfwäsche bis zum Hinnehmen der abendlichen Fernsehnachrichten – prägt eine bestimmte *Haltung*, also die Art, wie wir im Leben stehen.

Warum ist das so? Nun, die Zusammenhänge liegen auf der Hand: Es geht um eine Entlastung für den Geist. Letztlich stellt uns das Leben ja tagtäglich vor eine Fülle von Entscheidungen, mit denen wir uns bewußt immer wieder neu befassen müßten. Um diesen Prozeß zu vereinfachen, abzukürzen, ihn zu beschleunigen, damit unsere geistigen Kapazitäten nicht an Alltagsselbstverständlichkeiten verschwendet werden, produziert das Gehirn – als „Diener des Geistes" – auf der Basis bisheriger Gewohnheiten Entscheidungshilfen. Mit anderen Worten: Jeder neuen Handlung wird eine alte Haltung zugrunde gelegt. Und so wird der eine Mensch dem am Straßenrand knienden Bettler von vornherein wenig Beachtung schenken, weil er vielleicht früher einmal unliebsame Erfahrungen mit so „lästigen Zeitgenossen" machen mußte, während ein anderer in größter Selbstverständlichkeit seine Brieftasche zückt, weil er einfach daran gewöhnt ist, seinem Bedürfnis nachzugeben, anderen zu helfen.

An diesem Beispiel ersieht man aber auch, daß der Segen, der in der Tatsache liegt, daß das Gehirn zu unserer Entlastung automatisierte Vorentscheidungen trifft, durchaus auch ein Fluch sein kann, und zwar aus zweierlei Gründen: Erstens prägt natürlich auch ein sinnfernes, menschenverachtendes Handeln eine entsprechende Haltung – keine gute Ausgangslage für künftige Entscheidungen! Und zweitens begünstigen derlei Routinen, zumal dann, wenn sie als lustvoll oder machtfördernd erfahren wurden, ganz besonders die Entstehung von Hängen und Süchten.

Auf diese Art können sich schlechte Gewohnheiten beispielsweise zu Kritiksucht, Intoleranz, Neid oder Besserwisserei auswachsen, ohne daß der Betroffene seinen Abweg bemerkt. Der Fluch liegt darin, daß das Falsche zum Persönlichkeitsbestandteil wurde, zur Haltung, die die weiteren Entscheidungen vorprägen und den Betroffenen gleichzeitig immer unfreier, abhängiger machen kann.

Wir *steuern unser Lebensschiff*

Glücklicherweise muß diese Unfreiheit nicht zwangsläufig sein, denn es liegt an uns, das persönliche Lebensschiff *doch* willentlich und gezielt zu steuern. Jede Entscheidung, jede Handlung führt zwar zu einer bestimmten Haltung, aber umgekehrt muß unsere Haltung, also Vorprägung, nicht zu einer Handlung führen. Nein, wir können in diesen Prozeß bewußt eingreifen! Wir können uns dazu entschließen, dem Bettler am Straßenrand entgegen unserer bisherigen Gewohnheit *doch* etwas in den Hut zu werfen oder an der alten Dame mit der schweren Einkaufstüte *doch* nicht gleichgültig vorbeizugehen. Und mit dem Neuen, das wir tun, ändert sich auch wiederum ein Stück weit unsere Haltung beziehungsweise Vorprägung.

Der Schlüssel zur Überwindung von Routinen oder auch (selbst)schädigender Süchte liegt demnach in unserer Hand. Und es gibt eine gute Strategie, ihn – unser geistiges Potential – gezielt zu nützen, um das Tor zu neuen Wegen aufzuschließen:

• Man führe sich zu allererst einige seiner Alltagsgewohnheiten einmal bewußt vor Augen: Ist das, was ich routinemäßig tue, wirklich sinnvoll? Könnte ich das, was ich tue, nicht auch anders tun? Am Telefon freundlicher sein? Öfter einmal lächeln? Mehr auf Bewegung und frische Luft setzen? Jeder Mensch wird Dinge finden, die sich zum Besseren verändern lassen – wenn er nicht ohnehin schon sehr genau spürt, wo es eckt und klemmt.

• Danach geht es darum, bestimmte Routinen bewußt durch andere, sinnvollere zu ersetzen. Beispielsweise könnte sich jemand durchringen, die 45 Minuten, die er nachmittags vor dem Fernsehgerät verbringt, um sich seine Lieblings-Talk-Show anzusehen, gegen 45 Minuten Spazierengehen, Waldlaufen etc. „einzutauschen". Wer in dieser Art bewußt einen neuen Baustein in seinen Lebensablauf einfügt, der tut sich damit nicht nur unmittelbar selbst et-

Die Strategie des Austauschens von „Routine-Bausteinen" ist ein Königsweg für die innere Entwicklung.

was Gutes, sondern er fördert auch eine neue Haltung. Denn bald wird der Nachmittagsspaziergang keine Überwindung mehr kosten, sondern Freude bereiten, ja, zum Bedürfnis werden. So mancher Mensch könnte sich dann fragen, warum ihm diese Idee nicht schon viel früher gekommen ist. Und irgendwann wird er vielleicht mehr von den Schönheiten der Natur erleben wollen, regelmäßige Bergwanderungen unternehmen, auf diese Art neue Menschen mit anderen Interessen kennenlernen usw. Schritt um Schritt prägt das neue Verhalten abseits des Gewohnten eine neue Haltung, neue Interessen, erweitert und befreit auch das persönliche Blickfeld.

• Diese Strategie des Austauschens von „Routine-Bausteinen" im Leben betrachte ich als den Königsweg für jede angestrebte Änderung – auch wenn es um die Überwindung von Süchten geht. In diesem Fall mag es zwar vorrangig wichtig sein, daß der „Entschlußphase", also der ernsten Absicht, etwas gegen die Abhängigkeit zu unternehmen, eine konsequente Umsetzungsphase folgt (wobei die sinnorientierte Motivation, wie wir gesehen haben, von besonderer Wichtigkeit ist), doch es geht ja immer auch um das Standhaftbleiben, um die Stabilisierung des Erreichten. Und sowohl für die Tat (des Verzichts auf das Suchtmittel) als auch für die nachfolgenden Bemühungen (den suchtfreien Zustand zu bewahren) ist eine Neuordnung des Verhaltens von entscheidender Bedeutung. Ich habe dieses Bild schon bei früherer Gelegenheit einmal bemüht: Es genügt nicht, einen Fluß mit einem Staudamm einfach abdichten zu wollen, weil man die Kraft des Wassers bisher mißbraucht hat. Der Damm würde unweigerlich irgendwann brechen. Folglich geht es darum, gezielt für ein neues Flußbett zu sorgen, denn wir können die durch uns fließenden Kräfte nur lenken und leiten, nicht aber aufhalten.

• Alte, unpassende Puzzleteilchen aus dem Gesamtbild unserer Lebensgewohnheiten schrittweise durch neue, passende, sinnvolle ersetzen – dieses Konzept kann freilich durch eine Gegebenheit beeinträchtigt werden, von der ebenfalls bereits die Rede war. Während wir im Grunde unseres Herzens ja immer wissen, was eigentlich richtig und sinnvoll wäre, wird die leise innere Stimme unseres Wesenskerns, des Geistes, bisweilen von der lauteren Stimme verstandesmäßiger Argumente übertönt, und der bekannte innere Dialog zwischen dem idealstrebenden Ich und seinem „Gegenspieler mit dem Pferdefuß" setzt sich in Gang:

„Ein Waldlauf ist doch gesünder, als träge auf den Bildschirm zu starren!"

„Aber habe ich nicht ein Anrecht auf ein bißchen Gemütlichkeit und Entspannung? Außerdem könnte ich etwas versäumen!"

„Ich will mich aber überwinden. Das habe ich mir vorgenommen und bin ich meiner Entwicklung schuldig!"

„Aber gerade in dieser Talk-Show gibt es oft so interessante Gespräche, auch über spirituelle Dinge. Da könnte man doch etwas lernen!"

„Irgendwie glaube ich doch, daß das Laufen besser wäre!"

„Laufen kann man immer, aber das Fernsehprogramm läuft nur zu der bestimmten Zeit. Und gerade heute geht es um ein so interessantes Thema! Aufgeschoben ist nicht aufgehoben!"

Leider in den meisten Fällen doch. Ohne Konsequenz läßt sich kein Weg aus der Gewohnheit (und schon gar nicht ein Weg aus der Sucht) finden.

Doch nicht immer sind die Argumente unseres inneren „Gegenspielers" so klar durchschaubar wie in diesem vielleicht etwas banalen Dialog. Manchmal mag man wirklich vor der Frage stehen, was denn nun sinnvoll und richtig ist.

In einer bemerkenswerten Abhandlung über „die innerste aller inneren Stimmen" hat Dr. Elisabeth Lukas – ich habe sie in diesem Zusammenhang ja schon einmal zitiert – eine Auflistung gewagt, zu der sie vorausschickte, daß sie „diese Erkennungszeichen aus keinem Theologie- oder Philosophiebuch entnommen habe, sondern aus der harten Arbeit mit Patienten, die so oft verunsichert fragen, wie sie in ihren Konflikten und Ambivalenzen Prioritäten setzen und dadurch Ordnung in ihr Leben bringen können":

> *„Was also ist sinnvoll? Sinnvoll ist,*
> *was eine überragende Chance hat, Gutes zu bewirken,*
> *was das Wohl aller Beteiligten mitbetrachtet,*
> *was frei von selbstsüchtiger Motivation ist,*
> *was im Hier und Jetzt äußerst konkret ist,*
> *was nicht überfordert und nicht unterfordert,*
> *was mit erfahrenen Mitmenschen konsensfähig ist,*
> *was einem die Kraft, es zu wollen, zufließen läßt."*[24]

Diesem Katalog möchte ich unbedingt noch hinzufügen: *„was den eigenen Fähigkeiten und Möglichkeiten entspricht"*, denn diese sind unser wichtigstes Rüstzeug für das Leben.

Zwar erübrigt sich diese Ergänzung eigentlich durch den ja aufgelisteten Punkt, daß das wirklich Sinnvolle nicht über- oder unterfordert, aber manche Menschen haben zum Beispiel die seltsame Eigenart, sich in Tätigkeiten zu versuchen, die ihnen *überhaupt* nicht liegen, weil sie der Meinung sind, daß die Überwindung, so etwas zu tun, für sie geistig förderlich sei. Das aber kann eine *ständige* Überforderung – und damit Unzufriedenheit und Selbstanklagen – oder aber auch Heuchelei zur Folge haben.

Es ist aus meiner Sicht der falsche Weg, sich zuerst ein verstandesmäßiges Seinsmodell zurechtzudenken und dann zu versuchen, es mit Leben zu erfüllen. Die Betätigung sollte immer der Befähigung folgen, das konkrete Tun fest in den konkreten Anlagen verwurzelt sein.

Dieses grundlegende Prinzip gilt im übrigen nicht nur für die geistige Entwicklung des einzelnen, sondern auch für jeden gemeinschaftlichen Aufbau: Wo nicht die Fähigkeiten einzelner Menschen die Grundlage für das Zusammenwirken bilden, dort fehlt das wichtigste Fundament für Engagement und Arbeitsfreude. Künstliche Strukturen für eine Zusammenarbeit werden zwar mit Vorliebe in großen Unternehmungen geschaffen – das

Zeichnen ausgeklügelter Organigramme gehört zur Lieblingsbeschäftigung mancher Vorstandsdirektoren –, aber selbst hier beginnt die Sache erst zu „leben", wenn für alle vorerst mit „N. N." gekennzeichneten Posten dann auch der passende Mitarbeiter gefunden wird. Sonst muß auch das raffinierteste Organisationsschema umgezeichnet, sprich: den biologischen Gegebenheiten angepaßt werden. Man könnte sinngemäß sagen – wie auf vielen größeren Baustellen (zumindest in meinem Heimatland Österreich, wo nicht alles so straff organisiert ist): im Zweifelsfall gilt nicht der Plan des Architekten, sondern das Naturmaß.

Wege aus falschen Vorstellungen

Anhand der Beispiele von depressiver Verstimmung, Angst, Sucht und „lieber Gewohnheit" sollte deutlich geworden sein, weshalb durch alle psychischen Probleme immer wieder laut der *Ruf nach uns selbst* ertönt; wie sehr es nötig wäre, daß wir uns der eigenen Geistigkeit besinnen.

Dies gilt auch für einen weiteren Problembereich, der hier Erwähnung finden soll, nämlich für die *Vorstellungen*, die wir in uns tragen – also für die Bilder, die wir uns von uns selbst, den Mitmenschen sowie der Welt und auch von Gott machen. Auch diese wirken sich ja entscheidend auf unsere innere Verfassung aus.

Es gehört wohl zu den Stufen der menschengeistigen Entwicklung, daß sich in unserem Suchen nach Zusammenhängen fragwürdige oder falsche Bilder vor die Wirklichkeit stellen. Wie oft mußten wir in der Geschichte bereits unser Weltbild revidieren, haltlos gewordene Vorstellungen vom Wirken des Schöpfers überdenken oder unser Selbstbild neu definieren!

So weit, so gut – es wird dies wohl auch in der Zukunft noch häufig angebracht sein. Doch auf diesem natürlichen Entwicklungs- und Erkenntnisweg tun sich in *jeder* Phase gefährliche Ab- und Irrwege auf, Sackgassen, die ein Fortschreiten erschweren oder unmöglich machen, weil sich eben Vorstellungen eingenistet haben, die geringschätzig, angstmachend oder dem Leben entgegenstehend sind. Daher sollte man nicht nur seine Gewohnheiten von Zeit zu Zeit einer kritischen Prüfung unterziehen, sondern auch die eigenen inneren „Basisbilder" hinterfragen, die sich ja in den Gemütshintergrund für das Erleben immer mit hineinmischen oder ihm sogar die wesentliche Couleur geben.

Eine alte Parabel bringt das sehr treffend zum Ausdruck:

Ein reicher Mann, der ob seiner Hartherzigkeit weithin bekannt und gefürchtet war, kam zu einem alten Weisen auf Besuch. Er klagte bitter über die Schlechtigkeit der Welt, über den Ärger und Verdruß, den ihm alle Menschen bereiten und über die täglich wachsenden Sorgen um die Erhaltung und Mehrung seines umfangreichen Besitzes. Der Weise hörte ihn ruhig an, erhob sich dann schweigend von seinem Sitz und führte den Reichen zum Fenster des Zimmers. „Was kannst Du durch dieses Fenster sehen?" fragte der Weise. „Ich sehe den Himmel, die Bäume und die Blumen, die Häuser und Straßen und alle Menschen, die sie beleben."

Nach dieser Antwort des reichen Mannes nahm ihn der Weise sachte am Arm und führte ihn in das Zimmer zurück vor einen Spiegel, der an der Wand hing. „Was siehst Du jetzt?" fragte er ihn. „Ich sehe im Spiegel nur mich selbst", antwortete der Reiche. „Und weißt Du auch, woher das kommt?" fragte ihn der weise Alte und erklärte: „Beides ist Glas – das Fenster, wie auch der Spiegel. Doch hinter dem Glas des Spiegels ist Silber – und nur das Silber nimmt Dir den Blick auf die Welt: auf Himmel, Bäume, Blumen und Menschen – auf Deinen Nächsten. Deine Sorge um Dein Silber, um Deinen Besitz bewirkt es, daß Du nichts anderes siehst, als Dich selbst!"[25]

Jeder einfache „Blick aus dem Fenster" – hinaus in die Schönheit der Natur, aus deren Schoß wir ja geboren wurden – könnte uns ganz unvermittelt innerlich anrühren: Die Harmonie der Farben, Formen und Töne weckt im Menschengeist naturgemäß Dankbarkeit, Vertrauen, auch ein Gefühl von Geborgenheit und Frieden, verbunden der Gewißheit, daß all die Herrlichkeit das Werk eines erhabenen Schöpfers ist; verbunden auch der Sehnsucht, das

Falsche Bilder von Gott, der Welt und von sich selbst können den Menschen innerlich sehr belasten.

eigene Tun einzuschwingen in die große Schöpfungsharmonie, um vom Strom, der aus dem Ursprung fließt, mitgezogen, emporgetragen zu werden.

Leider aber haben auch wir es mit so manchem „falschen Silber" zu tun, das einen schlichten, gemütvollen, empfindungsvollen Blick aus dem Fenster verwehrt und uns statt dessen nur die eigene Person vorspiegelt, eigene Gedanken, selbstderdachte Bilder und Vorstellungen von Gott und der Welt. Diese sind naturgemäß durch verschiedenste Einsichten, Absichten, Wünsche, Erfahrungen und Ziele geprägt, doch es gibt bestimmte gemeinsame Wurzeln, die zu folgenschweren falschen Vorstellungen führen können. Im folgenden will ich mich bemühen, diese Tendenzen zu beschreiben und mit Hilfe logotherapeutischer Erkenntnisse[26] zu kommentieren.

Abwertend, bedrohlich, unangemessen

Beginnen wir bei dem tiefsten Hintergrund unserer Innenwelt: der Beziehung zu Gott. Nicht nur für den gläubigen Menschen gehört eine gewisse Vorstellung vom Sein und Wirken des Schöpfers zum „Lebenselixier". Niemandem kann es im Innersten seines Herzens ja wirklich gleichgültig sein, ob es eine Gottheit gibt oder nicht, und mit der Art und Weise, wie der einzelne diese zentrale Frage für sich selbst beantwortet, bildet er in sich eine bestimmte seelische Basis. Unser Bezug zu Gott, auf dessen Sein wir am Ende unserer Innenwelt-Expedition noch zu sprechen kommen werden, entscheidet in grundlegender Hinsicht über Motive, Gedanken und Handlungen, die wir im Leben hegen und pflegen.

Wer sich beispielsweise dem Atheismus verschrieben hat, weil er mit dem kirchlich geprägten Bild vom wunderwirkenden und seinen Sohn opfernden alten Vater absolut nichts anfangen kann, weil er aufgrund des Unrechts und Leides auf der Welt an keine höhere Gerechtigkeit mehr glauben will oder weil er sich selbst vom Leben schwer benachteiligt fühlt, der wird vor dem Hintergrund seiner eigenen Gottesferne auch nicht mehr nach einem höheren Willen fragen. Er wird sich gerne mit der Theorie begnügen, das ganze Leben sei ein Spiel des blinden Zufalls und unter Umständen – bei entsprechender Veranlagung – auch rücksichtslos gegenüber seinen Mitmenschen versuchen, selbst ein möglichst großes Stück vom Kuchen abzubekommen. Wo das Urvertrauen fehlt, keine Geborgenheit im Ganzen mehr erlebt werden kann, dort mag das Prinzip des Nehmens bald ganz ungeniert regieren.

Wer hingegen die traditionellen Gottesbilder ernst nimmt, ist zwar in anderer Weise, aber auch nicht weniger gefährdet. Die Vorstellung vom strafenden, rachsüchtigen Richter, wie sie vor allem durch die Texte des Alten Testamentes gefördert werden kann, eignet sich bestens als Nährboden zur Entwicklung überzogener Ängste oder Schuldgefühle, sie begünstigt Zaghaftigkeit, eine allem Geistigen zuwiderlaufende Ergebenheit und erschwert den frohen inneren Aufschwung. Aber auch der Gegenentwurf vom „zuckersüßen", alle Menschenkinder umarmenden, bedingungslos liebenden Schöpfer, dessen Zuneigung man sich allein durch den Glauben erringen kann, wirkt eigentlich lähmend. Er raubt bis zu einem gewissen Grad den Antrieb für ein sinnerfülltes Tun. Wer sich erlöst wähnt, weil er brav zur Kirche geht, beichtet oder Gebetsverse herunterleiert, befindet sich in einem fatalen Irrtum, der unter Umständen gehörig sein Scherflein zur Seelenkrise beiträgt. Denn eine solche Einstellung gibt kaum Impulse zum Suchen nach Aufgaben und Sinnzusammenhängen. Eben danach drängt es unseren Geist jedoch von seinem Wesen her, und es sollte nicht verwundern, wenn er mit der Zeit flügellahm und träge wird.

238

Unsere eigenen Vorstellungen vom Sein und Wirken des Schöpfers können uns selbst also durchaus gefährlich werden, sobald sie abwertende, angsterzeugende oder in irgendeiner Form unangemessene Tendenzen aufweisen. Und ebenso ist es mit unseren Bildern von der Welt. Wer – warum auch immer – davon ausgeht, daß alles unheilbar krank und das ganze Weltall letztlich nur ein zufälliges Produkt des großen, übermächtigen Chaos ist, wird aus diesem *abwertenden* Gedankenbild heraus wahrscheinlich nicht auf die Idee kommen, nach der Wahrheit oder einem Sinn zu fragen.

Wer immer nur vom apokalyptischen Weltuntergang phantasiert, die große Katastrophe oder wenigstens den Ruin von Wirtschaft und Gesellschaft erwartet, der wird sich in seinem Faible für *Bedrohliches* schwer damit tun, die vielen schönen Seiten des Seins zu erkennen, die Chancen und Möglichkeiten, die das Leben *immer* bietet.

Und wer gedanklich nur illusionären Utopien und grotesken Scheinwelten nachhängt, der zieht sich durch seinen stets verzerrten – und damit *unangemessenen* – Blick auf die Welt selbst jenen Boden der Tatsachen unter den Füßen weg, auf dem allein sich sicher stehen und voranschreiten läßt.

Abwertend, bedrohlich oder unangemessen – das können aber nicht nur Vorstellungen sein, die wir uns von Gott und seiner Schöpfung machen. Auch Bilder, die wir im Inneren von uns selbst und unseren Mitmenschen zeichnen, können eben diese gefährlichen Schattierungen aufweisen. Wer sich und/oder die anderen geringschätzt, verachtet, ja, vielleicht sogar haßt, wird sich harmlosenfalls als Zyniker und Pessimist erweisen. Jedenfalls aber wird es ihm sein stets *abwertendes* Selbst- und Menschenbild kaum ermöglichen, bei anderen (oder eben auch in sich) brauchbare, entwicklungsträchtige Fähigkeiten zu entdecken.

Ebenso hemmend wirken auf der (zwischen)menschlichen Ebene *bedrohliche* Bilder: Wer in ständiger Angst um sich selbst lebt und/oder in seinen Mitmenschen tendenziell eher das Böse, Bedrohliche, Gemeine sieht, dessen unter Umständen chronisch mißtrauische Gedanken werden irgendwie beständig um die eigene Sicherheit kreisen oder Ängste schüren. Daß darin keine Freiheit liegt, versteht sich von selbst.

Zuletzt gibt es natürlich auch jede Menge *unangemessener* Selbst- und Menschenbilder. Dazu gehören beispielsweise die Unter-, aber auch die Überschätzung der eigenen Fähigkeiten (bis hin zum Glauben, selbst Gott in sich zu tragen) oder entmündigende Vorstellungen, wie sie in vielfältigen Ausprägungen anzutreffen sind: die Meinung, im Leben sei ohnehin alles vorbestimmt, gehört ebenso dazu, wie etwa die Bereitschaft, seine eigene Gesundheit ganz in die Verantwortung des Arztes oder Apothekers zu legen.

Wertschätzung, Vertrauen, Wissen

Die Frage ist nun, wie sich solche gefährlichen Gottes-, Welt- und Menschenbilder korrigieren lassen, welche Wege aus falschen Vorstellungen hinausführen, damit der „Blick aus dem Fenster" wieder etwas klarer und sehnsuchtserfüllter werden kann. Dazu im folgenden einige Leitgedanken:

• Der wichtigste Anstoß zur Korrektur falscher Vorstellungen war schon immer (und ist noch immer) das *Wissen*. Wer Zusammenhänge erfaßt hat, tut sich leichter, traditionell Bestehendes zu hinterfragen und nötigenfalls auch zu korrigieren. Nun stehen wir aber vor dem Problem, daß gerade das zu einer grundlegenden Bildkorrektur nötige geistige Wissen heute kein Allgemeingut ist. Die „einhellige Fachmeinung" über das Sein und Wirken Gottes gibt es nicht, über Ursprung und Zukunft der Welt wird nur gerätselt, und was unser Menschsein anbelangt, so steht die Fachwelt (die erwähnten logotherapeutischen Ansätze ausgenommen) der Dimension des Geistigen sehr skeptisch gegenüber. Etablierte, allgemein akzeptierte Antworten auf die entscheidenden Fragen des Lebens wird man also nicht finden, und der Ausweg in „ungesicherte" Bereiche kann auch gefährlich sein. Denn was heute beispielsweise auf der esoterischen Schiene abfährt, dieser kunterbunte Zug, bietet meist keinen verläßlichen Halt. Wie oft zeigt sich die Flüchtigkeit neuer Wege und Methoden, doch das Interesse daran irrlichtert als Strohfeuer von einem entzündbaren Ballen zum nächsten.

Abwertend, bedrohlich, unangemessen – solche Gottes- und Weltbilder können gefährlich für uns werden.

Persönlich sehe ich es daher als großes Glück, abseits der Wissenschaftlichkeit (deren Grenze ja zwangsläufig die des Materiellen ist), aber vor allem auch abseits eines haltlos-abgehobenen, geheimnisvoll-überbewerteten Halbwissens eine Darlegung von Schöpfungszusammenhängen gefunden zu haben, die einen Weg aus falschen Vorstellungen weist und also eine Bildkorrektur nahelegt: die Gralsbotschaft von Abd-ru-shin. Sie wird uns auch im zweiten Teil unserer Innenwelt-Expedition von größtem Wert sein, denn dabei soll das Wissen um uns selbst – Ursprung, Schicksal und Ziel –, aber auch um den Schöpfer wesentlich vertieft werden.

Wenngleich nun wahres *Wissen* ohne Zweifel der beste Anstoß zur Korrektur gefährlicher Vorstellungen ist, so besteht dabei doch keine Automatik: Wer etwas weiß, empfindet oder ahnt, kann ja trotzdem weiterhin in falschen Bildern verharren, und umgekehrt ist eine brauchbare Kurskorrektur ganz gut auch ohne Wissen möglich. Dabei kann es darum gehen, die erwähnten abwertenden, bedrohlichen oder unangemessenen Vorstellungen durch neue, „schützende Bilder des Seins" zu ersetzen.

• Ein wichtiger Aspekt dabei ist die *Wertschätzung*, eine edle Geisteshaltung, die einer abwertenden Gesinnung geradewegs entgegensteht. Und Werte lassen sich, so man danach sucht, immer finden – in sich selbst, in anderen Menschen und natürlich überall in der Welt, in jeder Situation des Lebens. Dies mag eine auf den ersten Blick provokante Behauptung sein – im Hinblick auf so manchen Schicksalsschlag, den man zu ertragen hat. Aber erinnern wir uns an die eingangs erzählte Geschichte von der trauernden Witwe, die zuletzt doch ihre Chance erkannte, also den Wert der Lebenslage, in der sie sich befand. Und tatsächlich kann uns geistig alles dienlich sein, was wir erfahren (dürfen oder müssen). Denn die Schöpfung ist von ihrem Prinzip her sinnvoll. *Warum* das so ist, das läßt sich erst im Hinblick auf große Lebenszusammenhänge erkennen. Aber *daß* es so ist, kann jeder Mensch erleben. Ein die innere Reife förderndes, sinnvolles Tun ist uns nämlich immer möglich, und wenn es vorerst nur im beispielhaft mutigen Ertragen eines unabänderlichen Leides liegen sollte.

• Zwei weitere „zauberhafte Begriffe" zur Korrektur einer gefährlichen Grundtonalität in den eigenen Vorstellungen sind *Vertrauen* und *Geborgenheit*. Sie vermögen angsterzeugende, bedrohliche Bilder ohne viel Aufhebens aus unserem Leben zu entlassen. Wir haben schon im Zusammenhang mit der Angstproblematik gesehen, daß Vertrauen und Sich-Trauen zusammenhängen. Das eine folgt aus dem anderen, wie es auch in einer kleinen Symbolik von Idries Shah zum Ausdruck kommt:

„Ein großer Strom hat auf seiner langen Reise durch die Welt gelernt, sich immer wieder durchzusetzen. Eines Tages erreicht er die Wüste und versucht, den Sand zu durchqueren. Doch so sehr er sich bemüht, er kommt nicht voran und wird zusehends aufgeschluckt. Das verdrießt den Strom, der doch bisher jedes Hindernis übertaucht hat. Er ärgert sich und grollt: ‚Noch nie habe ich aufgegeben; soll ich ausgerechnet vor dem Sand kapitulieren?'

Wie er so nachdenkt, flüstert ihm eine Stimme zu: ‚Du mußt dem Wind erlauben, dich über die Wüste zu tragen! Dazu mußt du dich vom Wind aufsaugen lassen!'

Lange sträubt sich der Strom dagegen. Er ist zu stolz und zu skeptisch. Noch nie hat er fremde Hilfe in Anspruch genommen. Sich vom Wind aufsaugen lassen … bedeutet das nicht so viel wie sich verlieren?

Doch zuletzt treibt der Mut der Verzweiflung den Strom an, sich selbst zu riskieren.

*Er läßt sich aufsaugen und als Wasserdunst in den offenen
Armen des Windes über die Wüste tragen. Auf den Spitzen des
fernen Gebirges fällt er als weicher Regen nieder und findet
sich als Quelle wieder. Er erinnert sich, daß sein Leben buch-
stäblich in den Sand geschrieben ist. Der Strom hat sich riskiert
und beginnt ein neues Leben.*"[27]

Das hier gleichnishaft beschriebene „Sich-selbst-Riskieren", das
Überwinden der gewohnten „Flußbahnen", das „Sich-vom-
Wind-tragen-Lassen", das einem Sich-vom-Leben-führen-Lassen
gleichkommt, fördert das Vertrauen in sich selbst, in die Welt, in
den Schöpfer, und es vermittelt zugleich Geborgenheit.

Selbstredend soll das hier Gesagte nicht zu irgendwelchen
waghalsigen Risikounternehmungen ermuntern, wie sie ja oft als
Mittel zur Selbstfindung propagiert werden. Nein, es geht um etwas ganz und gar Natürlich-Normales, jedem Menschen Zumut-
bares, das übrigens auch in einem bekannten Christus-Wort zum
Ausdruck kommt:

*„Sehet die Vögel unter dem Himmel an. Sie säen nicht, sie
ernten nicht, sie sammeln nicht in die Scheunen. Und Euer
himmlischer Vater nähret sie doch.*"[28]

Das Vertrauen des Geschöpfes in seinen Schöpfer ist damit angesprochen! Wir sollten unsere Gedankenfabrik, die unentwegt nur
Ideen zur eigenen Sicherheit und zum eigenen Wohlergehen produziert, getrost stilllegen. Offenen Herzens hinaus in die Welt!
Neuland erforschen! Die Erfordernisse des Augenblicks erkennen, denn in ihnen spricht das Leben zu uns! Glück *und* Mühsal
in Kauf nehmen! Auf diesem Weg findet man (zurück) zum Urvertrauen in die Schöpfung und zum Erleben von Geborgenheit –
und überwindet damit angsterzeugende, bedrohliche Bilder des
Seins.

• Doch nicht einmal nur das: Jedes Sich-selbst-Riskieren, also
das Sich-Erheben über selbsterdachte Sicherheits- und Wohl-
standsbahnen im Sich-selbst-vom-Leben-tragen-Lassen, das ver-
trauensvolle Zulassen von Sonnenschein *und* Regen im Erleben
fördert noch etwas anderes: die große Erkenntnis nämlich, daß

unser Wesenskern die Freiheit hat, sich von der seelischen Befindlichkeit distanzieren zu können, daß wir ein allem Physischen *und* Psychischen übergeordneter Funke sind: Geist! Und diese *Erfahrung* des Eigentlich-Menschlichen ist – neben dem entsprechenden Wissen – zugleich der beste Weg zur Korrektur unangemessener, verzerrter Vorstellungen über Gott, die Schöpfung und uns Menschen darin.

Die Korrektur von Bildern und Vorstellungen durch entsprechendes Verhalten beziehungsweise Wissen gehört zu den allerbesten, tiefgreifendsten Heilmitteln, die uns für die Behandlung seelischer Probleme zur Verfügung stehen.

Die Macht des Lachens

Nun sei mir an dieser Stelle ein kleiner Exkurs erlaubt, die Beleuchtung eines Aspekts, der ebenfalls nachhaltig die Grundcouleur unserer Innenwelt beeinflußt, im wahrsten Wortsinn das Gemüt erheitert, und der mir daher von größter Wichtigkeit erscheint: Humor und herzhaftes Lachen!

In der Gralsbotschaft findet sich dazu ein Satz, der ob der Ernsthaftigkeit dieses Werkes – vielleicht überlesen oder nicht genug beachtet wird:

„Ein freudiges, herzliches Lachen ist der stärkste Feind des Dunkels."[29]

Der Begriff „Dunkel" darf dabei als Sammelbezeichnung für alles begriffen werden, was infolge einer falschen Gesinnung durch uns Menschen entstehen konnte und als träge, schwer, unbeweglich, der Erstarrung zutreibend beschrieben werden kann, wodurch es allem Lichten, Leichten, Lebendigen, Förderlichen gegenübersteht.

Eben dieser lichtfernen Leblosigkeit und der damit verbundenen Gemütskälte, wird heute besonders gehuldigt. „Cool" zu sein gehört zum Zeit(un)geist.

Doch zum guten Glück gibt es viele Menschen, die (trotzdem)

gerne lachen – was schon physisch gesehen recht belebend ist: der Puls beginnt zu rasen, die Pupillen vergrößern sich, die Fingerkuppen werden

Die Korrektur innerer Bilder gehört zu den tiefgreifendsten Heilmitteln, die uns für seelische Probleme zur Verfügung stehen.

feucht. Mediziner werden auch auf die Aktivierung von 43 Gesichtsmuskeln hinweisen oder auf die Tatsache, daß beim Lachen die Atemluft mit mehr als 100 Stundenkilometern den Mund verläßt und das Zwerchfell so lustvoll hüpft, daß es den ganzen Körper in eine höhere Schwingung versetzt. Auch hat man festgestellt, daß durch das Lachen zehnmal mehr körpereigene Immunstoffe produziert werden als im „Ernstfall", weshalb Mediziner eine Tagesdosis von 20 Lacherlebnissen empfehlen.

Die deftigsten davon mögen sich besonders laut, schnaufend, stöhnend, schenkelklopfend ereignen (und sind hoffentlich nicht aus purer Schadenfreude geboren), die schönsten aber sind Ausdruck einer ungetrübten inneren Heiterkeit und Zufriedenheit.

Vielleicht war es diese Untrübbarkeit, die Wilhelm Busch in einem Gedicht über den Humor auf den Punkt bringen wollte:

> „*Es sitzt ein Vogel auf dem Leim,*
> *er flattert sehr und kann nicht heim.*
> *Ein schwarzer Kater schleicht herzu,*
> *die Krallen scharf, die Augen gluh.*
> *Am Baum hinauf und immer höher*
> *Kommt er dem armen Vogel näher.*
> *Der Vogel denkt: ,Weil das so ist*
> *Und weil mich doch der Kater frißt,*
> *so will ich keine Zeit verlieren,*
> *will noch ein wenig quinquillieren*
> *und lustig pfeifen wie zuvor.'*
> *Der Vogel, scheint mir, hat Humor.*"

Natürlich läßt sich untrübbare Heiterkeit (die nichts mit Naivität und Dummheit zu tun hat!) schwer verordnen.

Humor als Therapeutikum wirkt Wunder: Medizinisch empfohlen sind 20 Lacherlebnisse pro Tag.

Auch die beste Schweizer Witztherapie wird kein Gemüt nachhaltig zum Klingen bringen, das sich in Trostlosigkeit verfangen und sein Urvertrauen verloren hat. Heiterkeit ist eine *Folge* innerer Leichtigkeit, ein Geschenk des Lebens für das, was wir uns innerlich erarbeitet haben. Und doch sind gerade Freude und Humor nicht nur Gradmesser für die seelische Gesundheit, sondern auch ideale Partner, um siegreich gegen psychische Probleme anzutreten.

Eine Prise Humor als Therapeutikum wirkt beispielsweise Wunder bei der im Zusammenhang mit der Angstproblematik erwähnten „paradoxen Intention", also dem Herbeiwünschen des Gefürchteten, wodurch sich überhitzte Angstphantasien wirkungsvoll beruhigen lassen. Der Tinnitus-Patient, der sich einmal ein ganzes Orchester wünscht, das in seinem Ohr geigt[30] oder die Eßsüchtige, die ihrer Angst vor dem „Fall" mit dem Wunschbild des größtmöglichen Schokoladepuddings begegnet – Menschen mit solchem Humor beweisen ihre Souveränität als geistige Persönlichkeit, ängstigen die Angst und fördern ihr eigenes Selbstvertrauen.

Das Ironisieren des Gefürchteten, Gehaßten oder auch des verzweifelt Erstrebten ist noch wirkungsvoller als das Ignorieren und viel erfolgreicher als das bloße Ankämpfen dagegen.

Humor leistet aber nicht nur gute Dienste, wenn es um das Parieren innerer, selbsterzeugter Gedankenattacken geht. Auch bei äußeren Angriffen verbaler Art eignet er sich vorzüglich zu einer Art von Abwehr, die den Angreifer, galant geleitet, ins Leere laufen läßt …

Ein Bekannter von mir betrieb als österreichischer Schilcher-Weinbauer vor einigen Jahren eine kleine ländliche Gastwirtschaft in der wilden Weststeiermark. Wenn ihm dann jemand – was in dieser Gegend und unter Freunden der gefürchteten „Rabiatperle" nichts Ungewöhnliches war – kühl ins Gesicht schleuderte: „Da habe ich aber schon einen besseren Wein getrunken!", so antwortete er darauf routiniert: „Ja, aber nicht bei mir!"

Heiterkeit ist eine Lebenskunst, die weit über die bloße Fröhlichkeit hinausreicht. Es liegt ihr eine tolerante, den Mitmenschen zugeneigte Haltung zugrunde, aber auch ein hohes Maß an Lebenserfahrung.

Eine sehr einfühlsame Beschreibung stammt von Dr. Elisabeth Lukas:

> *„Der Heitere kennt die Abgründe des Lebens. Er schaut nicht krampfhaft-angestrengt von ihnen weg, sondern lächelnd in sie hinein. Heiterkeit bewährt sich in frohen und traurigen Stunden: in den frohen schützt sie vor penetrant-törichtem Übermut, in den traurigen vor selbstverletzender Weltabsage. So erspart sie das Scheitern im Erzwingenwollen von Glück genauso wie im Zerbrechen an Unglück. Sie lockert sozusagen unsere Erdverhaftung und schafft die nötige Distanz, die uns instand setzt, Änderbares getrost anzupacken und Nichtänderbares in Frieden sein zu lassen."[31]*

Ein besonders wichtiger Aspekt der Heiterkeit liegt meines Erachtens darin, über sich selbst lachen zu können, sich selbst nicht so fürchterlich wichtig zu nehmen. Das heißt … eigentlich geht es ja gar nicht wirklich um uns selbst. Denn das meiste von dem, was wir so krampfhaft schützen, unantastbar in unserem persönlichen Türmchen aufheben und vor allen Lachsalven bewahren wollen, sind doch nur Ideen, Vorstellungen, Gedanken, Marotten. Nichts also, was wirklich den Geist – uns selbst – und unsere Willensfähigkeit betreffen würde.

Wir sind nicht unsere Vorhaben, Vorlieben oder Pläne, wir identifizieren uns nur mit ihnen, mit unserem Verstand – und manchmal tun wir das allzu sehr, so daß ein wenig Abstand gut tut.

Nicht zuletzt eignet sich der Humor auch als Erkenntnisinstrument.

Wo die nackte Wahrheit vielleicht allzu sehr schmerzte, hülle man sie, wie Eugen Roth es oft so treffend tat, einfach ein in einen heit'ren, kleinen Reim:

„Ein Mensch hat meist den übermächtigen
Naturdrang, andere zu verdächtigen.
Die Aktenmappe ist verlegt.
Er sucht sie, kopflos und erregt,
Und schwört bereits, sie sei gestohlen
Und will die Polizei schon holen
Und weiß von nun an überhaupt,
Daß alle Welt nur stiehlt und raubt.
Und sicher ist's der Herr gewesen,
Der, während scheinbar er gelesen –
Er ahnt genau, wie es geschah ...
Die Mappe? Ei, da liegt sie ja!
Der ganze Aufwand war entbehrlich,
Und alle Welt wird wieder ehrlich.
Doch den vermeintlich frechen Dieb
Gewinnt der Mensch nie mehr ganz lieb,
Weil er die Mappe – angenommen,
Sie wäre wirklich weggekommen –
Und darauf wagt er jede Wette,
Gestohlen würde haben hätte!"
(„Falscher Verdacht")

Orientierung auf Gegenwart und Zukunft

Wir haben uns in diesem Kapitel etwas ausführlicher mit einigen verbreiteten psychischen Störungen beschäftigt, manchen Seelenhintergrund beleuchtet und hilfreiche Ansätze zu einer Neuorientierung besprochen.

Es wird Ihnen vielleicht aufgefallen sein, daß ich dabei den in den meisten therapeutischen Richtungen primär geübten „Blick zurück", also die Aufarbeitung von Kindheitserlebnissen, früheren Traumata oder gar vorgeburtlichen Prägeprozessen, ausgeklammert habe. Dies geschah aber nicht, weil in der sorgfältigen Aufarbeitung vergangener Ereignisse grundsätzlich kein wertvoller Ansatz lie-

Das Ironisieren des Gefürchteten oder Gehaßten ist viel wirkungsvoller als das Ankämpfen dagegen.

gen würde, sondern es kann mir im Rahmen dieses Buches ja immer nur darum gehen, das mir am wichtigsten Erscheinende herauszuarbeiten. Und das ist nach meiner Überzeugung die Orientierung auf Gegenwart und Zukunft, also der Blick auf die hier und jetzt sich bietenden Möglichkeiten sowie auf die angestrebten Ideale und Ziele. Damit schlägt man die Quelle des geistigen Lebens direkt an, alles andere bleibt im Grunde eher Begleitmusik.

Depressionen, Ängste, Süchte, fragwürdige Gewohnheiten, falsche Lebensbilder: Immer wieder war zu erkennen, daß der gesuchte Ausweg in der Besinnung auf unseren Wesenskern liegt, daß in den psychischen Wirren ein lauter Ruf nach uns selbst ertönt.

Natürlich kann eine Neuordnung des Innenlebens den Wunsch erwecken, Vergangenes aufzuarbeiten, Dinge, Ereignisse oder seltsame Eigenheiten endlich ins Visier zu nehmen, nachdem sie unbewußter Ängste wegen lange genug in einem verstaubten, nie beleuchteten Seelenwinkel beheimatet waren. Doch entscheidend ist und bleibt das Neuwerden an sich – in den Gedanken und Vorstellungen, aber auch in den Bedürfnissen. Und das ist nicht nur eine schwere, sondern eine ebenso bewegende, abenteuerliche, vielleicht sogar heitere Angelegenheit.

Schreiten wir also voran – auch in unserer Innenwelt-Expedition. Das angestrebte „Zwischencamp" haben wir mittlerweile ja erreicht: Wir konnten uns einen Überblick über das Zusammenspiel von Gedanken, Gefühlen und Körperkräften erarbeiten und haben auch gelernt, seelische Störungen differenzierter zu beurtei-

Die Seele ist noch nicht der Wesenskern des Menschen. Sie stellt nur – wie der physische Körper – eine Hülle dar.

len. Des weiteren konnten wir erfahren, daß die Seele nicht physischer, sondern feinerstofflicher Natur ist und ihre Wurzeln also in einer Schöpfungsebene jenseits irdischer Raum- und Zeitbegriffe hat. Doch kann die Seele noch nicht als Wesenskern des Menschen betrachtet werden. Sie stellt vielmehr – wie der physische Körper auch – nur eine *Hülle* für das Eigentlich-Menschliche dar. Sie besitzt kein eigenes Bewußtsein, sondern wird – wie alle feinerstofflichen Hüllen – nur von innen her „durchglüht", also belebt, geformt, getragen von einem ichbewußten Kern. Von uns selbst.

Aber was ist das Ich?

So besehen war alles, womit wir uns bisher beschäftigt haben – die Ebene des Astralen und die feinerstoffliche Welt der Gedankenformen eingeschlossen – nur die „äußere Schale" unserer Innenwelt, eine *Auswirkung* tiefer (oder höher) liegender Ursachen. Aber was ist der Mensch in seinem innersten Inneren? Was ist das Geistige, das „eigentliche Ich", von dem bisher schon so oft die Rede war, aus dem der freie Wille stammt, das über die innere Stimme zu uns spricht, das sich über die Empfindung fühlbar macht? Wo liegt sein Ursprung? Wo sein Ziel?

Diese Fragen, bei denen uns die Schulweisheit des 21. Jahrhunderts im Stich läßt, werden uns auf dem zweiten Teil unserer Innenwelt-Expedition begleiten.

Wir begeben uns damit auf einen Erkenntnisweg, der es uns zuletzt erlauben wird, den ersehnten Überblick über unser Menschsein zu gewinnen. Wir werden um jenes umfassende Schöpfungswissen ringen, das zur Entwicklung neuer, lebensnaher Bilder des Seins dienen, überlebte Vorstellungen ersetzen und in umfassendem Sinne heilend wirken möge. Das Erkenntnis-

Rüstzeug, das wir aus dem jetzt erreichten „Zwischencamp" zum weiteren Aufstieg mitnehmen können, liegt in einem zusammenfassenden Zitat aus der Gralsbotschaft:

> *„Der Geist ist alles, ist das* Eigentliche, *also der Mensch. Trägt er mit anderen Hüllen auch die Erdenhülle, so heißt er Erdenmensch, legt er die Erdenhülle ab, so ist er von den Erdenmenschen als Seele gedacht, legt er auch die zarten Hüllen noch ab, so bleibt er der Geist ganz allein, der er schon immer war in seiner Art.*
>
> *Die verschiedenen Bezeichnungen richten sich also lediglich nach der Art der Hüllen, welche selbst nichts sein könnten ohne den Geist, der sie durchglüht."*[32]

Zu Beginn dieses Kapitels nahmen wir Einblick in ein kleines, individuelles Wegstück geistiger Entwicklung. Wir fanden eine Frau am Grab ihres Mannes, der das Leben durch den Tod des geliebten Gatten die Aufgabe gestellt hatte, eine innere Schwelle zu überschreiten. Das Abschiednehmenmüssen drängte sie dazu, eigene Grenzen zu überwinden, geleitete sie zu neuen Ausblicken.

Doch zweifellos hatte auch ihr geliebter Mann eine entscheidende Schwelle überschritten. Was er wohl nun erlebte? Was geschieht in den Welten jenseits des irdischen Raum-Zeit-Gefüges, wenn wir den physischen Körper ablegen und damit, den Begriffen der Gralsbotschaft folgend, nicht mehr Erdenmensch, sondern *Seele* sind? Wohin gehen wir? Was folgt nach dem Tod?

Wir haben bereits ausführlich erörtert, daß unsere gedankliche Innenwelt keineswegs nur Imagination ist, sondern tatsächlich geformte, feinstoffliche Wirklichkeiten umfaßt. Wenn wir aber im Prozeß des Sterbens den physischen, grobstofflichen Körper zurücklassen und *selbst* nur noch in feinstofflichen Umhüllungen leben ... wird dann nicht das, was vordem Innenwelt war, nun für uns zur Außenwelt?

Aber wie erlebt man diesen Zustand?

251

Nehmen wir nun also den von der physischen Welt losgelösten „Blick von oben" ein und begleiten wir in der Folge nicht mehr den Lebensweg der trauernden Witwe, sondern jenen des verstorbenen Mannes.

Damit beschreiten wir tatsächlich überirdische Wirklichkeiten. Und wir werden darin noch weite Strecken wandern, empor in die Richtung der *eigentlichen* Innenwelt, unseres geistigen Ursprungs.

Anmerkungen und Literaturempfehlungen
zu Kapitel 5

1 Für gedankliche Anregungen zu diesem Themenkomplex danke ich Frau Susanne Barknowitz (sie ist unter anderem logotherapeutisch tätig) und Herrn Dr. Gerd Harms. Zu besonderem Dank bin ich auch Frau Dr. Elisabeth Lukas verpflichtet, einer hervorragenden Therapeutin und Autorin, die mir durch ihre Bücher und durch unsere Interviews viele wertvolle Hinweise gab. Interviews mit Frau Dr. Lukas findet der interessierte Leser in der Zeitschrift „GralsWelt", Hefte 9/1998 und 24/2002 sowie in der GralsWelt-TV-Produktion „Angst und Depression".

2 Mehr zu diesem Thema auf Grund praktischer therapeutischer Erfahrungen bietet dem interessierten Leser ein Beitrag in der Zeitschrift „GralsWelt", Heft 24, Verlag der Stiftung Gralsbotschaft, Stuttgart, 2002.

3 Dr. Elisabeth Lukas ist Schülerin von Prof. Viktor Frankl, dem Begründer der Logotherapie, der „Dritten Wiener Schule der Psychotherapie". Sie ist prominente Autorin vieler Bücher zu Lebenshilfe-Themen, leitete über viele Jahre eine öffentliche Familienberatungsstelle in München und gründete 1986 gemeinsam mit ihrem Mann das „Süddeutsche Institut für Logotherapie" in Fürstenfeldbruck.

4 Zitiert aus: Christine Lackner/Werner Huemer: „Liebe zum Sinn – Interview mit Frau Dr. Elisabeth Lukas", erschienen in der Zeitschrift „GralsWelt", Heft 9, Verlag der Stiftung Gralsbotschaft, Stuttgart, 1998

5 Zitiert aus „Sinn-Zeilen – Logotherapeutische Weisheiten", publiziert in: „GralsWelt", Heft 9, Verlag der Stiftung Gralsbotschaft, Stuttgart, 1998

6 Viktor Frankl entwickelte die sogenannte „Dritte Wiener Schule der Psychotherapie". Seine „Logotherapie" findet inzwischen weltweite Anerkennung.

7 In dieser Therapieform steht die Ausrichtung auf den Sinn (= logos) im Vordergrund.

8 Zitiert aus Elisabeth Lukas: „Lebensbesinnung – Wie Logotherapie heilt", Herder, 1995

9 Zitiert aus: Viktor E. Frankl: „Theorie und Therapie der Neurosen", UTB Verlag Reinhardt, München, 1993

10 Viktor Frankl benutzte diese treffende Metapher.

11 Zitiert aus Susanne Barknowitz: „Wege aus der Angst (2)", erschienen in der Zeitschrift „GralsWelt", Heft 17, Verlag der Stiftung Gralsbotschaft, Stuttgart, 2000. Die eingefügten Zitate stammen aus dem Originalwerk, dem Kinderbuch „Selina, Pumpernickel und die Katze Flora" von Susi Bohdal.

12 Das Zitat stammt aus Richard Wagners „Siegfried" (aus der Musiktheater-Tetralogie „Der Ring des Nibelungen").

13 Zitiert aus Susanne Barknowitz: „Wege aus der Angst (1)", erschienen in der Zeitschrift „GralsWelt", Heft 16, Verlag der Stiftung Gralsbotschaft, Stuttgart, 2000

14 Zitiert aus Susanne Barknowitz: „Wege aus der Angst (2)", erschienen in der Zeitschrift „GralsWelt", Heft 17, Verlag der Stiftung Gralsbotschaft, Stuttgart, 2000

15 Prof. Viktor Frankl prägte diesen Ausdruck.

16 Zitiert aus Elisabeth Lukas: „Lebensbesinnung", Herder-Verlag, Frankfurt/Basel/Wien, 1997 (Seite 84)

17 Vgl. Kapitel 3. Mehr zum Thema „Lust und Genuß" findet der interessierte Leser in meinem Beitrag „Lebensfreude, Lust und Last", erschienen in der Zeitschrift „GralsWelt", Heft 39, Verlag der Stiftung Gralsbotschaft, Stuttgart, 2006.

18 Mehr darüber – speziell über das „Alkoholproblem" – findet der interessierte Leser in einem Beitrag von Dr. Gerd Harms: „Ein Alkoholproblem", erschienen in der Zeitschrift „GralsWelt", Heft 18, Verlag der Stiftung Gralsbotschaft, Stuttgart, 2001.

19 Zitiert aus Elisabeth Lukas: „Lebensbesinnung", Herder-Verlag, Frankfurt/Basel/Wien, 1997

20 Angesprochen ist damit das Menschengeistige.

21 Zitiert aus Elisabeth Lukas: „Lebensbesinnung", Herder-Verlag, Frankfurt/Basel/Wien, 1997

22 Zitiert aus Elisabeth Lukas: „Gesinnung und Gesundheit", Herder-Verlag, Freiburg, Neuausgabe 1993

23 Der englische Ausdruck „Habits" für „Gewohnheiten" wurde vor allem durch das 1989 veröffentlichte Bestseller-Buch „Die sieben Habits der tüchtigsten Menschen" von Stephen R. Covey bekannt.

24 Zitiert aus Elisabeth Lukas: „Lebensstil und Wohlbefinden – Logotherapie bei psychosomatischen Störungen" (Edition Logotherapie Band 2), Profil Verlag, München/Wien, 1999

25 Diese Geschichte erhielt ich von einer Bekannten aus der Schweiz; die Quelle ist mir leider unbekannt.

26 Der interessierte Leser sei im Zusammenhang mit „Bildern des Seins" auf das Werk „Verlust und Gewinn – Logotherapie bei Beziehungskrisen und Abschiedsschmerz" von Dr. Elisabeth Lukas (Profil-Verlag München/Wien, 2002) verwiesen.

27 Zitiert aus Elisabeth Lukas: „Verlust und Gewinn – Logotherapie bei Beziehungskrisen und Abschiedsschmerz" (Edition Logotherapie, Band 5), Profil-Verlag, München/Wien, 2002

28 Zitiert aus „Neues Testament", Matth. 6, 26

29 Zitiert aus Abd-ru-shin: „Im Lichte der Wahrheit – Gralsbotschaft", Verlag der Stiftung Gralsbotschaft, Stuttgart, 1998 (Band 3, „Grübler")

30 Zum Thema Tinnitus vgl. „Konzentration und Stille – Logotherapie bei Tinnitus und chronischen Krankheiten" (Elisabeth Lukas und Helmut Schaaf), Profil-Verlag, München/Wien, 2001

31 Zitiert aus Elisabeth Lukas: „Konzentration und Stille – Logotherapie bei Tinnitus und chronischen Krankheiten" (Edition Logotherapie, Band 4/2. Auflage), Profil-Verlag, München/Wien, 2001

32 Zitiert aus Abd-ru-shin: „Im Lichte der Wahrheit – Gralsbotschaft", Verlag der Stiftung Gralsbotschaft, Stuttgart, 1998 (Band 3, „Seele")

Für weitere Informationen:

www.gral.de
www.gralswelt.de
www.gral.ch